新经济·新业态·新工作

中国灵活用工发展报告
（2022）

多元化用工的效率、灵活性与合规

CHINA DEVELOPMENT REPORT ON
FLEXIBLE EMPLOYMENT
Efficiency, Flexibility and Compliance of Diversified Employment

杨伟国　吴清军　张建国　汪建华　陈　雯　熊　赟　万钇宏 / 著

社会科学文献出版社
SOCIAL SCIENCES ACADEMIC PRESS (CHINA)

作者简介

杨伟国 汉族，经济学博士，中国人民大学劳动人事学院院长、教授、博士生导师。研究领域包括就业理论与政策、人力资源服务产业及技术、战略人力资源审计、战略人力资本管理、劳动与雇佣法经济学等。兼任中国劳动经济学会副会长、中国人力资本审计研究所所长、德国劳工研究所（IZA）研究员等。先后任职于商务部（原外经贸部）、深圳海王集团、中国南光、南光捷克（布拉格）、中国光大银行、中国社会科学院等机构。出版《转型中的中国就业政策》、《战略人力资源审计》（第1、2、3版）、《人力资源管理》（第10版·中国版）、《劳动经济学》、《人力资源指数：原理与应用》、《劳动力市场政策评估国际手册》、《战略企业社会责任》（中国版）、"中国人力资源审计"报告系列等著作20多部；在核心期刊发表中英文论文150余篇。

吴清军 汉族，法学博士，中国人民大学劳动人事学院教授、博士生导师。2007年毕业于清华大学社会学系，获法学博士学位；同年入职中国人民大学劳动人事学院，历任讲师、副教授、教授。现受聘为中国人民大学劳动关系研究所所长、中国人民大学劳动人事学院劳动关系系主任、人大－罗格斯全球劳动与雇佣中心中方执行主任。目前主要研究领域为数字经济和平台用工管理、企业劳动关系管理等。已在国内外期刊上发表论文60余篇，其中在国家权威与核心期刊上发表论文20余篇；出版专著2部，主编著作1部，参与出版书籍6部。目前社会兼职主要有：中国劳动经济学会劳动关系分会副会长、中国人力资源开发研究会人力资本服务分会秘书长。

张建国 人瑞人才科技集团执行董事、主席兼行政总裁，北京大学工商管理硕士。历任华为公司首任主管人力资源副总裁、北京华夏基石企业管理咨询公司总经理、中华英才网 CEO，拥有二十多年的人力资源管理经验。曾组织参与《华为基本法》的编写，负责搭建华为人力资源管理体系。出版《薪酬体系设计》《绩效体系设计》《职业化进程设计》《灵活用工——人才为我所有到为我所用》《经营者思维——赢在战略人力资源管理》等多部人力资源管理书籍。

汪建华 中国人民大学劳动人事学院副教授，当前主要研究领域为区域劳动问题比较、劳动关系治理、劳工政治、灵活用工等。

陈　雯 中国人民大学劳动人事学院助理教授，当前主要研究方向为组织理论与创新创业。

熊赟 北京大学社会学系博士研究生，当前主要研究方向为灵活用工、劳动力市场中介的跨国比较等。

万钇宏 中国人民大学劳动人事学院研究生（硕博连读），当前主要研究方向为灵活用工。

序言一

2020年全国"两会"期间，习近平总书记在谈到新就业形态时指出，新冠肺炎疫情突如其来，"新就业形态"也是脱颖而出。要顺势而为。当然这个领域也存在法律法规一时跟不上的问题，当前最突出的就是"新就业形态"劳动者法律保障问题、保护好消费者合法权益问题等。要及时跟上研究，把法律短板及时补齐，在变化中不断完善。根据习近平总书记讲话的重要精神，我们需要对新就业形态和灵活用工在制度建设上的短板做出更深入的探索和研究。

什么样的"势"？

当前，劳动力市场中的就业要素正在发生重大转型：人们从关注工作岗位转为关注工作任务，从关注劳动力到关注人力资本，从关注劳动关系到关注人力资本关系。同时，就业表现形式更加多样，使得劳动力市场具备了某种商品或产品市场的特征。从形式上看，过去组织型、集中型、单一型的就业模式，正在向自主型、分布型和多元型的就业模式转变。

如果把农民自给自足的状态也称为一种就业，我们可以说：农业时代是"一方就业"，自己种田自己吃；工业时代是"两方就业"，即雇佣型就业——企业招聘劳动者；而新就业形态模式是"三方就业"，一个劳动者受雇于一家企业，其实是在为其他企业（个人）工作。

所以顺势而为的"势"就是：就业转型是大势。人力资本市场结构模型不是单一的雇佣，而是雇佣型、合作型与自由型相结合的混合模式。

如何"为"？

顺势而为有两个关键点。

一是全力创造更加稠密的就业市场。过去我们仅关注工作岗位，现在我们要关注更加细小的工作任务。在工作市场中，微观组织的岗位需要解构与重构，要大力发展新个体经济与微经济，创造更多社会化工作，加快实施人工匹配（工作任务－人力资本匹配）数字基础设施建设，同时要提升实时、精准、主动的工作－人力资本匹配服务。同时要从静态的就业平衡迈向动态的就业平衡时代。过去雇佣型就业是一种静态平衡，一个人一辈子在一家公司工作，现在人们有可能一辈子在很多家公司工作。因此，要全力创造更加稠密的就业市场，为劳动者提供更多工作机会。

二是要创造更加稠密的培训市场。当前，技术更新迭代速度加快，劳动力市场对技能要求越来越高。在工业时代，一个人学习某一种技能即可满足市场需求，但现在几乎不可能。因此，要做到"两两贯通"——家庭教育与学校教育贯通，普通教育与职业教育贯通。要推动线上线下教育协同发展，创造更加稠密的职业技能培训市场，不断提升劳动者的职业技能，以满足劳动力市场需求。

怎样"补齐短板"？

值得注意的是，新就业形态不是劳动者权益保护缺失的代名词，也不是企业逃避用工责任的新工具，更不是政策设计的"无人区"。补齐新业态发展短板，一是要增强社会保障，二是要优化劳动治理。

"十四五"规划提出，加快健全覆盖全民、统筹城乡、公平统一、可持续的多层次社会保障体系。由于新就业形态引发了就业模式的转型，大量劳动者以个体经营者身份出现在就业市场中，需要交易双方基于交易额共同承担社会保障费用。因此，要从建设覆盖全体国民的社会保障体系向覆盖全体工作成员的社会保障体系转变，加快探索建立基于自然人的工作交易平台新社会保障体系。

在劳动治理方面，劳动治理的优化路径可以从以下三个方面着手：一是要加强监测、调查与研究；二是要保障劳动条件、最低工资标准和社会保障等基本劳动权利；三是要推进国家治理体系和治理能力现代化，增强劳动关系治理能力。

杨伟国

中国人民大学劳动人事学院院长、教授

序言二

现在我们处于历史巨变的时代，除了国际政治与经济形势动荡不定的大环境外，中国的经济形势和结构也处于巨变的时期。这种巨变会对经济环境产生长远的影响，任何一个企业都不可能置身这种巨变之外。有些变化是眼前能看得见的，有些变化是眼前看不见的。不确定性成为任何一个企业经营的最大风险因素。适者生存是自然界的生存法则，也是企业的生存法则。为了应对不可知的变化，最有效的企业管理方法是柔性管理。这就必然要求企业组织更加灵活，管理模式更加开放，人员管理更加弹性。人是生产要素中最活跃的要素，往往在企业竞争中起着关键性的作用。用经营者思维来构建企业的人才战略，才能发挥企业人力资源的最大价值。华为在 1998 年通过并实行的《华为基本法》中就提出"人力资本增值目标大于财务资本增值目标"，20 多年来，基本法中提出的"机会、人才、技术、产品"是华为成长的主要牵引力，这四个要素的有机耦合不断促进企业持续发展。

灵活用工已经成为我们中国很多企业的热议话题，但更多企业还是处于对灵活用工的初级认知阶段，以至于仅仅想通过灵活用工的手段来规避法律法规的管制。灵活用工的方式复杂多样，现在国家确实还不能在法律法规上对每一种灵活用工形态做出明确的规定，但我认为灵活用工的最低要求是符合国家的法律法规。我们进行的中国灵活用工发展报告调研项目，就是希望对目前中国灵活用工的现状进行尽可能全面的调查，同时提出现实中存在的问题，以便有利于推动中国灵活用工市场的良性持续发展。任何事物在发展初期都会存在各种各样不规范的现象，但只要有国家政策的正确引导，以及行业自身的自律和规范，一定会走出一条于国于民都有利的正确道路。本研究项目从 2020 年开始，今年是第二年的调研，以后每年还会持续进行。我希望以后能有更多的机构和企业参与到这项调研工作中来，这样的调研范围会更加全面，反映的现象会更加准确。我想，通过几年的持续调研，我们一定会发现其中的发展规律，为国家制定有关的法律法规和企业更好地使用灵活用工模式提供有价值的帮助。

我认为灵活用工的最高价值是最有效地配置社会劳动力，为社会创造最大的人力资源价值。我们要逐步把灵活用工归纳到管理学范畴，而不仅是法律法规范畴。劳动是人类社会最基本的属性，是劳动创造了价值，是劳动创造了一切社会财富。中国的改革开放就是从劳动力市场化开始的，可以说，不管是通过技术来促进生产力，还是发挥劳动力的最大社会配置效率，劳动价值的最大化，一直是人类社会追求的目标。

张建国

人瑞人才科技集团董事长兼 CEO

目 录 ⌐⟍◥▦▦▦

第一章
数字经济时代的多元化用工模式

2021 年 7 月，人力资源社会保障部等八部门共同印发了《关于维护新就业形态劳动者劳动保障权益的指导意见》（以下简称"意见"）。《意见》高度肯定了平台经济在创造就业机会方面的作用，但同时也提出在劳动者权益保障方面仍面临着新情况与新问题。尽管《意见》是规范新就业形态和平台用工的政策，但从《意见》的指导思想和具体内容来看，政府对平台用工及衍生的灵活用工的监管思路正在发生巨大的转变，即从"包容审慎"的监管思路转向"补齐制度短板"的思路。监管思路的转变也标志着我国灵活用工市场正在朝着规范、合规的方向发展。

随着平台经济发展和企业数字化程度越来越高，企业组织也变得更加灵活，管理技术也得到了快速的提升，这些都推动了近年来灵活用工市场的高速发展，企业用工逐渐呈现多元化用工的发展趋势。从人力资源服务市场的数据就可看出这一发展趋势，人力资源社会保障部公布的数据显示，截至 2020 年底，全国共有各类人力资源服务机构 4.58 万家，年营业收入首次突破 2 万亿元，全年为 2.9 亿人次劳动者、4983 万家次用人单位提供了人力资源服务支持。① 我们课题组根据调查数据进行的测算也同样显示，全国灵活用工的人数高达 9867.4 万，劳动者数量已接近 1 亿人。但是，正如人力资源社会保障部等五部委于 2021 年 11 月共同印发的《关于推进新时代人力资源服务业高质量发展的意见》所指出的，目前人力资源服务业在总量规模、服务功能、服务质量、专业化程度、国际竞争力等方面，还存在

---

① 详见人民网，http://society.people.com.cn/n1/2021/0908/c1008-32221664.html，最后访问日期：2021 年 11 月 1 日。

发展不平衡不充分、总体水平不高等问题。所以为了更好地把握当前灵活用工市场的发展，推进人力资源服务业高质量发展，课题组在 2020 年《中国灵活用工发展报告（2021）》的基础上，对灵活用工市场及劳动者的合法权益进行了更深入的研究。

一　内部开发还是市场购买人力资本

自 20 世纪 80 年代以来，美国有一批学者开始借用交易成本理论（Coase，1937；Williamson，1975 等）和人力资本理论研究（Becker，1964；Schultz，1961 等）来研究人力资源系统、人力资本配置模式与组织绩效之间的关系。在人力资源配置的研究中，效率（efficiency）和灵活性（flexibility）是人力资本配置两大目标。为实现效率和灵活性，企业需要采用不同的用工模式来安排工作。企业既需要使用全职的内部员工，同时越来越多的企业也使用外部员工，例如当时在美国存在的短期零工、合同工或外包工等（Powell，1990；Rousseau，1995）。企业战略在人力资本投资上往往要做出选择，是要开发和培养企业内部的人力资本，还是市场购买人力资本（Miles and Snow，1984）？对于很多企业来说，一方面要通过培训和开发来提升企业内部员工的人力资本，另一方面也需要借助人力资源服务机构在市场上购买人力资本，混合的人力资源配置模式和多元化用工模式是很多企业的战略选择（Rousseau，1995）。

David P. Lepak 和 Scott A. Snell 在前人研究的基础上，提出了关于人力资源配置与用工模式选择最为经典的模型（1999；2002）。Lepak 和 Snell 认为在复杂的市场环境下，企业在选择人力资源配置方式时既要实现管理效率同时又要实现管理的灵活性，这对企业来说是非常困难的。通过企业内部雇佣来开发和培养人力资本的好处是：员工的稳定性较好，公司在人才技能与能力方面的储备是可预测的，可以实现更好的协作与控制，同时可以降低交易成本。而通过企业外部购买人力资本的优势在于：可以降低管理成本，可根据用工需求及时调整用工数量，增强企业用工的灵活性，同时也能从市场上获得亟需的各种类型人才。但这两种用工模式也都存在不足，都会存在成本的问题。企业内部开发和培养人才资本最大的缺陷在于增加了管理的成本，同时也降低了企业用工的灵活性；而外部购买人力资本的缺陷在于外包或短期用工通常会影响企业核心技术和能力的发展，从而会直接影响企业的绩效。

所以，Lepak 和 Snell 认为有必要建立一套基于人力资本之上的"人力资源系统（HR architecture）"。这套人力资源系统根据人力资本的特征形成了四种不同的用工模式（employment mode）。人力资本作为决定企业雇佣模式的核心变量，他们从两个维度来评价人力资本，即价值（value）和稀缺性（uniqueness）。人力资本价值是指企业员工的知识、技术和能力的价值，它直接影响企业的效率和绩效，同时也是企业获得市场机会和抵消竞争对手影响的核心财产。人力资本的价值是企业的核心能力，可以降低交易成本，但其成本也带来了管理成本，包括招聘、培训、薪酬、福利等成本。当我们衡量人力资本价值时，需要进行成本收益核算，需要评估人力资本为企业带来的成本与收益。人力资本的稀缺性是指一个员工拥有的知识、技能及能力在市场上是否能够经常出现。稀缺性同样需要使用成本收益的方法进行评估，当企业拥有一个有着稀缺技术或能力的员工时，同样企业需要付出高昂的管理成本；当企业需要使用技术专家、顾问等这些稀缺性人力资本时，拥有的成本就会更高，而通过市场购买则可以降低成本。

Lepak 和 Snell 根据人力资本的价值和稀缺性，将一个人力资源系统的用工模式用一个模型来进行表述（如图 1－1）。

Lepak 和 Snell 认为，在这幅人力资源系统图中，针对员工不同的人力资本，可以使用不同的用工模式（雇佣模式）。象限 1：主要针对人力资本价值和人力资本稀缺性都很高的员工。这类员工拥有企业最核心的技能、知识和能力，企业应该采用内部开发和培养的方式投资这部分人力资本。为了维护员工的稳定性和组织绩效，企业与员工应形成高度紧密的雇佣关系，与此同时企业也应采用高承诺的人力资源管理战略回报员工。

象限 2：主要针对人力资本价值高，但稀缺性低的员工。这些员工对企

	象限4	象限1
高	用工模式：联盟 用工关系：合作关系 人力资源战略：协作	用工模式：内部开发与培养 用工关系：与组织形成紧密的劳动关系 人力资源战略：高承诺
人力资本稀缺性 低	象限3 用工模式：契约与合同 用工关系：交易关系 人力资源战略：强制服从	象限2 用工模式：市场直接购买 用工关系：互惠互利 人力资源战略：市场导向
	低　　　　　人力资本价值　　　　　高	

图 1－1　人力资源系统

资料来源：Lepak 和 Snell（1999）。

业有很高的价值，但是他们所拥有的技术、知识和能力并不具备稀缺性。员工对企业不会产生高度的忠诚，他们更看重职业的发展，而并不会全身心投入到企业发展中，不会在企业中形成长期发展自己的事业。企业对这类员工，应该采用市场直接雇佣的方式。企业和员工基于市场交易，双方互惠互利。企业无须在他们身上投入更多的成本去提升人力资本，而员工也会按照合同契约履行自己的职责。

象限 3：主要针对人力资本价值和稀缺性都低的员工，他们只拥有一般性的技能或能力，同时这些技能可替代性强，在市场上也很容易获得。这部分员工并不会形成企业的核心竞争力，企业为了降低管理成本以及员工高频率的流失所带来的风险，一般会将这些员工所在的岗位外包给人力资源服务公司。企业不需要对这些员工投入更多的成本来提升人力资本，只需要按照市场合同和管理制度来严格要求员工履行岗位职责就可以了。自20 世纪 80 年代以来美国兴起的几大人力资源服务公司，其主要业务就是为企业提供这些外包服务。

象限 4：主要针对那些稀缺性高，但对企业来说价值比较低的人员，比如专家、顾问等。他们不会为企业直接创造市场价值，但因为他们人力资本的稀缺性，所以交易成本会很高，从企业成本收益的角度来考虑，其价值就很低。对于这部分人员，企业不宜采用直接雇佣的方式，而是采用市场合作的方式，在市场上直接购买他们的服务，形成合作关系。所以企业在人力资源管理的战略上，也应采取协作的方式，使企业既获得这部分稀缺的人力资本的支持，同时也降低企业的成本。

Lepak 和 Snell 在 2002 年另外一篇重要的文章中对人力资本测量的维度和指标进行了细化，同时也使用这套人力资源系统来解释和验证企业多元化用工模型的合理性（2002）。在 Lepak 和 Snell 提出这套模型之后，后续一些拥护的学者采用他们的研究方法和框架扩展了人力资源系统和人力资本的分析，同时也有很多学者对此提出了挑战和批评。其中最主要的批评体现在：第一，批评 Lepak 和 Snell 没有考虑企业所处市场环境的复杂性，仅考虑内部的人力资本，而不考虑市场环境对用工的影响（Tsai et al.，2009）；第二，批评 Lepak 和 Snell 用人力资本单一维度来决定雇佣模式的局限性，他们认为企业做出雇佣模式的战略选择时需要考虑更多的因素（Roca-Puig et al.，2008；Stirpe et al.，2014）；第三，Lepak 和 Snell 的人力资源系统很难评估劳动者身上的人力资本特征与企业核心竞争力的关系，涉及比如信息保密、技术安全、生产安全等岗位，尽管这些员工人力资本的价值和稀缺性都比较低，但企业不能外包这些岗位（Lam，2007）；第四，来自产业关系的一些学者提出了更严厉的批评，认为 Lepak 和 Snell 仅考虑了企业的成本和收益，但从没考虑过在不同用工模式下员工的发展与心理感受（Grimshaw & Rubery，2005；Purcell et al.，2004；Rubery et al.，2003）。

Lepak 和 Snell 开创性的研究尽管受到了很多批评，但是他们为人力资源战略与多元化用工的研究与实践做出了创造性的工作。当然，一家企业在选用用工模式时，也不仅考虑人力资本单向的维度，更多地还需考虑市场环境、业务特点、商业模式以及法律规制等因素。只有进行了综合考虑，才可实现组织的效率、灵活性与合规。目前在我国灵活用工市场中，企业选用业务外包、人力资源外包、互联网平台用工、劳务派遣、传统零工（非全日制用工、兼职、日结、自雇合作）、实习等六种灵活用工方式中的一种，或者实行混合用工方式，考虑最核心的要素仍然是人力资本的特征，但除了人力资本，企业仍需对法律法规、业务模式、岗位特征、市场招聘成本、市场人才储备以及企业发展阶段等要素进行综合评估。目前我国学界对用工模式战略选择的研究仍然处于初步发展阶段，随着灵活用工市场越来越壮大，学术研究和企业实践都亟需深入开展这一主题的研究。

二　平台用工如何推动了灵活用工

Lepak 和 Snell 等人在研究人力资源系统和人力资本时，平台经济和平台用工并未得到大力的发展，所以他们也没有考虑到影响用工模式的这个关键性要素。平台经济不仅创新了新的用工模式，同时也极大推动了灵活用工的发展。近年来我们也一直试图去解释为什么随着数字经济的发展，灵活用工也进入高速发展阶段。除了在平台经济的带动作用下，企业本身的数字化管理程度在加深，平台经济也带来了企业组织管理技术和管理思维上的根本性转变。

平台用工把 Lepak 和 Snell 人力资源系统中的第 3 象限发挥到了极致。在类似网约车平台或外卖平台上，劳动者的人力资本价值与稀缺性都比较低，所以平台采用外包或众包等用工方式来配置人力资源。与以往的外包或众包用工方式不一样的是，按需劳动（服务）、按结果付费以及大数据和人工智能的在线管理，使得平台用工在成本收益上做到了极致。当然，平台用工在创新这套人力资源配置系统时，并不仅仅考虑到人力资本这一单一维度，而更重要的因素是其业务特点和商业模式。在过去近 20 年的发展中，平台经济主要集中于消费领域，而消费服务领域的用工模式往往与其业务特点直接相关。具体表现为：第一，消费需要本地服务（location），而作为大众消费，消费者的地理位置分散，平台难以提供组织化的劳动力资源来满足分散化的消费需求，就需要分散在各个区域的劳动者提供服务。第二，消费者的需求是不受时间约束的，平台为满足消费需求，就需要组织劳动者在各个时间段为消费者提供服务，而不能集中提供服务。第三，消费者的需求大部分都是个性化需求，平台经济作为一种按需经济的商业模式，需要吸纳大量的劳动者为消费者的个性化需求提供服务。

平台用工不仅创新了人力资源配置方式和用工模式，同时也带来了整个企业管理技术和管理思维的变革。这种变革最明显的表现就是业务管理和人员管理的分离。这种新用工模式与业务外包或业务分包存在着较大区别，在业务外包或分包模式中，平台将工作任务分包给劳动者或企业，随同业务分包一起，线下的管理也同时交付给劳动者或企业，平台对劳动过程并不加以管理和控制，劳动者在工作过程中也无须接受平台的工作指令。但是在平台的人员管理外包中，平台仍然管理、监管甚至控制在线劳动过程，劳动者需要在线工作，并接受平台的工作指令，这一点属于典型的在线工作模式。然而，与在线工作模式不同的是，平台把对劳动者的管理、组织和协调等管理权分包给了第三方或劳动者实行自我管理。所以，平台仅对劳动者在线的业务进行管理，但将人员的线下管理分包给了第三方或劳动者自己。我们把这种创新的用工模式称之为"人员管理分包"模式。

概括来说，管理分包模式与业务分包的在线工作模式存在着巨大的差异，其特点表现为以下几方面：

第一，平台对在线业务进行管理，业务并不分包。

第二，劳动者在线工作，接受平台的工作指令。

第三，平台将线下的人员管理权分包给第三方，劳动者并非实行自我管理，而是接受第三方线下管理；但第三方并不拥有业务管理权。

管理分包模式是平台经济发展到一定阶段创新的用工模式，以往我们从未考虑过业务管理和人员管理可以实现分离。在管理分包模式中，劳动者在上线工作过程中接受来自平台的业务和管理的指令，但在离线或准备接单的非工作时间，接受来自第三方的管理。

在人员管理分包模式中，平台－第三方公司与劳动者的关系也难以界定，其困境源于以下几方面：

第一，平台把线下的管理权分包给了第三方，但平台仍然对劳动者的在线劳动过程进行工作指令，并对劳动者的劳动结果进行考核，以劳动结果为基准来计算劳动报酬。

第二，第三方虽然对劳动者的工作时间、劳动纪律、福利待遇、部分薪酬等加以管理，但是劳动者的工作内容并非是第三方公司的主营业务。

劳动者工作的内容仍然是平台的主营业务，第三方公司对业务没有控制权。按照目前国内的劳动法律来判断，如果劳动者的工作内容并非是公司的主营业务，那么劳动者与第三方公司之间存在雇佣关系的结论就成为疑点。

第三，劳动者既接受平台的业务管理和在线劳动管理，同时也要接受线下第三方公司管理，在劳动管理上接受双重管理。如果按照业务分包模式，平台将业务的管理权和人员的管理权都要分包给第三方，平台仅对劳动结果进行监管，但是在管理分包模式中，平台也要参与劳动过程的管理，对劳动者的在线劳动进行直接管理和控制。这种双重管理的模式，使得劳动法律法规传统判断雇佣关系的标准全部失效。

平台用工的业务管理与人员管理相分离的管理思路极大地推动了我国人力资源外包服务业的高速发展。人力资源服务外包最显著的特点就在于，发包企业仍然管理业务，但人员管理和劳动关系管理全部分包给人力资源服务公司。商务部 2020 年发布的《中国服务外包发展报告 2019》显示，以软件研发和信息技术服务为代表的 ITO（信息技术外包）仍占据主导地位，但随着传统软件研发成本的不断攀升，软件研发服务有所下降，造成信息技术研发服务出现下滑，进而导致 ITO 增速放缓。相比之下，BPO（业务流程外包）实现了快速增长，但 BPO 快速增长主要源于人力资源管理服务外包的增长。报告认为自 2015 年单列人力资源管理服务统计以来，人力资源管理服务始终保持高速增长。2015～2019 年，中国企业承接人力资源管理服务外包执行额从 4.0 亿美元增至 44.7 亿美元，增长超过 10 倍；其中离岸人力资源管理服务外包执行额从 0.8 亿美元增至 13.4 亿美元，增长超过 15 倍，仅 2019 年增长就超过 8 倍。2019 年，人力资源管理服务外包执行额同比增长 73.7%，占内部管理服务执行额的 80.1%，人力资源管理服务外包是拉动内部管理服务外包增长的主要原因。

随着人力资源服务外包的高速发展，我国企业的人力资源配置方式和用工模式也变得更加灵活，越来越多的企业正在或准备采用多元的混合用工模式。当然，企业要实现灵活用工的效率与灵活性目标，就亟需企业和学界更加深入研究影响用工模式的人力资本、业务模式、商业模式以及法律法规等主题。

三　报告形成过程

为深度研究我国灵活用工的发展状况，发现灵活用工的变化趋势，推动灵活用工市场的规范化和人力资源服务的专业化，中国人民大学劳动人事学院课题组[①]自 2020 年开始，围绕灵活用工发展相关议题，每年组织一次系统性的学术研究，并在此基础上形成年度专题报告。

2020 年的问卷调研、深度访谈、座谈为课题组提供了宝贵的研究经验，更为课题组理解我国当前灵活用工的基本发展状况、内在规律提供了大样本的基础数据和丰厚的质性材料。在综合吸取上一年度的研究经验后，课题组于 2021 年 6～8 月先后在四川、重庆、江苏等地，以座谈、深度访谈的方式，与地方人社部门、用工企业、人力资源服务公司的负责人或业务骨干，就灵活用工的发展与政策规制议题进行有针对性的讨论。课题组同时以上年度的研究经验和基本发现为基础，对企业问卷和员工问卷进行了调整。问卷直接通过问卷星发放，课题组对回收后的问卷进行了严格的质量把控和数据清理。在剔除不合格的样本后，最后保留企业问卷有效样本 1189 份、员工问卷有效样本 1095 份。

以 2021 年企业问卷和员工问卷的调查数据为基础，课题组对我国灵活用工市场的总况、不同类型企业使用灵活用工的状况、灵活用工人员的人口学特征和工作状况等相关经验进行了数字上的勾勒。课题组也将 2020 年和 2021 年企业问卷的调研结果进行了比较，从一些核心数据的变化把握我国灵活用工市场的发展趋势。课题组还进一步结合企业问卷数据、官方统计数据及其他相关材料，对全国灵活用工的人数、灵活用工人员占企事业单位用工数的比例进行了推算。课题组充分结合 2020 年、2021 年的质性调查资料、研究过程中形成的经验洞察和相关学术文献，对问卷调查形成的

[①] 中国人民大学劳动人事学院院长杨伟国担任课题组组长，吴清军担任课题执行负责人，课题组成员包括：汪建华、陈雯、熊赟、万钇宏、何冠霖、赵峪、简新月。

统计结果进行全方位、深层次的解析。

以 2020 年、2021 年的质性调查资料为基础，课题组对劳务派遣、人力资源外包、业务外包、传统零工（包括非全日制用工、依附性自雇、兼职、日结等）、互联网平台用工、实习这六大灵活用工类型进行了系统的梳理和比较。相关工作有助于社会公众全面了解灵活用工的发展趋势和存在的问题。

课题组还系统性地收集了国内外的政策文件、调查报告和学术文献，并以此为基础对国内外灵活用工发展的历史脉络、政策规制思路进行了梳理。相关工作旨在为我国未来灵活用工立法、监管和治理体系的完善提供一定的经验参考。

从课题框架的确立、问卷和访谈提供的设计，到问卷调查和地方调研的执行，再到写作提纲的讨论、报告的修改，中国人民大学劳动人事学院课题组在每一个环节都共同进行了认真、详细的讨论，每一轮讨论都为课题的改进和报告的完善提供了大量建设性的意见。报告撰写工作由中国人民大学劳动人事学院课题组成员承担。

四　报告框架

研究报告共分为八章。

第一章，数字经济时代的多元化用工模式。这一章对报告撰写的大背景和报告形成过程进行介绍，并从人力资源配置的角度探讨了灵活用工的效率、灵活性和合规的问题。

第二章，灵活用工市场的发展。这一章主要涉及灵活用工市场发展的总体状况、企业使用灵活用工的动机及面临的挑战。灵活用工市场发展状况主要包含以下内容：灵活用工在企业的应用状况与发展趋势、人力资源服务市场的概况与发展趋势、全国灵活用工的人数规模及其占总用工数的比例、不同灵活用工类型及狭义灵活用工在企业的应用状况、灵活用工在专业性技术性岗位中的扩展、不同区域灵活用工的发展状况等。

第三章，企业类型与用工差异。这一章主要从用工企业所在行业、所有制、规模、平台属性、所处发展阶段、用工区域范围六个维度，对不同类型企业使用灵活用工的情况（如普及程度、灵活用工占企业总用工数比例、企业灵活用工规模增减趋势）进行比较。

第四章，灵活用工人员的特征分析。这一部分主要从三个层面讨论灵活用工人员的特征：1. 灵活用工人员总体的人口学特征、工作状况、从业动机及面临的问题；2. 不同工种灵活用工人员的人口学特征和从业动机；3. 通过与非平台劳动的比较，刻画平台劳动者的人口学特征、工作状况和从业动机。

第五章，灵活用工类型的比较。这一章主要从生存土壤、实践形态、用工合规性、劳动者生存发展状况等层面，分别对劳务派遣、人力资源外包、业务外包、传统零工、实习、平台用工进行梳理，并从效率、保障、发展趋势三大维度对六大用工类型进行综合比较。

第六章，用工市场的现状与未来。这一部分首先对我国灵活用工的发展状况、企业在不确定性环境下的选择、劳动者从事灵活用工工作的动机进行总结；其次借助对不同灵活用工类型的比较，对未来灵活用工的发展趋势进行预测；最后提出规制灵活用工发展的政策思路。

第七章，国内外灵活用工的规制经验。这一章重点梳理了美、英、法、西四个欧美国家对平台用工的规制经验，并对我国平台用工的规制历程进行梳理。多国经验的总结和本国经验的历史梳理，对我国灵活用工立法和治理体系的完善具有一定的参考意义。

附录部分，我们在附录一介绍了本报告的研究方法和样本情况。在附录二中，我们详细介绍了本报告对全国灵活用工发展状况的估算过程。

在本报告的调研和写作过程中得到了以下机构的大力支持和帮助，在此一并表示感谢。支持的机构有（排名不分先后）：中国人力资源开发研究会、四川省人力资源和社会保障厅、重庆市人力资源和社会保障局、成都市人力资源和社会保障局、重庆市人力资源开发服务中心、南京市人力资源和社会保障局、南京市人力资源产业协会、广东省人才开发与管理研究会、上海人才服务行业协会、中国电子商会呼叫中心与客户关系管理专业委员会、企业家精英（国际）俱乐部、HRD俱乐部、泉州巾帼人力资源发展有限公司、HRflag、MeetHR以及客户世界机构。最后，报告得到了人瑞人才科技集团的大力支持，感谢张建国（集团董事长兼CEO）、谢宗良（集团副总裁）、尚昭（集团市场总监）、邱扬晨子（集团品牌总监）、陈宇（集团研究与产品规划院副院长）在报告的调研与撰写过程中提供的支持和帮助。

第二章
灵活用工市场的发展

数字技术的飞速发展，企业市场经营环境的高度不确定性，政府推动灵活就业的相关举措，专业人力资源服务市场的发展，都在不断推动着企业组织经营方式的变化和灵活用工市场的发展。人力资源和社会保障部的数据显示，截至 2020 年底，全国共有各类人力资源服务机构 4.58 万家，年营业收入首次突破 2 万亿元，全年为 2.9 亿人次劳动者、4983 万家次用人单位提供了人力资源服务支持。[①] 同时，近年来随着平台经济在生活服务诸领域的扩张，灵活用工的应用范围进一步扩展，社会各界对灵活用工议题的关注度也在不断提升。

本章通过对企业问卷数据和调研访谈资料的分析，旨在勾勒出灵活用工市场总体状况和发展趋势，具体涉及以下内容：（1）2021 年企业灵活用工的总体状况，相比往年数据呈现出怎样的发展趋势；（2）在全国范围内灵活用工人员群体的规模，同时在总用工人数中占比多大；（3）企业灵活用工涉及的岗位有哪些；（4）灵活用工在东部和中西部地区分别呈现出怎样的发展状况；（5）企业使用灵活用工主要出于哪些动机，又存在哪些挑战。

一 灵活用工市场的发展状况

总体来看，在组织变革和技术革新的背景下，灵活用工的理念已被越来越多的企业所接受，灵活用工的实践也已成为大多数企业生产经营活动

---

① 经济日报，《人力资源服务业如何更上一层楼》，2021 - 10 - 12，http://www.mohrss.gov.cn/rlzyscs/rlzyldgls_gzdt/202110/t20211012_425266.html，最后访问日期：2021 - 11 - 01.

中的一个有机组成部分，人力资源服务市场规模正在逐年扩大。

（一）灵活用工的发展状况

课题组的调查数据显示，2021 年有超过六成的企业使用灵活用工。相比 2020 年，2021 年灵活用工在企业应用的普及度和深度均在增强；与之相对应的是人力资源服务市场实现了快速发展。

1. 灵活用工在企业应用的普及度和深度均在增强

课题组调研数据显示，2021 年，逾六成（61.14%）的企业使用灵活用工，且多数企业采用了两种以上的灵活用工类型。[①] 与 2020 年的调研结果相比，我国灵活用工比例上升了 5.46 个百分点。[②]

在使用灵活用工的企业中，灵活用工员工人数占总用工人数的平均比例约为 25.34%；在全部调研的企业中（含未使用灵活用工的企业），灵活用工人数占总用工人数的平均比例为 14.50%。[③] 图 2-1 分析了使用灵活用工的企业的使用比例的分布，超过四成（42.64%）企业使用的灵活用工人数占企业用工总人数百分之三十及以上，超过三分之一（34.80%）企业灵活用工人数占比在百分之十至百分之三十。

事实上，企业灵活用工人数占总用工数的实际比例应该比问卷所反映出来的数值更高，主要有以下原因：第一，在部分职业中，灵活用工人员不被视为企业职工。例如，在建筑业中盛行"分包制"，建筑公司一般并不会与建筑工签订劳动合同，灵活用工是行业内占据绝对主导地位的用工形式；互联网平台用工也是目前比较广为使用的灵活用工类型，但平台劳动者也不被平台企业纳入员工体系；第二，国家对劳务派遣的比例和岗位性质有明确的限制，因此部分被访谈的企业的填答比例可能会低于实际的灵活用工比例。

企业内部的灵活用工规模正在呈扩张趋势。如图 2-2 所示，总样本中

---

① 下文将进一步报告不同灵活用工类型在企业的应用状况。

② 2021 年的企业问卷中详细标注了灵活用工的各种类型，2020 年的企业问卷无相关说明，这可能也是导致这两年统计结果差异的一个原因。

③ 这一比例仅为本次调研的结果，存在内部异质性较大的特征，仅作为参考。

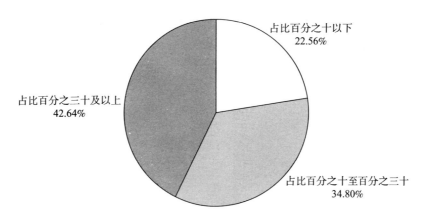

图 2 - 1　灵活用工人数占比分布

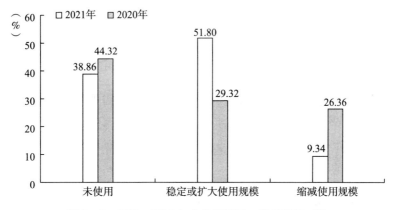

图 2 - 2　2020～2021 年企业灵活用工使用情况对比

稳定或扩大灵活用工使用规模的企业占比超过半数，达到了 51.8%，缩减灵活用工使用规模的企业仅占 9.34%。

与 2020 年的结果进行对比，"稳定或扩大使用规模"的企业比例从 2020 年的 29.32% 攀升至 2021 年的 51.8%；表示"缩减使用规模"的企业比例从 2020 年的 26.36% 降至 2021 年的 9.34%。对比两年的数据也可以发现，灵活用工的市场呈现进一步扩大的趋势，企业使用灵活用工的倾向正在增强。

如图 2 - 3 所示，在 2021 年已使用了灵活用工的企业中，超过一半（51.99%）的企业表示"稳定并维持目前规模"，三成多（32.74%）的企业表示正"扩大使用规模"，仅15.27%的企业表示"缩减使用规模"。这些数据说明企业总体上更倾向扩大而非缩减灵活用工的规模，未来灵活用工的市场将会进一步扩大。

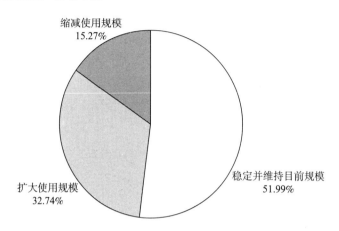

缩减使用规模
15.27%

稳定并维持目前规模
51.99%

扩大使用规模
32.74%

图 2 - 3 灵活用工企业中的灵活用工使用情况

在用工实践中，企业对灵活用工采取更为积极的策略可能有以下几个原因：第一，经营环境的不确定性增大。在疫情与国际竞争贸易战等因素的影响下，企业面临着高度不确定的市场环境，因此使用灵活用工降低成本成为企业用工实践中的诉求。

第二，数字化技术的发展。数字化技术在市场中的广泛应用正在提升企业的组织弹性和对市场变化的反应速度，改变企业生产对特定工作地点的依赖，扩大互联网平台用工的应用范围，从而推动了组织变革与灵活用工的发展。

第三，企业对灵活用工的认知度进一步提升，企业和社会对灵活用工的接受度提高。如图 2 - 4 所示，2021 年95.04%的样本企业表示对灵活用工有了一定程度的了解。相对2020 年，2021 年对灵活用工"完全不了解"的样本企业占比有所下降，从 7.58%下降至 4.96%。市场认知度也与新经济和平台用工的发展有关，疫情背景下对"共享用工"的讨论，都在不断推广灵活用工的理念。

第四，政府持续推进积极就业政策在一定程度上推动了灵活用工的发

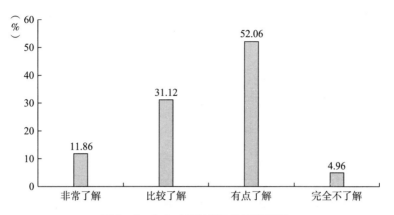

图 2 - 4　企业对灵活用工的了解程度

展。政府颁布了各项支持灵活就业的政策和措施，加大了对灵活就业与新业态的支持力度。2020 年 7 月 31 日国务院办公厅发布了《关于支持多渠道灵活就业的意见》，地方政府则通过见习补贴、培训补贴、困难就业群体社保补贴等方式推动灵活就业。中央和地方政府层面灵活就业政策目标之一就是通过灵活就业解决特殊群体的就业问题（杨伟国、吴清军、张建国等，2020）。

最后，人力资源服务市场的发展也在减少企业从外部市场获取劳动力的交易成本，提升使用灵活用工的倾向，从而推动灵活用工市场的扩展。

2. 人力资源服务市场规模持续扩大

人力资源和社会保障部的统计数据显示，2020 年底，全国共有各类人力资源服务机构 4.58 万家，年营业收入首次突破 2 万亿元，全年为 2.9 亿人次劳动者、4983 万家次用人单位提供了人力资源服务支持。① 图 2 - 5 和图 2 - 6 分别呈现了 2016～2020 年五年间我国人力资源服务市场的变化趋势。2016 年，我国人力资源服务机构数量为 2.67 万家，从业人数为 55.3 万人；2020 年，机构数量增至 4.58 万家，从业人数增至 84.33 万人。

人力资源服务市场的发展与政府对人力资源产业园的扶持有一定关联。

---

① 经济日报：《人力资源服务业如何更上层楼》，2021 - 10 - 11，http：//www. mohrss. gov. cn/SYrlzyhshbzb/dongtaixinwen/buneiyaowen/rsxw/202110/t20211011_425187. html，最后访问日期：2021 - 11 - 02.

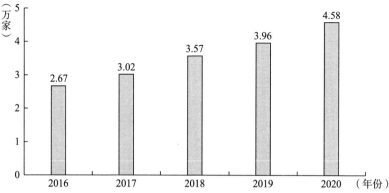

图 2 - 5　2016 ~ 2020 年中国人力资源服务机构数量（万家）①

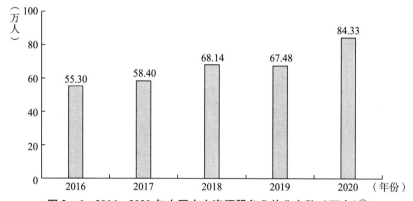

图 2 - 6　2016 ~ 2020 年中国人力资源服务业从业人数（万人）②

① 资料来源：中华人民共和国人力资源和社会保障部官网。具体数据网址来源如下：2016 年数据源自人社部，《2016 年人力资源市场统计报告》，2017 - 06 - 05，http：//www. mohrss. gov. cn/SYrlzyhshbzb/dongtaixinwen/buneiyaowen/201706/t20170605_ 271972. html，最后访问日期：2021 - 11 - 04；2017 年数据源自人社部，《人力资源社会保障部对十三届全国人大一次会议第 3138 号建议的答复》，2018 - 07 - 18，http：//www. mohrss. gov. cn/xxgk2020/fdzdgknr/zhgl/jytabl/jydf/201811/t20181123_305415. html，最后访问日期：2021 - 11 - 04；2018 年数据源自人社部，《我国人力资源服务业再上新台阶——2018 年人力资源服务业统计情况》，2019 - 05 - 27，http：//www. mohrss. gov. cn/SYrlzyhshbzb/dongtaixinwen/buneiyaowen/201905/t20190524_318428. html，最后访问日期：2021 - 11 - 04；2019 年数据源自人社部，《人力资源服务业首次亮相服贸会》，2020 - 09 - 04，http：//www. mohrss. gov. cn/SYrlzyhshbzb/dongtaixinwen/buneiyaowen/rsxw/202009/t20200923_391284. html，最后访问日期：2021 - 11 - 04；2020 年数据源自经济日报，《人力资源服务业如何更上层楼》，2021 - 10 - 11，http：//www. mohr-ss. gov. cn/SYrlzyhshbzb/dongtaixinwen/buneiyaowen/rsxw/202110/t20211011_ 425187. html，最后访问日期：2021 - 11 - 02。

② 资料来源同图 2 - 5。

自 2010 年以来,人力资源社会保障部与相关省市陆续建立了 22 家国家级人力资源服务产业园[①]。产业园区一方面将行业内众多业务侧重不同的企业集聚在一起,在业务开展的过程中逐步形成了产业链条;另一方面可以进一步拓展与人力资源服务产业相关或以人力资源服务产业为核心的领域,吸引资本进入园区,形成产业聚集效应。以全国首家国家级人力资源服务产业园——上海人力资源服务产业园为例,该产业园区于 2010 年成立,2019 年园区的产业营收达 4064 亿元,园区实现税收 12.1 亿元,引进高层次人才 22.1 万人次,帮助实现就业和流动 1530.3 万人次。园区成立至今已聚集任仕达、万宝盛华、上海外服、人瑞人才等 330 家知名人力资源企业,形成覆盖招聘、派遣、人力资源外包、猎头等不同层次的人力资源服务产业链,规模效应凸显。[②]

(二)全国灵活用工的发展状况

上述数据主要反映的是课题组企业样本的情况,要推算全国灵活用工的规模和占总用工数的比例,还要在企业问卷调研的基础上进一步结合官方统计数据和其他资料,并运用严格的方法进行推算。

附录二展示了全国灵活用工发展状况的详细推算过程和涉及的数据资料。其推算方法可大致概括为:将《中国经济普查年鉴 2018》各行业从业人数与各行业灵活用工人员占企业用工数比例相乘,得到各行业灵活用工人员数;将各行业灵活用工人员数相加,得出全国灵活用工人员总数;并进一步用该数据除以全国产业人数,得出全国灵活用工人员占总用工数的比例。

企业数据中各行业企业灵活用工人员占总用工数的平均比例用来作为推算的基础数据。但该数据严重低估了建筑业的灵活用工人员占比。同时,企业样本很难覆盖到大量用工的互联网平台,即使涉及部分平台企业,在

---

① 人力资源社会保障部网站,2019 - 09 - 05,《人力资源社会保障部印发〈国家级人力资源服务产业园管理办法〉》,http://www.gov.cn/xinwen/2019 - 09/05/content_ 5427561. htm,最后访问日期:2021 - 11 - 02。

② 罗菁,2020,《上海人力资源产业年营收达 4064 亿元》,《劳动报》12 月 5 日第三版,http://epaper. routeryun. com/Article/index/aid/4112427. html,最后访问日期:2021 - 11 - 02。

估算灵活用工人员占比时这类企业也很少将平台劳动者纳入其员工体系中。因此，企业数据也低估了一些涉及平台用工的行业灵活用工人员占比。课题组主要基于相关学术文献和调查数据重新估算了建筑业灵活用工人员占比，并结合平台用工的数据对"餐饮酒店批发零售业""交通运输仓储邮政业""其他行业"的灵活用工人员占比进行了修正。

图2-7呈现了课题组结合各类数据和资料综合估算的结果。从各行业数据看，建筑业的灵活用工人员占行业总用工数的比例最高（76.6%），其灵活用工人数规模也最大（4449.6万人）；由于其从业人数规模大、灵活用工人员占比高，全国约45%的灵活用工人员集中在建筑业。交通运输仓储邮政业的灵活用工人员占比也超过了46%；随后是餐饮酒店批发零售业（22.15%），同时此类行业也贡献了超过1000万的灵活用工人数。制造业的灵活用工人员占比不高（14.73%），但由于其从业人数规模最大，灵活用工人员规模也超过1500万。

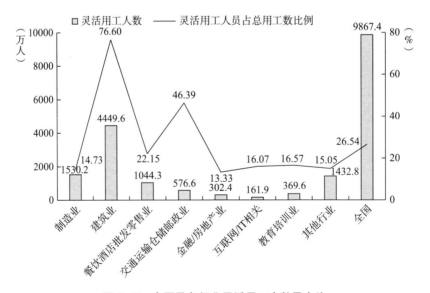

图2-7　全国及各行业灵活用工人数及占比

各行业加总后的全国灵活用工人数为9867.4万。由于数据可及性的限制，课题组并未将其他一些互联网用工平台（如代驾、货运、即时配送等）的灵活用工数据估算在内。综合来看，我国的灵活用工人数规模应该在1亿左右，灵活用工人员约是企事业单位总用工数的27%。

（三）不同灵活用工类型在企业的应用状况

报告前述章节呈现了灵活用工市场总体发展状况，但未对各种用工类型进行进一步的区分。当前业界讨论的灵活用工，讨论较多的是狭义的灵活用工。这种用工方式是指不受劳动关系刚性约束的用工类型，如传统零工（非全日制、兼职、日结、依附性自雇等）、互联网平台用工、实习。本节将对广义和狭义灵活用工进行区分，并对不同用工类型在企业的应用状况进行报告。

1. 广义与狭义灵活用工的界定与应用状况

本报告将灵活用工类型分为广义灵活用工和狭义灵活用工。我们认为，广义的灵活用工指的是雇佣组织（企业、平台组织、非营利性组织、公共服务组织等）以标准雇佣之外的方式进行人力资源配置的用工安排，主要分为以下六种类型：劳务派遣、业务外包、人力资源外包、互联网平台用工、传统零工（非全日制用工、兼职、日结、自雇合作）、实习。广义的"灵活"主要指涉用工单位/发包单位（甲方机构）的灵活，用工单位/发包单位寻求通过灵活用工实现组织弹性，以摆脱标准化雇佣带来的负担。劳务派遣、业务外包和人力资源外包均涉及用工单位/发包单位（甲方机构）——人力资源服务机构/外包单位（乙方机构）——劳动者三方关系。尽管对于甲方机构来说用工相对灵活，但乙方机构仍未摆脱劳动关系的刚性约束，灵活度相对较低。在人力外包和业务外包中，人力资源服务机构/外包单位与劳动者都存在劳动关系；在劳务派遣中，用工单位与劳务派遣机构承担着共同雇主的角色。因此，这几种灵活用工类型的"灵活"是就甲方机构而言的，乙方机构的用工仍然要受到劳动关系的刚性约束。

传统零工、互联网平台用工、实习这三种类型在多数情形下不必受到劳动关系的刚性约束，因此课题组将其归为"狭义灵活用工"。在传统零工中，兼职、日结多建立劳务关系，依附性自雇多是合作关系，只有非全日制用工被界定为劳动关系，但在这种用工场景下，企业只需要为非全日用工劳动者缴纳工伤保险，在终止用工关系时不需要支付经济补偿金，用工的灵活度较高。使用实习的用工单位既不用为劳动者参保，也无解雇限制，其为劳动者支付的报酬总体明显低于市场行情，用工灵活度同样非常高。互联网平台用工包含的用工形式相对比较复杂，部分平台（及第三方机构）由于较多介入到生产管理中，劳动者对平台（及第三方机构）的从属性较强，存在实质性的劳动关系，但多数平台用工属于劳务/业务承揽关系或"不完全符合确立劳动关系情形但企业对劳动者进行劳动管理"①的情形，在这些情形下平台企业的用工灵活度较高。

调研数据显示，超四成（43.05%）的企业采用了狭义灵活用工形式，而采用了广义上灵活用工的企业占比约为61.14%。可见，狭义灵活用工在企业的普及度也是比较广的。当然，以互联网平台用工为代表的灵活用工形式，其用工关系界定比较复杂，劳动权益保障还存在比较明显的短板，是国家当前规制的重点。

2. 不同用工类型的界定与应用状况

劳务派遣是指由劳务派遣机构与派遣员工订立劳动合同，把劳动者派往其他用工单位的一种用工形式。劳务派遣机构与派遣员工建立劳动关系，用工单位与派遣员工形成工作关系。在这种用工类型下，用工方承担业务管理和部分人事管理职能；劳务派遣机构只负责薪酬发放、社保/公积金缴纳、档案管理等方面的职能。

人力资源外包，又称"人才外包""岗位外包"，是指用工单位将部分岗位外包给外包单位（多为人力资源服务机构），后者根据业务流程、岗位职责招聘人员，并由这些员工向用工单位提供服务；外包单位负责对外包员工进行人事管理，用工单位负责业务管理。

业务外包是指企业将一些非核心的、辅助性的业务发包给外包单位。在标准的业务外包下，发包单位直接与外包单位签订商业民事合同；劳动者与外包单位建立劳动关系，与发包单位不存在用工关系。外包单位独立

---

① 可参考：2021 年 7 月人力资源和社会保障部等八部委颁发的《关于维护新就业形态劳动者劳动保障权益的指导意见》（人社部发〔2021〕56 号）。

组织开展业务，承担所有管理职能，并向发包单位交付业务结果，发包单位一般不介入外包服务或产品的生产过程。

为与平台经济下的零工相区分，课题组单独划出"传统零工"这一用工类型，它只是非全日制、兼职、日结、依附性自雇等用工方式的集合体。非全日制用工是指以小时计酬为主，劳动者在同一用人单位一般平均每日工作时间不超过四小时，每周工作时间累计不超过二十四小时的用工形式。与非全日制用工不同，在兼职、日结、依附性自雇中，劳动者与发包方之间建立的都是劳务或业务承揽关系。

互联网平台用工，指平台依托数字化技术对生产（服务）经营进行计划、组织、指挥、协调和控制等一系列活动，在生产（服务）投入阶段，平台组织依托数字化技术对劳动者的劳动结果、劳动过程进行不同程度的管理和控制。

实习，是指职校、技工学校和大专院校学生按照专业培养目标要求和人才培养方案安排，由学校安排或者经学校批准自行到企事业单位进行专业技能培养的实践性教育教学活动。实习兼具教育和劳动属性。

从企业卷数据看（图2-8），企业使用灵活用工最为普遍的三种类型依次为：实习、劳务派遣、传统零工，比例分别为30.61%、27.33%和27.08%；其他依次为业务外包、人力资源外包、平台用工，分别为22.37%、13.88%、8.33%。

在调查的全部企业中，超过三成（30.61%）的企业采用了实习的用工方式，这也是调查样本中在用工企业中最普遍使用的一种灵活用工类型。实习为企业所接受主要有以下几个原因：第一，实习教育与劳动属性兼具，因此不必以市场标准支付薪资。实习生多以积累经验和在工作岗位上学习为主要目的，不计较薪资，符合用工企业成本节约的要求；第二，实习生与用工企业之间是劳务关系，不存在劳动关系，企业无须为其缴纳四险一金，也不必承担劳动关系带来的其他责任和负担；第三，企业与学校对接比较便利，能够帮助企业应对短时期大量用人及招聘难的问题。目前存在大量校企合作、"嵌入式培养"等由企业与大专院校、中专、职校合作的项

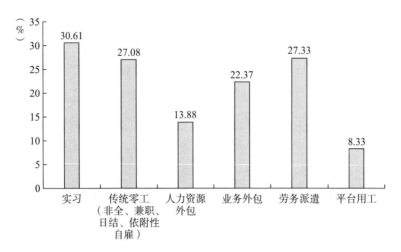

图 2 - 8　企业采用灵活用工的形式

目，在应对处于业务扩张或高峰期企业的短时期大量用人问题、制造业企业长期面临用工荒问题时能够及时向企业输送人力，解决企业发展难题；第四，方便企业进行用工规模调整。部分企业的业务存在项目性、季节性的特点，对于人力的需求量也因之波动；实习生与企业之间的解雇限制较小，有助于企业实现用工的灵活性；第五，实习生具备培养潜力，为企业人才提供了丰富的储备。对很多用人单位而言，实习为企业和毕业生的双向选择提供了基础，优秀实习生转正是企业吸纳人才的重要渠道。

有27.33%的企业使用了"劳务派遣"的用工形式。尽管当前在一些沿海发达城市，劳务派遣的市场份额呈现明显下降趋势（杨伟国、吴清军、张建国等，2020）。当前劳务派遣在全国范围内仍然是应用较广的灵活用工类型。这与企业解决编制/工资总额限制、降低用工成本、转移用工风险、避免声誉受损等方面的需求相契合，也与我国大部分地区人力资源服务市场发育程度不高、专业化不足等因素有关。

有27.08%的企业采用了"传统零工"。传统零工的岗位首先集中在用工需求浮动较大的传统服务业，比如：餐饮业的用工主要集中在用餐时段；零售、仓储物流业在"6·18""双十一"等"购物节"时由于订单量暴增而在短期内需要大量人力，第二类则是一些专业技能型岗位，例如在一些互联网医疗平台兼职的医生，以项目化方式进行合作的影视人员。

此外，以业务外包、人力资源外包为代表的专业化灵活用工形式也越来越受到企业的认可。随着人力资源服务市场业务的专业化、多样化和企业对高质量用工服务需求的提升，专业性灵活用工形式的比例有所增长。调查数据显示，超过五分之一的企业（22.37%）采用了业务外包的形式。业务外包多是由对相关业务比较熟悉、有一定专业基础和生产经验的公司承接甲方分包出来的任务；随着一些人力资源服务供应商对合作伙伴的了解程度提高，其在人力资源外包的基础上也开始从事业务外包，独立管控生产流程，向甲方输出业务结果。调查中还有13.88%的企业表示使用了"人力资源外包"。人力资源外包市场的发展离不开两大推动力：一是新经济快速发展过程中对专业人力资源服务的需求。随着新经济、互联网企业的崛起，专业化人力资源服务作为新经济的配套，有着快速组合市场要素、满足新经济企业短时间大量用人需求的特点，因而得以被越来越多用工企业接受和使用；二是部分专业性强、服务质量高的外资人力资源服务企业发挥了行业标杆的示范效应。

此外，调查数据中，虽然平台用工在企业用工形式中的占比仅有8.33%，当然，由于大型平台企业难以纳入样本、部分样本企业未将平台劳动者纳入其员工体系，这一数据的参考性相对有限。

（四）企业使用灵活用工的岗位

企业卷的调查数据显示，企业一般在低技能、协助性、基础性的岗位上集中使用灵活用工，但目前也出现了向专业性、技术性岗位扩展的趋势，企业对专业人才的灵活用工需求有所提高。

"普通工人（一线生产工、服务员、快递员、外卖员、环卫、保安、保洁等）"仍是企业最主要、最普遍使用灵活用工的岗位。如图2-9所示，灵活用工企业中采取灵活方式使用"普通工人"的比例超过一半，高达56.53%。此类岗位技能要求低、易替代，当其从事的业务存在项目性、季节性或每日波峰波谷分明的特点时，企业可能倾向通过灵活用工降低成本。

目前社会关注度高的平台用工也集中在大量普通工人的岗位，例如网约车司机、外卖骑手、家政工。

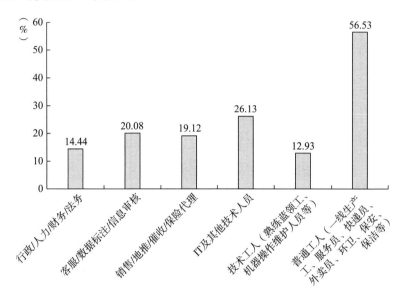

图2-9 企业使用灵活用工涉及的岗位

"只有在技术要求不高的岗位上才会广为使用灵活用工"，这可能是社会大众对灵活用工习以为常的认知。但从企业卷调研数据看，灵活用工已普及至专业性、技术性较强的IT行业中。"IT及其他技术人员"是企业使用灵活用工的第二大岗位，比例高达26.13%。尽管IT行业的工作技术含量相对较高，但IT人员的工作也存在着较强的技术分化。对部分用工企业而言，他们的正式员工负责核心技术的开发，设计总体架构，涉及企业的核心业务；但一些更基础的工作可以进行拆解并分包给外部团队。许多IT有关的业务都是项目化的，用工企业的用工需求依项目而定，故全部采用固定化用工的方式对企业而言并不合算；加上IT业务相比传统生产业务，不需要依赖厂房、机器和特定工作地点，也无交通运输成本，因此，企业对此类岗位使用灵活用工的倾向较强。当前从事业务外包和人力资源外包的企业多为IT企业，人力资源服务机构只在人力资源外包业务中占据少部分市场份额。访谈中，有企业谈到其与IT企业的人力资源外包合作经验：

> 实际上是签了一个框架协议，然后由服务商给我们提供服务。但是实际上，对方公司会派人员入驻到我们公司，根据我们的项目需求进行开发，这一块的人员在 30 人左右。因为我们核心的东西全在我这儿。那我需要的就是，写代码的、做美工的、做测试的，甚至助理的这么些角色。我们核心掌握自己的手上，然后再有适当的来降低成本，然后又在（工资总额）红线下，我又可以灵活的去把这个工作内容能够按时的交付，按时的完成，所以采取的这么一个相当于是折中的一个办法……他们（乙方）也是属于这种科技公司嘛，会有不同的项目，这个项目完了，我这部分人员我不要了，就会放到其他项目上面去。这家公司是一家 IT 企业，本身就有自己的业务，另外也做这种技术人才的输出。①

除了在"普通工人"和"IT 及其他技术人员"上灵活用工被广泛使用，超过五分之一（20.08%）的灵活用工企业还在"客服/数据标注/信息审核"的岗位上使用了灵活用工。伴随着近几年新经济的发展，对灵活用工的需求也相应提升。新经济企业的生产多是由消费端需求直接发起的，其业务和客户规模的变化幅度往往非常大。无论是大量线下的生产服务和消费活动，还是线上的内容生产（如短视频、直播平台、社交平台），都需要大量的后台服务人员（如客服、内容审核、数据标注），企业在这些岗位中都存在较强的灵活用工倾向。这是因为：一方面，新经济企业的业务变动迅速，处于快速扩张、快速争夺市场的阶段时，需要将各种要素灵活组合，因此需要人力资源服务供应商响应其用工和管理的需求；另一方面，客服、审核、标注之类的岗位对劳动者的技能要求不高且容易标准化，标准化后人才的批量招聘更简单、管理更成熟。

---

① 访谈编号：LHYG47。

对于外包来讲，现在的趋势不是本地化了，而是可能会跨地区，所以在很多时候管理上会有困难。我们通常会把一些 KPI 相对明确的、绩效表现相对比较清晰、培训成本相对低一点的岗位区外包。我们公司（客服、审核）60%、70% 都是外包的吧，可能客服会更高。①

此外，"销售/地推/催收/保险代理"岗位上灵活用工的比例也达到了 19.12%。销售岗通常根据业绩情况给劳动者提成而不是提供稳定、固定的薪酬，与用工企业的关系比较松散（保险代理岗也呈现类似特点）；一些全国布点的企业会在销售岗位上采取与其他渠道合作的方式。地推岗则在新经济企业最初快速拓展市场和获客的阶段大量需要，在业务发展稳定下来后用工需求就会下降。这种因企业发展不同阶段的不同需求导致的用工波动刺激了企业选择使用灵活用工。

企业在一些职能型岗位上也使用了灵活用工，这是由于职能型岗位也存在着分化。部分重复性较强、不涉及核心管理的辅助性职能岗位会以灵活的方式被外部化，而与公司战略和核心管理相关的岗位则不会涉及另雇佣。调查数据显示，企业在"行政/人力/财务/法务"岗位上灵活用工等比例约为 14.44%。

灵活用工岗位中，在"技术工人（熟练蓝领工、机器操作维护人员等）"岗位上使用灵活用工的比例最低。技术工人的技能要求较高，且这些岗位要求的技能通常是在长期的生产实践中形成的企业或行业专用性技能，可移植性较低，依托于特定的企业或行业，需要企业付出一定的培养投入。这类技能不同于通用性技能，可移植性高且不需要雇主过多投入，在外部市场流动性高。② 且这类岗位大多数不属于边缘性的工作，需要一定的工作经验积累，很难立刻上手。

---

① 访谈编号：LHYG25。
② 彼得·A·霍尔、戴维·索斯凯斯（2017）在《资本主义的多样性》一书中区分了三种不同的技能类型，分别是：（1）企业专用性技能，需要通过在企业的在职培训获得，可移植性最低；（2）行业专用性技能，可以通过见习和职业学校获得，得到权威认证后会得到行业内所有雇主的认可；（3）通用性技能，可以得到所有雇主的认可，且可移植性高。

二　不同区域灵活用工发展状况

在分析了企业灵活用工总体的发展情况后，我们进一步比较不同区域企业使用灵活用工的差异。从企业卷调查数据看，总部在东部地区的企业相比中西部的企业更有可能使用灵活用工，多数岗位上的灵活用工使用比例高于中西部地区企业，市场的专业化程度高于中西部地区企业。

（一）东部地区①

调查数据显示，总部位于东部地区的企业灵活用工状况呈现出以下特征：

1. 东部地区企业使用灵活用工的比例更高

由于东部地区经济更发达、产业集群更发达，因此在用工方式上也更加多元，灵活用工的使用比例更高。如图 2 – 10 所示，总部位于东部地区的企业，使用灵活用工的企业比例略高于中西部地区，样本中，东部地区超过六成（61.72%）企业使用了灵活用工，中西部地区相应的比例为 59.80% 。

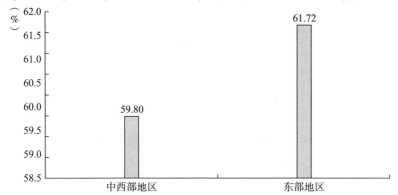

图 2 – 10　区域灵活用工使用比例

---

① 本报告采用的东西部地区划分方式为：东部地区包括北京、天津、河北、辽宁、上海、江苏、浙江、福建、山东、广东、海南、港澳台；中西部地区包括山西、吉林、黑龙江、辽宁、安徽、江西、河南、湖南、湖北、四川、重庆、贵州、云南、西藏、陕西、甘肃、青海、宁夏、新疆、广西、内蒙古。本报告所说的东部、中西部企业，指的是总部位于东部、中西部地区的企业。

2. 东部地区企业多在"普通工人""IT及其他技术人员""客服/数据标注/信息审核"岗位上使用灵活用工

总部位于东部地区的企业在技术与非技术岗位上均呈现出相对较强的使用灵活用工的倾向。如图 2 - 11 所示，其中，在"普通工人"这类基础性岗位上使用比例最高；其次，由于东部地区以互联网为代表的新经济产业更发达，因此在"IT及其他技术人员""客服/数据标注/信息审核"这类岗位上也更多使用灵活用工，这三个岗位大类上使用灵活用工的比例分别为34.99%、18.01%、13.48%；随后依次是"销售/地推/催收/保险代理"（11.44%）、"行政/人力/财务/法务"（8.72%）和"技术工人"（8.15%）。

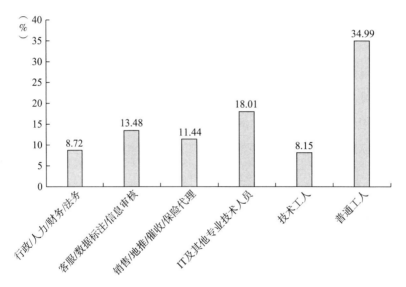

图 2 - 11　东部地区企业不同岗位上灵活用工的使用比例

东部地区的企业"普通工人"的使用比例比较高主要有以下原因：一是因为东部省份包含了江浙沪、珠三角这些地区，这几个省份代工生产比较发达，订单的波动性大，导致其缺工问题愈发严重，因此只能通过灵活用工保证劳动力的供给和使用；此外，普通工人中还包含了诸如快递外卖员这样的职业，东部地区平台经济发达、互联网活跃用户多，有更强的平台用工需求，因此可能也聚集了更多的平台劳动者。

东部地区在"IT及其他专业技术人员"上的灵活用工比例比中西部地

区高出近 7 个百分点，呈现这一结果背后有以下原因：一是东部地区经济发达。尤其是新经济发展速度快，态势良好，互联网企业数量多，产业集群发达，对"IT 及其他技术工人"的需求量比较大；二是产业内的分工更精细化。互联网行业内部也存在着分工，非核心的岗位和业务容易被分包出去，而东部地区互联网行业发展蓬勃、行业内的成熟劳动力数量较多，更容易支撑 IT 行业灵活用工的形成；中西部地区可能同样有 IT 行业的灵活用工需求，但区域内的相关人才比较少，有相关技能的人才在劳动力市场上的议价水平更高，企业使用灵活用工的条件相对较为欠缺。

总部在东部地区的企业在"客服/数据标注/信息审核"这类岗位上使用灵活用工比例也高于总部在中西部地区的企业。这主要是因为，有这类岗位灵活用工需求的多是服务于海量客户或对平台内容有标注、审核需求的互联网新经济企业，而这类企业多分布在东南沿海。根据企业卷数据，互联网企业中有 82.44% 是总部设在东部地区的企业。为了降低企业的用工成本，这些企业会将此类可远程作业、不依赖特定生产地点的岗位外包到一些用工成本更低、人力资源丰富的地区。

（二）中西部地区

调查数据显示，中西部地区企业灵活用工状况呈现以下特征：

1. 中西部地区企业使用灵活用工的比例有所增长

尽管 2021 年总部在中西部地区企业使用灵活用工的比例略低于东部地区。但较之 2020 年，中西部地区企业使用灵活用工的比例增长了约 8 个百分点，这表明中西部地区的灵活用工市场的发展速度较快。

2. 中西部地区企业多在"普通工人""销售/地推/催收/保险代理"岗位上使用灵活用工

中西部地区企业使用灵活用工也涉及多个岗位，且在基础性岗位上的使用比例更高。"普通工人"岗位上使用灵活用工的比例最高，如图 2 - 12 所示，三成多的企业（33.66%）在"普通工人"上使用了灵活用工；其次是"销售/地推/催收/保险代理"这种销售类型的岗位，比例约为 12.42%；随后依次是"IT及其他专业技术人员"（11.11%）、"客服/数据标注/信息审核"（9.80%）、"行政/人力/财务/法务"（9.15%）和"技术工人"（7.19%）。

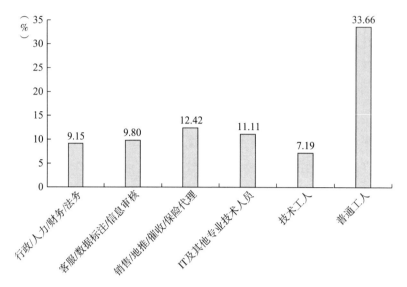

图 2-12　中西部地区企业不同岗位上灵活用工的使用比例

（三）对比：东部与中西部地区人力资源服务业状况

不同区域的灵活用工状况不仅与用工企业对灵活用工的接受度、认知度和需求相关，也与外部市场即人力资源服务业市场的发展状况紧密联系。一个区域内的人力资源服务业越发达、市场化程度越高、业态多样性越强，用工企业便越容易选择合适的用工方式以保持组织弹性。总体而言，无论是东部地区还是中西部地区，随着用工市场化和监管规制程度的提升，人力资源服务业的整体水平和服务能力有所提升。但东部和中西部地区的人力资源服务业仍然有着不同的发展状况，具体如下：

1. 与中西部地区相比，东部地区人力资源服务业专业化、市场化程度更高

相比中西部地区，东部地区的社会分工更为精细，人力资源服务市场发育相对成熟，人力资源服务业的业态更为多样，服务规范性和专业性更强。东部地区享有更集中的优势资源，有较强的总部集聚效应。据统计，

截至 2020 年，中国人力资源服务行业上市企业共 84 家，总部集中分布在北京、广东、上海、江苏等沿海发达省市，仅 14 家企业总部设立在中西部省份。在总部经济的带动下，东部地区人力资源服务行业的专业化程度较高，业态多样性更丰富。作为我国的经济、科技、对外贸易中心，上海的人力资源服务产业规模处于全国领先水平，上海人力资源服务业目前基本形成专业化、国际化、品牌化、科技化、标准化"五化"协同推进发展的良好局面。产业规模全国领先，2020 年产业规模达 3891 亿元，约占全国的五分之一；在业态上形成较为完备的产业链，并培育出"互联网 + 人力资源"、人力资源信息软件服务、高级人才寻访、人力资源 + 法律、人力资源 + 金融、人力资源 + 健康等创新业态、衍生业态；人力资源外包、人才培训、人力资源软件、人力资源管理咨询、猎头、招聘、人才测评等业态总体上都呈现出增长态势。①

《中国人力资源服务业蓝皮书（2019）》从发展规模、发展速度、发展潜力等方面设计了衡量地区人力资源服务业发展水平的指标，结果显示，东部地区人力资源服务业发展水平显著高于中西部地区（见表 2 - 1）。② 经济水平、产业集群和社会分工是人力资源服务业发展的前提和关键，经济发展水平和社会分工的细化为人力资源服务业的发展提供了诸如市场需求、资源供给等基础性条件，产业集群则为人力资源服务业发展提供了平台和依托（萧鸣政等，2020）。

表 2 - 1　不同地区省区市人力资源服务业发展水平分类情况表

地区	A	B	C	D
东部	7	2	2	1
中部	1	0	5	3
西部	0	1	4	5

资料来源：《中国人力资源服务业蓝皮书（2019）》。

---

① 可参考：光明网，2021，《2020 年上海人力资源服务业产业规模达 3891 亿元 约占全国五分之一》，https://m.gmw.cn/baijia/2021 - 07/29/1302442284.html，最后访问日期：2021 - 11 - 02。
② 书中对各省的人力资源服务业发展水平进行赋分，A、B、C、D 代表发展水平依次降低。

2. 中西部地区人力资源服务业潜力大，但仍存在发展地方化、业务单一化的问题

由于近年来各地政府对人力资源服务业的重视和扶持力度加强，中西部地区在注册企业数量、从业人数上有了大幅度的增长。以成都为代表的中西部的一些新经济发达的城市的人力资源服务市场也开始活跃起来，业务模式逐渐丰富，部分企业探索将创新的产品与政府就业目标的解决结合起来，专业化人力资源服务机构还作为新经济企业的配套。

但在中西部地区多数城市，存在着龙头企业发展不足、行业内部发展良莠不齐等方面的情况。在中西部地区，人力资源服务行业的业务中，传统的劳务派遣仍然占主要地位，业态多样性不足；内地企业对人力资源服务业行业的认识比较落后；人力资源供应商的专业化程度较低，对关系网络的依赖程度较高，依然存在一些靠人情关系赢得市场的情况。

中西部地区的人力资源服务业市场发展速度快、潜力大，但标杆性的龙头企业过少。一方面政府鼓励人力资源服务行业发展，另一方面对龙头企业的扶持力度不足。本地国资背景的人力资源服务机构往往因其历史原因和关系连带，在当地市场中占据垄断地位，民营、外资机构发展不充分，行业的服务能力很难在竞争中不断提升。这种发展模式的局限性是可复制性很低，因为只依托于当地的关系，缺乏标准化、规范化的产品，市场呈现畸形。民营企业越没有业务做越做不大，越做不大越没有业务做。① 但人力资源服务行业发展水平的提高实际上需要依靠市场、资金、资源、技术的共同推动，只有专业化的人力资源服务在中西部地区的市场中得到广泛应用，只有打破本地的关系垄断局面，这些地区的人力资源服务行业才能真正有实质性的提升。

三　灵活用工中的动机和挑战

在技术和组织变革背景下，灵活用工为企业提供了新的用工选择，企

---

① 访谈编号：LHYG56。

业多出于提效率、降成本、控风险等不同的具体动机使用灵活用工。同时，灵活用工强调的灵活性也给企业管理带来了新的挑战。

（一）企业使用灵活用工的主要动机

随着当前数字化技术的革新和新经济的崛起，企业的生产多由需求端直接发起，因此业务的波动性和不确定性较大，组织对劳动力的配置也越来越转向以工作任务为中心，企业通过灵活用工响应业务变动。此外，降低成本、突破编制限制、规避风险等也是企业灵活用工的主要动机（见图2-13）。

1. 企业通过灵活用工响应业务变动或不确定性

由于业务的变动较大，企业会面临短时间内招聘需求暴涨的挑战。但企业并非都有能力应对这种招聘压力，因此有30.26%的企业出于"减轻自招压力"的原因使用灵活用工。招聘压力通常在以下四种情况下出现：一是用工企业面临人员需求大、外部劳动力市场人才供应有限、用工短缺问题时需要通过灵活用工拓宽招聘渠道，分担招聘压力。二是招聘对于用工企业尤其是业务正处在快速扩张期的企业而言尤为重要。业务快速扩张的企业需要在短期内迅速整合资源、搭建人才团队、占领市场，但企业自身并不具备完成快速、大批量招聘任务的能力，也缺乏充足的人才储备。灵活用工能够显著提升人员获取和使用的效率，减轻企业招聘压力。三是业务量短期内的大幅波动、季节性用工导致的招聘压力突然增大。四是项目化用工导致的项目人才需求增大，需要迅速组建能够符合项目安排的专业人才团队。

对于部分快速扩张的企业，尤其是新经济企业，在发展初期甚至缺乏完善的人力资源架构和标准化的制度流程，因此需要寻求与第三方人力资源服务机构的合作，获取其团队搭建和管理经验的支持。与之对应的，27.92%的企业因为"业务的变动或不确定性"选择灵活用工。

互联网行业在"投资者价值最大化"和"先发展再盈利"理念的驱使下，要求企业瞄准垄断地位，而垄断地位的确立必不可少的就是速度。这一模式有两大特点：一是企业对快速抢占市场和夺取垄断地位的需求；二是企业经营的目的是实现投资者价值最大化而非提供稳定的就业机会，裁

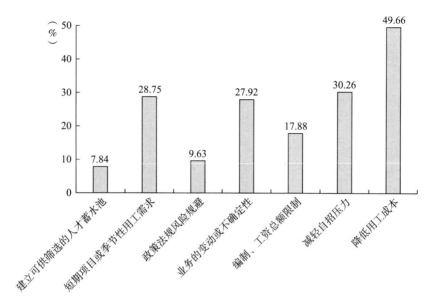

图 2 - 13 企业使用灵活用工的主要动机

员、工作外部化特征凸显，雇佣关系更加不稳定（Davis & Cobb, 2010）。

现在其实互联网的行业特点就是进化迭代比较快，因为他们（互联网企业）靠投资嘛，靠烧钱烧出来的，那一开始肯定追求速度，没有速度就要死。平台之间的竞争就是这样的，所以没有速度、没有规模，那就被干掉。比如说外卖平台，市场占有率是一个绝对指标，所以首先要保持这样一个市场占有率。业务扩充是一个所谓的服务能力，或者说是应变能力。比如这个月要招 1000 个，下个月要招 2000 个，你能不能干？可能传统的服务商没有这个服务能力，我们的客户快，我们也要快。①

此外，生产淡旺季明显的制造业和传统服务业企业中，存在着季节性、项目性业务变动的问题，也需要诉诸灵活用工。图 2 - 13 所示，28.75% 的

---

① 访谈编号：LHYG33。

企业使用灵活用工是因为"短期项目或季节性用工需求"。比如，电商平台在"双十一""6·18"等购物节时需要在仓储物流、交通运输、商品打包、客服上投入大量人力；生产月饼的企业订单只有在中秋节临近时才到达高峰，使用固定用工的方式成本不合算；"3C"制造业在每年九月、十月是销售旺季，订单暴增，订单的季节性波动比较明显。某企业旗下一块业务就是打造"云客服"的在线众包平台，即建一个在线平台，把这种闲散在全国各地的客服人员汇聚在这个平台上，向 B 端的企业客户提供客服外包服务。由于客服直接对接 C 端客户，因此呈现出明显的用工需求波动，即在购物高潮时需求大、反之则需求小，将这类岗位灵活化是符合企业需求的选择。

> 客服与企业是一对多的关系。这个客服在这段时间内接这个企业的服务，可能下段时间就接另外一个企业的服务，但是中间的跳跃性可能没有那么大。时间根据企业的需求来，可能是灵活的。比如这段时间它需要 30 个人，过段时间要 50 个，这 50 个要了两个月突然又减到 30 个了，那么多出来这 20 个人就只能安排到其他企业的服务上去。我们的时间相对比较短。因为有些企业找我们合作，其中要解决的一个问题就是它淡旺季的波峰波谷的问题。[①]

2. 企业通过灵活用工降低用工成本

成本、效率、风险是企业选择用工方式需要考虑的三个核心因素。对于企业而言，降低用工成本是许多企业使用灵活用工的驱动力。尤其是在经济下行的背景下，企业经营压力较大，降成本更成为企业用工实践的重要诉求。如图 2-13 显示，近半数（49.66%）的企业选择灵活用工是出于"降低用工成本"的考量。

用工成本包括薪资、福利、招聘、培训、管理、员工流失等方面，降低用工成本包括以下几个方面：第一，降低薪酬福利成本。部分企业会采

[①]　访谈编号：LHYG48。

用在核心岗位上给予员工丰厚薪酬福利待遇、基础性岗位上则采用外包、劳务派遣的方式用工，由人力资源服务机构为劳动者提供与市场行情相符合的薪酬。在一些国有企业，四险一金和福利方面的支出较大，而通过灵活用工可以减少福利方面的成本。第二，降低专业人才获取的成本。一些企业尤其是互联网类型的企业在前期需要大量的人员投入以支撑项目需要，但用工单位难以在短时间内获取相应的专业人才，因此可以寻求以人力资源外包、兼职、自雇合作等灵活用工方式实现业务目标。第三，降低管理成本。通过与专业人力资源服务机构合作，企业将招聘、培训、员工关系、薪酬管理、用工风险等都转移给对方企业。

某国有科技企业与一家 IT 企业建立合作，在基础性 IT 岗位上使用了业务外包的形式。承接业务外包的合作公司有两大优势：一是对专业人才的招聘能力更强，因其招聘渠道多样、专业人才的储备大，故能应对甲方企业的用工需求；二是能有效降低用工的福利保障成本。

降成本首先是在招聘渠道的开发上。因为现在的招聘渠道很多，不同的渠道费用不一样的，特别是像研发人员。就针对研发这部分人员他的招聘效果好一些的渠道的话，他现在的招聘费用基本上一年是要接近 2 万。像比如说就是常规一点的，像这个前程呀智联呀这些可能就几千块钱不到 1 万吧。现在的研发人员其实并不是那么好招的，招聘难度是有的，那么像对方公司的话，因为他们不只是服务我们一家公司，他们有很多家公司，所以说他们对于人员的需求的话，他们有单独的招聘部门，他们会设立单独的招聘部门，比如说 HRBP 这样的角色，单独来进行人员的招聘，他们在招聘渠道上面会更多一点。而且我们公司属于国企，社保、公积金这些费用对国企来说是非常高的，我们公司都需要按照现在的最高上限再买；但是外包的方式就和我公司没有关系，我们只是打包价，给外包公司服务成本，具体他们给员工多少比例我不管。①

---

① 访谈编号：LHYG47。

3. 企业通过灵活用工解决编制限制、用工风险、人才筛选等问题

此外，部分企业使用灵活用工是为了应对编制限制、规避用工风险、降低人才搜寻成本等。17.88%的企业因"编制或工资总额限制"而采用灵活用工，这种情况多见于国有企业。在因"编制或工资总额限制"使用灵活用工的所有企业中，有44.45%为国有企业，因为国有企业对编制或工资总额划定了限度，但编制内数量的人力难以满足企业的需求，因此往往寻求与人力资源供应商的合作。9.63%的企业使用灵活用工是为了帮助实现"政策法规风险规避"，例如在员工面临解雇、工伤时可能出现的风险，在很大程度上规避风险也是为了降低成本。此外，7.84%的企业希望通过灵活用工"建立可供筛选的人才蓄水池"。访谈资料中，确实有企业表示会将部分表现非常突出的灵活用工员工转为企业正式员工，这样既降低了企业对优秀人才的搜寻成本，也为灵活用工员工提供了一定激励。

（二）灵活用工面临的挑战

在高度不确定的市场环境下，传统科层制组织和标准化雇佣关系下的劳动者与组织之间相对稳固的关系难以维系，劳动者的工作方式、内容、实践、场所等都趋于弹性化。在此背景下，灵活用工给企业管理带来了哪些挑战？

问卷考察了使用灵活用工的企业遇到的主要问题，数据显示，员工质量不稳定与管理困难是用工企业面临的最为突出的两个问题。

1. 员工质量不稳定是多数灵活用工企业面临的最大挑战

如图2－14显示，超过七成（72.76%）表示其在灵活用工中面临着"员工质量不稳定"的问题。这背后主要有五个原因：第一，这与企业的招聘要求有关。用工企业在招聘固定用工的员工时，由于多涉及核心岗位，因此招聘标准也会相应更高；但对于补充性、非核心的灵活岗位，用工企业的招聘标准就会相对更低；第二，招聘时第三方机构的吸引力不足，劳动者对人力资源服务公司和劳务中介的信任度很低，这就限制了应聘人员的质量。实际上，人力资本较高、能力较强的员工往往不会主动选择灵活

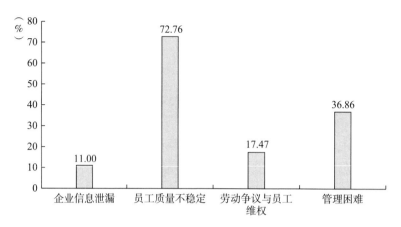

图 2－14　灵活用工中遇到的主要问题

工作，而是倾向选择待遇更好、更有保障、发展前景更好的固定工作。第三，用工企业和人力资源服务机构的管理协调存在一定困难，甚至可能出现"大家都管、大家都不管"的情况；第四，灵活用工员工与用工企业正式员工存在着明显的身份差异和待遇差异，尤其在社保、四险一金等福利待遇上差别明显，这种差异也使员工的归属感、认同感不足；第五，灵活用工人员的流动性较高。而一些岗位的工作需要在生产实践过程中逐渐积累经验、提升技能，但员工的短期化导致技能还没有培养起来、人员就流失了。上述原因都导致了员工质量的参差不齐和用工企业生产质量的不稳定。

　　一些短期用工需求突增的企业也表示，与人力资源服务机构的合作确实能够为其分担招聘压力。但由于岗位有一定技能要求和生产经验，第三方招聘的员工质量不稳定且难以在岗位上稳定下来，无法长期培养，也增添了人员流动带来的成本。

　　（第三方）肯定能解决一部分用工的问题。它是以批量的方式，比如说这个月我们某一条高端摩托车马上要量产，急需200个人，我们全部通过自己去招肯定不可能。但是第三方是可能的，他们在全市的资源和网络都比较发达，可能迅速就有人招上来了，解决这种问题比较容易。但是问题也很明显，这样招上来的人稳定性很不好，离职率是很高的。我们因为做的产品还是品质越来越高，对于员工还是有一些这种技能上的要求，这个他如果就是流动太频繁的话，对我们产品质量是有影响的。因为始终有那么一部分年轻人，他就是不满意现状，这儿搞一搞，那儿搞一搞。[①]

2. 管理困难问题是企业灵活用工面临的第二大挑战

如图 2-14 显示，36.86% 的企业在灵活用工中遇到了"管理困难"的问题。灵活用工中出现管理困难有以下原因：第一，灵活用工员工与正式员工之间存在身份上的差异，不同身份员工甚至不同人力资源公司的灵活用工员工群体之间存在协调上的问题；第二，灵活用工员工在薪酬福利、发展晋升方面与正式员工有差别，这就导致了企业内部凝聚力不足，灵活用工员工身份认同模糊、组织归属感弱；第三，部分灵活用工类型是将业务和人事管理分割开，劳动者需要完成用工企业的业务，但在人事管理上却不受其管控和约束，这就导致了二者的协同性不足。第四，由于用工的灵活性带来的不安全感和部分劳动者本身缺乏职业规划，员工流动性较高，因此很难长期在岗位上固定下来，这也给用工企业的管理带来挑战。

某人力资源服务机构从业人员提到，现在在苏南制造业中，已经从"小时工时代"过渡到了"日结工时代"。而日结的形式将用工的灵活性推向一个新高度，在这种模式下，企业用工极度不稳定，劳动者流动过快，生产技术很难沉淀下来，管理协同性更是无从谈起。

其实整个市场上，就那么一群人出来打工，你总得到这几个城市，对不对？那就是城市与城市之间，厂与厂之间的竞争。现在出来打工的年轻人我要的是自由，我干一天你给我一天的钱，对不对？我上班我可以来，下班你把钱给到我，这个钱我留着也好，我当天花了也好，我就是要当天日结的这个形式，你带我去哪里我就去哪里，反正你一天给我 200 块、300 块一天你给我就好了，目前日结的形式。你现在发

---

① 访谈编号：LHYG54。

现很多工人是早上去上班，晚上就可以结工资，第二天就可以不干了，第三天睡一天觉，明天他想干就干，不想干就不干，这个已经对这个社会造成很大的影响了。[1]

用工企业对于灵活用工的利弊也深有感触，一方面灵活用工为其降低了用工成本，提升了组织弹性；另一方面也使其对企业的管理带来不确定性。这也让用工方在选择合作的第三方时，更加注重合作方的人力资源供给和管理能力。

比较难的地方还在于，就是管理的难度。同时，包括这种不稳定和不确定性，给业务带来的挑战也是有很多的，虽然我们外包出去很多业务，但我们依然要花很多精力去考核他们的绩效，去提高他们的能力；同时他又不一定是在一个地方，这个也是很难的。……我们用了（灵活用工）一段时间后发现，对于一个团队来讲，一个合作方来讲，灵活用工更重要的还在于用工，就是他要能够有能力供给出人力资源出来；并且他能有能力稳定住一些人，这个其实他更重要。因为毕竟管理是在合作方，如果他在人才供给这个部分他不稳定，或者是很难提交上来，其实对于企业来讲就很痛苦了。[2]

3. 劳动争议、信息泄漏是部分企业灵活用工面临的挑战

近五分之一（17.47%）的企业在灵活用工中遇到了"劳动争议与员工维权"的问题。劳动争议问题的出现与人力资源服务行业的规范性不足有关，尤其是一些小型的人力资源服务供应商，在面临工伤、工亡、退工或者其他劳资纠纷时存在着与用工企业互相推诿甚至关门跑路的情况，在日常业务运营也存在不缴或少缴社保、未足额发放工资、拖欠工资等方面的问题。

---

① 访谈编号：LHYG61。
② 访谈编号：LHYG25。

还有11%的灵活用工企业表示了对"企业信息泄漏"的担忧。一般来说，在非核心岗位或边缘业务的灵活用工上一般不会涉及这方面的问题，但当涉及重要岗位、核心业务和客户信息时，企业可能会对信息安全的问题有更多的考量。一家做大宗农产品流通的科技公司表示了对灵活用工的顾虑：

> 因为我们无论是食品安全的防控平台，还是农产品流通的供应链平台都是我们自己研发的产品，所以我们不会把自己研发的产品委托给第三方来做。从效率的层面来保障，从质量的层面来保障，然后从刚才你讲到的安全的层面来保障，都无法让我们很轻易地去接受这样的一个灵活用工。①

四　小结

本章通过对数据和访谈资料的分析，描述了灵活用工的总体发展状况、不同区域发展状况和企业使用灵活用工的动机和挑战。

灵活用工的总体发展状况如下：

1.2021年，我国有61.14%的企业在使用灵活用工，企业更倾向扩大而非缩减灵活用工规模。结合课题组两年的问卷调查数据和其他二手数据，课题组认为，灵活用工在企业应用的普及度和深度均在增强；人力资源服务业发展态势良好，在市场规模、机构数量、从业人数上都有所增长，我国灵活用工市场正呈现持续发展趋势。

在使用灵活用工的企业样本中，灵活用工员工人数占总用工人数的平均比例为25.34%；在所有企业样本中，灵活用工人数占总用工人数的平均比例为14.50%。当然，企业卷数据可能低估了灵活用工的真实发展状况。综合官方统计数据、企业调研数据和其他资料，课题组对全国灵活用工的规模和占比进行了推算。推算结果显示，当前我国灵活用工的人数规模达1

---

① 访谈编号：LHYG50。

亿左右，灵活用工人员约是全国企事业单位总用工数的 27%。

2. 灵活用工的形式上，实习、劳务派遣和传统零工是企业使用灵活用工最主要的形式，其中超过三成的企业使用了实习，随后依次为劳务派遣、传统零工；依托于专业服务的灵活用工形式例如业务外包、人力资源外包也越来越受到用工单位的认可。

3. 灵活用工的岗位上，企业一般在低技能、协助性、基础性的岗位上集中使用灵活用工，但目前也出现了向专业性、技术性岗位扩展的趋势。超过半数企业在"普通工人"的岗位上使用灵活用工，其后依次为"客服/数据标注/信息审核""销售/地推/催收/保险代理""其他技术人员""IT人员"和"技术工人"。企业也开始期望通过灵活用工获取专业性人才。

不同区域灵活用工发展状况如下：

1. 东部地区企业使用灵活用工的比例更高。东部地区制造业发达，订单波动大，因此在"普通工人"岗位上灵活用工的比例高于中西部；新经济发展速度快，产业集群发达，产业内分工更精细化，因此在"IT及其他技术人员"岗位上的灵活用工比例也更高。

2. 中西部地区使用灵活用工比例有所增长，但略低于东部地区。相比其他岗位，中西部地区的企业在"普通工人"和"销售/地推/催收/保险代理"岗位上使用灵活用工的倾向更高。

3. 但与中西部地区相比，东部地区人力资源服务业专业化、市场化程度更高；中西部地区人力资源服务业潜力大，但仍存在发展地方化、业务单一化的问题。

企业使用灵活用工的动机和挑战如下：

1. 灵活用工的动机上，企业使用灵活用工主要是为响应业务的变动和降低成本；其余依次为突破编制或工资总额限制、规避政策法律风险、建立人才蓄水池。

2. 灵活用工也面临着一些挑战。超过七成的企业使用灵活用工时面临"员工质量不稳定"的问题；近四成的企业面临着灵活用工带来的"管理困难"问题；其后是"劳动争议与员工维权"和"企业信息泄漏"问题。

第三章
企业使用灵活用工的状况

为了更深入地理解我国现有灵活用工市场，课题组从用工企业入手，以企业问卷调查、访谈调查与相关二手资料为分析对象，通过比较用工企业所在行业、所有制、规模、平台属性、所处发展阶段、用工区域范围这六个具体维度上使用灵活用工的差异，来尝试描述现有灵活用工市场的需求状况。这六个维度涵盖了企业基本特征、企业生命阶段、外部用工环境三方面，是刻画不同企业灵活用工使用状况的关键维度。

在描绘企业使用灵活用工的状况时，课题组主要使用以下四个指标：（1）灵活用工在不同类型企业中的普及程度，即使用灵活用工的企业占该类型企业的比例；（2）灵活用工在不同类型企业中的渗透情况，由灵活用工人员占该类型企业总用工的平均比例计算得出；（3）不同类型企业使用灵活用工的核心岗位，依据是灵活用工岗位性质归类后的频次统计；（4）不同类型企业使用灵活用工的趋势，通过对正在使用灵活用工的企业自我汇报现有灵活用工规模是趋于稳定、扩大或缩小的情况进行分析获得相关数据。

一　行业的差异

（一）简述灵活用工发展的行业差异

与上一年报告相似，我们结合灵活用工的市场情况，将测量阶段所覆盖的细分行业进一步概括为制造业、传统服务业、现代服务业[①]，以便更聚

---

① 传统服务业包括餐饮、酒店、批发、零售、交通运输、物流仓储、邮政等；现代服务业包括金融、互联网、IT、房地产、教育、培训、文娱等。

焦地呈现出行业大类所展现的灵活用工趋势。

今年的调查数据显示：

（1）制造业中灵活用工普及程度最高，近七成企业正在使用灵活用工（见图3-1）。传统服务业普及程度次之（62.97%），最末为现代服务业（56.09%）。

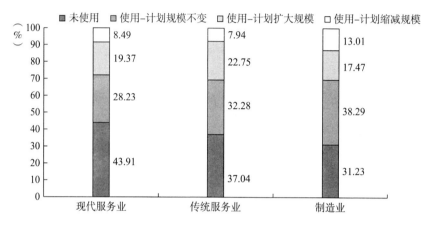

图3-1　不同行业的企业灵活用工使用情况

（2）行业中灵活用工人员占总员工数量比例显示（见图3-2），在全行业层面（包括使用以及未使用灵活用工的企业），制造业、现代服务业与传统服务业中的灵活用工人员占总用工比例极为相近，说明行业大类之间差异不明显。而在正使用灵活用工的企业中，传统服务业（27.23%）与现代服务业（26.06%）企业中的灵活用工人数占企业总用工人数比例高于制造业（23.96%）。[①]

（3）在使用规模的变化趋势上，制造业倾向维持现有灵活用工规模不变，传统服务业与现代服务业企业更倾向进一步增加灵活用工使用规模（图3-1）。

（4）岗位上，制造业灵活用工集中于普通工人等一线基础岗位，传统服务业集中于服务员、保洁、保安等基础岗位，现代服务业则集中于专业

---

① 这个结果也有可能是因为制造业企业中存在大量"假外包、真派遣"，使得制造业企业汇报的灵活用工数量低于实际灵活用工数量。

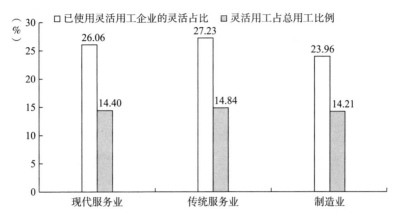

图3-2 不同行业的灵活用工人员占比

技术岗位与市场岗位。

（二）行业分析：制造业

调查显示，制造业灵活用工普及程度高，最倾向维持现有规模不变。

（1）制造业灵活用工现状

具体来说，近七成制造业企业正在使用灵活用工，普及程度高于传统服务业与现代服务业。岗位方面，制造业灵活用工主要集中于一线普通工人岗位，如一线生产工人；其次为技术工人岗位，如钳工、电工等。

（2）制造业灵活用工特点

制造业灵活用工特点鲜明。第一，岗位需求多集中于技能要求相对单一的一线普通岗。第二，受产品特点或买方市场影响，用工往往有淡旺季之别。譬如以出口贸易为主的小商品制造企业往往受其订单方淡旺季销量影响；以内销为主的商品制造企业则受国内购物节影响；如空调、电暖气制造企业则受使用季节的影响。第三，岗位之间协作性强。

学界、业界与政府对制造业灵活用工与背后的劳动力市场有大量讨论。随着人口红利的消失，制造业用工成本、一线工人离职率持续攀升，多家受访制造企业均表示，目前行业现状就是招工成本上升却依然难以招满，即使招到，流动性也极高。2021年人社部发布的第一季度与第二季度百个"最缺工"职位中，"工具钳工"等制造业蓝领职位占比近五分之一。因此，制造业的灵活用工普及度高，未来规划却趋于保守，正反映了这种高需求与难获取并存的用工现实。

> 灵活用工这一块儿，这几年面临的压力越来越大，现在做低端的、低层次的这些工人资源就少了，招聘的成本越来越高。几年前是这些学校找我们要给我们送人过来，现在变成我们去求他，然后甚至要给很多的一些费用，都还可能抢不到人……没有统计过，但是我们上次初步看了一个数字，就是一年内的员工占比啊还是比较大，就是刚说的那种就流动性强的，可能3、5年，普通工人的话平均。还是就是以一年内的为多。就是刚才说的学生这部分，他一般都不会满一年，大概是八个月十个月啊，他就回学校或者是怎么样。①

另一方面，制造业的劳动力市场生态复杂。为制造业提供灵活用工的中介组织种类繁多、关系复杂，② 专业水平层次参差不齐，且在用工市场上占据强势地位。部分中介组织不满足于提供人力资源服务所得收入，甚至联合工人进行"职业试用/骗工"，使得用工企业投入大量时间与经济成本后，却依然无法及时获得相应劳动力。

> 有些公司你比方说像 CA 汽车那大家都愿意到总装厂，那这种的话它是可以，就是你要是这种的所谓的渠道，它可以跟你说你给我多少钱，我包你们进那个厂。还是要看岗位的。它又没有骗工厂，它骗的是个人的，你找了我把钱给了，然后最后给你安排进去了，但不是总装，你还怎么找它，你联系方式一删谁也找不着谁了，这种在重庆就叫"串串"，专门在中间挣差价的这种。③

---

① 访谈编号：LHYG54。
② 如劳务公司、劳务中介、黄牛，在实际招聘环节中还可能层层套叠，如大黄牛、小黄牛以及工头合谋等。可参考：刘子曦、朱江华峰，2019，《经营"灵活性"：制造业劳动力市场的组织生态与制度环境——基于 W 市劳动力招聘的调查》，《社会学研究》第 4 期。
③ 访谈编号：LHYG55。

（3）制造业灵活用工趋势

在灵活用工规模调整趋势方面，制造业企业今年汇报的核心诉求是维持现有规模不变。

用工难、用工荒、缺口大的问题依然显著。值得注意的是，用工困难并不仅仅出现在传统制造企业中。先进制造、智能制造企业同样面临该困难与人才缺口，尤其是研发人员[1]，譬如在智能制造领域的数据治理、架构师、数据工程师等，智能化工程师、机器人调试工程师等以及数字化新兴方向人才，是当前最难招聘、难保留、招聘成本最高的群体[2]。

未来，制造业企业可能在保持灵活用工规模稳定的同时，优化灵活人才结构，将灵活用工从一线基础岗位向研发岗位缓慢转移，将人力成本投放至对企业生命力、创造力更高价值的岗位上。如此，制造业灵活用工规模的"稳定"将是人才结构不断优化调整的"动态稳定"。

这种趋势在人才供需两侧都已经有端倪。本次调查访谈中，多家制造业企业表示，正在通过引入自动化、智能化、或工业机器人的方式，来降低对生产人员的依赖。中智咨询最新的《人力资源服务供需调查报告（2021·中国）》也指出，45.6% 开展高级人才寻访服务的人力资源服务公司最集中关注的行业领域便是制造业。世界经济论坛发布的《未来就业报告》更是认为，到 2025 年，自动化和人机之间全新的劳动分工将颠覆全球 15 个行业和 26 个经济体的中型及大型企业的 8500 万个工作岗位。[3]

　　现在我们会更多地推动这种自动化智能化的一些自动识别，就是通过照相技术啊激光啊去防错，尽可能不依赖人，这是未来的趋势……比如我们做这种铝合金零件的压铸，这个我们从 2016、2017 年就开始做这种自动化的抓取，因为这种工作一个是有工伤风险，另一个是劳动

---

① 中智咨询数据中心。

② 《人才市场洞察及薪酬指南（2021）》，科锐国际：https：//v1. cecdn. yun300. cn/site_1801180 113%2F2021，最后访问日期：2021－11－01。

③ World Economic Forum：《The Future of Jobs Report 2020》，2020－10－20，https：//www. weforum. org/reports/the-future-of-jobs-report-2020，最后访问日期：2021－11－01。

强度大，很不好招人。这个当时就逐步自动化，已经很成熟了。但是这个相对我们八九千人的（用工来说）这个比例并不大，因为这个工种本身人数只有一两百人、两三百人。真正大批量的是装配工，比如刚刚说的装发动机、装摩托车，装配工的是我们最大的群体，这部分暂时还很难自动化。而这个如果附加值不是很高，再投大量设备进去的话，就得不偿失。我们已经尝试了一些，比如简单的机械手去替代人。但是汽车组装还是有很多工人，所有这还是有一个过程。这个我们现在受益的程度还不是很高，质量上反倒是有了一些收获。①

（三）行业分析：传统服务业

调查显示，传统服务业灵活用工人员占企业总用工数的平均比例最高，更倾向于进一步扩大使用规模。

（1）传统服务业灵活用工现状

62.97%传统服务业企业正在使用灵活用工，普及程度介于制造业与现代服务业之间。从灵活用工占总体用工的比例来看，传统服务业灵活用工占比相对制造业与现代服务业要更高。岗位上，则以基础岗位（如服务员、保洁人员、外卖骑手等）为主，也有相对少量的专业技术岗位需要使用灵活用工人员。

（2）传统服务业灵活用工特点

传统服务业灵活用工特点也较为鲜明。第一，岗位技能要求相对较低或单一。第二，受服务业特点影响，用工往往有日常波峰波谷期或淡旺季影响，譬如餐饮业用工受用餐高峰期影响，旅游业受节假日影响。第三，岗位之间协作性不强，比如服务员、收银员、保洁人员之间极少需要相互配合，以彼此独立工作为主。

我们进一步查看了传统服务业中一些具体行业的灵活用工情况。其中，交通运输/物流仓储/邮政业使用灵活用工企业占比达72.92%，居所有行业

---

① 访谈编号：LHYG54。

之最；餐饮/酒店/批发/零售业次之，有72.30%的企业正在使用灵活用工。结合传统服务业整体的灵活用工普及率来看，传统服务业灵活用工情况更需要结合企业所在细分行业、主营业务来看。我们重点观察了两个典型行业：物流运输与餐饮酒店业。

物流行业的灵活用工主要集中于技能相对简单，协作性弱，岗位可替代性高的一线岗位，如分拣、派送、客服等。这些一线人员（包含非灵活就业的全部一线岗位人员）占物流行业总用工比例高达91.9%,[1] 用工需求量巨大。课题组结合二手数据对企业调研数据做修正后的测算显示，交通运输/物流仓储/邮政业中现有灵活用工占总用工人数比例为46.39%[2]（见图3-3），即灵活用工人员近总用工一半。

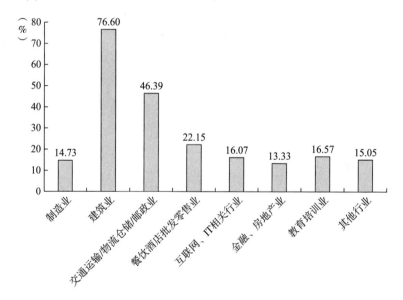

图3-3　灵活用工占行业总用工人数比例

酒店与餐饮行业的灵活用工相仿，主要集中于服务员、保洁员等，这些岗位有鲜明的波峰波谷特征，所需技能简单，协作性低，岗位可替代性

---

[1]　根据《全国社会化电商物流从业人员研究报告》中的物流行业从业人员数量进行了二次计算。报告由北京交通大学、阿里研究院、菜鸟网络联合发布。

[2]　详细测算说明见附录二。

高，包含非灵活就业的全部一线员工占总用工比均值高达 82.6%。[①] 课题组结合二手数据对企业调研数据做修正后的测算显示，餐饮酒店批发零售业中现有灵活用工人员占总用工人数比例为 22.15%[②]（见图 3 - 3），即在相关行业中平均每五个工作人员中就可能有一位灵活就业员工。

（3）传统服务业灵活用工趋势

在规模发展趋势方面，相较于制造业与现代服务业，传统服务业最倾向进一步扩大使用灵活用工的规模（22.75%），最不倾向缩减使用规模（7.94%）。

此外，传统服务业灵活用工中还有一些新趋势或创新。第一，也是最重要的一点，当传统服务业与数字化技术相结合时产生的新商业模式或新业态，可能会为传统服务业带来新工种，为灵活用工带来新岗位赛道。交通出行与共享经济结合而产生的滴滴等网约车平台，带来了网约车司机这一新工种；餐饮与共享经济结合而产生的美团、饿了么等外卖平台，带来了骑手这一新工种均属于此。

第二，灵活用工服务供应方面也有创新，灵活用工人员个体的时间分配与用工单位的物理空间边界正在被重新审视。最早的雏形是疫情早期餐饮业的"共享员工"探索（何江等，2020）。影院、酒店、景区、餐厅、KTV 等临时歇业的行业将其员工"借"给在线生鲜电商、制造业、共享单车、物流等原有员工未能及时返岗、但又有迫切用工需求的行业企业。尽管共享员工探索随着疫情的控制而逐渐销声匿迹，人民网也曾撰文探讨共享员工是否真的只是特殊时期的昙花一现，[③] 但是，课题组在本次调研中，也有观察到一些用工企业与人力资源服务机构从成本与效率再分配的视角下重新思考，并对共享用工进行了二次创新的探索。

　　　　我的一个大客户是一个上市物业公司，他们在轻轨线上有很多保

---

① 《2020 中国餐饮业年度报告》，中国饭店协会。

② 详细测算说明见附录二。

③ 人民网：《共享员工 VS 灵活用工：价值、困局和出路》，http://finance.people.com.cn/n1/2020/1116/c1004 - 31931690.html，最后访问日期：2021 - 11 - 01。

洁，这些保洁的高峰期是在（上下班）早高峰和晚高峰结束后的那一个小时。但是那一个小时结束以后，保洁工人是有很多空闲时间的。但现在这些保洁都是这个物流公司自己雇佣的，保洁就算闲也必须在那儿。我们就跟甲方（该物业公司）聊，说这些保洁收入约两三千块钱，时薪约20块钱。但是如果我提供一个商家能发布用人需求的平台，就譬如说在轻轨附近的楼宇里的餐饮店。这种餐饮的特点是周一到周五的中午人满为患，对服务员的需求很多，但下班后、晚餐、周六、周日基本没人，但是他雇佣的服务员还得在那。那其实餐厅里的服务员、物业公司的保洁工作都比较简单，彼此都能做。所以，我就想物业公司的保洁是不是在早高峰后把清洁打扫完，之后那里原先安排的十个人，是否只保留两个就可以了，其余八个通过我的平台知道附近有餐馆中午需要服务员，可以过来。这样这些保洁现在时薪20，我可以给到更高的时薪，比如40。因为对这些用工企业来说，他们给出去的小时数少了，反而他的人工成本是下降的．但对这些保洁、服务员来说，他还是工作八个小时，只是这里（轻轨站）四个小时，那边（餐馆）四个小时，但是他的时薪提高了，那他的个人收入也提高了。[①]

总的来说，传统服务行业灵活用工普及度较高，占总用工比例较高，未来更倾向于扩大使用规模，更不倾向于缩减使用规模。岗位集中于一线基础岗，其次为专业技术岗。在灵活用工发展上，如何与互联网新经济结合，以及如何对一线基础岗位灵活用工人员的劳动能力进行二次灵活使用是值得关注的新方向。

（四）行业分析：现代服务业

调查显示，现代服务业灵活用工普及度相对较低，占总用工比例较高，未来更倾向于扩大使用规模。

---

① 访谈编号：LHYG57。

（1）现代服务业灵活用工现状

调查显示，现代服务业使用灵活用工的比例（56.09%）明显低于制造业（68.77%）与传统服务业（62.97%）。岗位上，有别于制造业与传统服务业，现代服务业灵活用工最集中的岗位为专业技术岗，其次为市场推广岗，再次才是普通基础岗，说明现代服务业中灵活就业岗位以更具专业性、技术性的岗位为主，技能相对单一的基础岗位为辅。

（2）现代服务业灵活用工特点

现代服务业灵活用工最大的特点是专业化程度高，受项目或工作任务周期影响，对工作场所的依赖性相对较低。在现代服务业中，我们进一步查看了部分细分行业。其中，教育培训行业中使用灵活用工的企业占比最高，比例为64.42%，岗位以教师、研发等专业技术人员为主，销售次之；互联网IT行业中使用灵活用工的企业占54.58%，岗位以信息审核、信息标注、测试、程序员等为主；金融、房地产行业中使用灵活用工的企业占52.35%。课题组今年的企业问卷调查数据显示，16.07%的互联网IT行业员工、16.57%的教育培训行业员工、13.33%的金融房地产行业员工目前是以灵活用工的方式为用工单位提供劳动。岗位方面则以保险代理、催收、销售为主。这些行业市场化程度较高，专业属性强，灵活用工的普及度虽然不如建筑业与传统服务业，但也都有超过半数正在使用。

（3）现代服务业灵活用工趋势

在用工规模趋势上，绝大多数现代服务业企业正扩大或维持灵活用工使用规模不变，仅8.49%缩减灵活用工规模。

宏观数据来看，国家统计局于2021年10月发布的最新经济数据显示，现代服务业在2021年前三季度增势持续较好，如信息传输、软件和信息技术服务业增加值同比增长19.3%。疫情常态化的过程中催生了大量服务业新商业模式，在线购物、互联网医疗、短视频、直播、互联网学习等新业态迅速发展，成为现代服务业中的新赛道。这些新赛道在为经济注入活力的同时，也为灵活用工带来广阔的发展土壤。

二　企业所有制的差异

（一）简述灵活用工发展的所有制差异

从企业性质的角度分析今年灵活用工发展的差异，有以下几点发现。

（1）使用灵活用工的比例从多至少依次为外资/港澳台企业、国有企业、民营企业（78.44%、71.26%、56.99%，见图3-4）。外资/港澳台企业与国有企业中灵活用工普及度高，民营企业灵活用工的普及度相对较低。

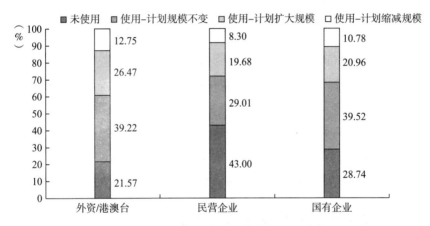

图3-4　不同所有制企业灵活用工使用情况

（2）岗位方面，国有企业与外资/港澳台企业的灵活用工集中于一线基础岗，而民营企业还会在专业技术岗、市场推广岗上大量使用灵活用工。

（3）在使用灵活用工的企业中，我们进一步分析了不同性质的企业中，灵活用工员工总数占企业用工总数的比例。结果显示（见图3-5），国有企业与民营企业的用工中有更高比例的灵活用工人员（国有企业中占27.84%；民营企业中占26.01%），而普及程度最高的外资/港澳台企业的用工中，灵活用工比例却相对最低（23.56%）。

（4）通过对正在使用灵活用工的企业调整灵活用工使用规模趋势的分析，我们发现，正在使用灵活用工的外资/港澳台企业更倾向扩大现有使用规模，正在使用灵活用工的国有企业更倾向维持现有规模不变，而正在使

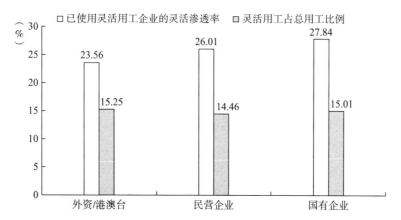

图 3 – 5　不同所有制企业的灵活用工人员占比

用灵活用工的民营企业有意缩减使用规模的比例最低。

总的来说，外资/港澳台企业中灵活用工普及度最高，且已采用灵活用工方式的未来更倾向提高灵活用工规模；国有企业灵活用工普及度较高，已采用灵活用工方式的未来以稳定现有规模为主；民营企业普及度最低，但已经使用灵活用工的民营企业不仅灵活用工人员占企业总用工数比例更高，也相对更倾向未来进一步扩大使用灵活用工的规模。

（二）企业性质分析：外资/港澳台企业

调查显示，外资/港澳台企业灵活用工普及度最高，已采用灵活用工方式的最倾向于扩大使用规模。

（1）外资/港澳台企业灵活用工现状

外资/港澳台企业中使用灵活用工的企业占比 78.44%，在不同企业性质类型中灵活用工占比最高。在岗位方面，外资/港澳台企业主要使用灵活用工的只有如普通一线工人等简单基础岗位，并未表现出在其他岗位上的集中现象。

（2）外资/港澳台企业灵活用工特点

外资/港澳台企业使用灵活用工的特点受外资/港澳台企业在中国发展阶段的影响。早期，外资/港澳台企业在中国发展时分支机构或办事处不具备雇佣资质。另一方面，外资企业有使用灵活用工的"基因"。最早的灵活用工形式、最早的灵活用工服务供应商、最广泛普遍的灵活用工实践都来自以美国为代表的欧美国家，使用灵活用工已经成为外资企业的一种组织惯例。因此，在来华发展又面临雇佣困难与劳动关系风险时，外资企业大量使用劳务派遣，衍生出很多派遣服务机构，也直接促进了国内早期灵活用工服务市场的发育。岗位上，外资/港澳台企业则主要是将管理可分割、技能易培训的岗位剥离出来。最后，外资/港澳台企业灵活用工特点还体现在对国际形势和贸易环境的高度敏感上。

　　其实在 2008 年以前，用这种劳务派遣是非常多的。但是 2008 年《劳动合同法》出台以后，国家对这方面管控加强了以后，从那个时候我们公司就变成了（至少客服中心这边）全部自有的员工了。重新再启动这种人力外包这个形式其实是在 2017 年的 6 月份，那个时候会重启也是因为当时整个业务的业务高峰期变得越来越多元化了。我们可以看一下之前只有中国市场的时候，相对来讲中国的这种电商节日所带来的业务高峰期相对是比较固定的，比如说"双十一""双十二""6.18"。但是在 2017 年以后，我们开始支持我们整个（全球）网络里的客户了。在那个时候你所面临的业务高峰期就不仅仅是中国的业务高峰期了，你会遇到比如说日本的业务高峰期，美国的业务高峰期，比如说 Summer Monday、Black Friday、Christmas。日本也有自己的业务高峰期，再叠加上中国的业务高峰期，其实这样加起来在全年你就有很多的这种业务高峰期了。所以这个时候你对于这种灵活用工的需求就大大地增强了。所以在那个背景下，就重启了我们整个人力外包的这样一个模式。一直用到现在，也一直在用。[①]

（3）外资/港澳台企业灵活用工趋势
在使用灵活用工的外资/港澳台企业中，有一半表示未来将稳定现有灵

---

① 访谈编号：LHYG17。

活用工的规模不变，33.75%则表示未来还将进一步提升现有灵活用工的规模。外资/港澳台企业灵活用工趋势受当前国际形势和贸易环境不确定性的影响。剧烈变动的全球业务需求与贸易环境推动当前外资/港澳台企业进一步扩大使用灵活用工的规模。

（三）企业性质分析：国有企业

调查显示，国有企业灵活用工普及度较高，已使用灵活用工的国有企业倾向维持或扩大使用规模。

（1）国有企业灵活用工现状

超过七成国有企业正在使用灵活用工，普及程度仅次于外资/港澳台企业。在已使用灵活用工的企业中，国有企业灵活用工人员占企业总用工数比例最高，为27.84%。岗位上，国有企业与外资/港澳台企业相仿，使用灵活用工的岗位主要集中于一线基础岗。

（2）国有企业灵活用工特点

国有企业灵活用工有两个显著特点。一个是国有企业在组织制度上存在编制名额限制或薪酬总预算包制度，这种编制或预算的约束与用工的实际需求之间的落差，往往促使企业通过使用灵活用工解决问题；而灵活用工伴随的用工风险分担或控制，也使得国有企业倾向深度使用灵活用工。多家参与访谈的国有企业均提及，[①] 编制内员工名额与用工需求存在不匹配，又或者是基于项目的或季节性带来用工需求的短期提升，导致其不得不使用灵活用工。

　　国企有一个特点，就是有一个工资总额的概念。它跟政府部门、事业单位非常像，它是定岗定编的。也就是说我今年一共有多少工资总额是确定了的。在这种情况下我们用工的时候灵活性没有那么高。像我们在2019年遇到一个非常大的工作任务。从2002年我们公司成立一直到2018年底，我们的产品发行应该是90到100个。然后2019年一年我们的

---

① 如访谈编号：LHYG47、LHYG55。

工作量完成的是 1960，所以说我们就一下完成过去那么十几年的好多倍。在这种情况，这么大的工作量，如果我们只有之前我介绍的那 250 个正式员工，这是无论如何完不成的。那在这种情况下我们又受工资总额的限制，怎么办？我必须得完成这个任务。那我们就借用了第三方人力资源公司的力量，通过公开招标的方式，招到了这家人力资源服务公司跟我们配合合作，把这个任务完成了。这个可以说（是完成这个任务的）一个根本，你必须灵活，你不灵活就没办法办这个事情。因为这个事情它就是一个阶段性的，对我们来说。2019 年完成了以后，到 2020 年我们就又没有这么大的工作任务了。在这种情况下如果我急招一部分人过来，又急速地把这些人完全从企业岗位退下去，这个对国企来说是不可能的，对劳动者的保护也是我们国企应该的社会责任。①

这些考量使得灵活用工成为这些国有企业的必然选择。部分国有企业甚至提出，由于收入组成的改变使得员工实际收入增加，灵活用工的形式比直接雇佣更受一些员工的欢迎。

这个我补充一下，因为公司这个人力成本是固定的，人员的编制数也是固定的，这个编制跟政府的编制是两个概念，只是沿用了原来的这个编制说法，但是这其实就相当于人员总数。就是说，跟我公司签合同的人员的总量是有限制的。但是这个总量我们永远用不完，因为工资总额已经给限制了……所以，核心人员我要用自有的正式员工，这些员工的薪资相对会高一点，就会导致我编制用不完。那么我就把，比如你要写代码或者一些日常事务、类似于助理这种角色，我就转为灵活人员。当然也会有高级（职位）人员，因为尤其现在的"90 后"，短期内他认为国企平台给他提供的吸引力并不是很大，反而想要的是高收入，他们的能力也比较强。那我们就把它放在了人力资源服务公司。这样，比如他在我们公司，拿到手为一万块钱，但是对我们公司

---

① 访谈编号：LHYG09。

的成本可能就已经到 18000 了。但是比如说他到了这个人力资源服务公司，可能他拿到手就 15000，而我的成本可能只有 16000 或者 17000，我会也从这个角度来考虑这个问题。①

（3）国有企业灵活用工趋势

延续上一年的调查结果，正在使用灵活用工的国有企业依然更倾向稳定或扩大灵活用工的使用规模。正在使用灵活用工的国有企业中，超过一半表示未来将维持现有灵活用工的规模不变，近三成则表示将进一步扩大使用灵活用工的规模，体现了国有企业对灵活用工"稳中有涨"的需求趋势。

这种稳中有涨的发展趋势与国家宏观经济发展方向密切相关。在习近平总书记提出的以国内大循环为主、国内国际双循环发展战略中，国有企业是当之不让的主力军。在向科技创新、锻造加强完整产业链供应链、智能制造等方向进一步发展过程中，相应的人力资源需求也纷至沓来。而除了外部环境的"拉力"，一些国有企业内部也出现"推力"，在包括用工以内的问题上，越来越能够采取更具市场化、包容性与多元化的思维来推进企业发展与变革。

不是所有体制内的领导都是千篇一律，也要有很活的，基本上国有企业的很多的这种 CEO 啊总裁啊，他们的思维都是比较灵活超前的，不是像过去觉得好像就是今天会上定了是这样的，永远都不能改。已经不是了，在慢慢发生变化，我觉得这也是市场逼迫的。②

（四）企业性质分析：民营企业

调查显示，民营企业灵活用工普及度最低，正在使用灵活用工的民营企业最倾向扩大使用规模。

---

① 访谈编号：LHYG47。
② 访谈编号：LHYG55。

（1）民营企业灵活用工现状

民营企业在本次调查中是三种所有权类型里灵活用工普及度最低的（56.99%），其灵活用工在总用工数量中占比也最低（14.46%）。但在已经使用灵活用工的民营企业中，灵活用工人员相较于企业用工的占比（26.01%）却高于外资/港澳台企业（23.56%），仅次于国有企业（27.84%）。

（2）民营企业灵活用工特点

民营企业灵活用工特点一方面体现在用工岗位类型上。民营企业是三种所有制形式中灵活用工岗位最丰富的企业类型。除一线基础岗位以外，民营企业还常在专业技术岗与市场推广岗位使用灵活用工。其中，在专业技术岗吸纳灵活用工人员有助于应对新产品、新项目研发带来的用工需求变动；而在新产品上市后或业务拓展过程中，地推、销售等市场获取类岗位则成为灵活用工的主力。另一方面特点则体现在民营企业本身的复杂构成中。民营企业中有较大比例为中小微企业，而中小微企业灵活用工则以成本考量为先、任务达成为先、企业绩效为先，这些企业层的战略考量传递至人力资源管理，使得民营企业灵活用工也聚焦在控制成本、达成短期任务、推进市场等方向。

（3）民营企业灵活用工趋势

尽管民营企业的灵活用工普及度相对最低，但在使用灵活用工的民营企业倾向扩大使用灵活用工规模的比例却高于外资企业与国有企业。这说明使用灵活用工的民营企业未来可能会更倾向通过外部市场配置劳动力资源。

三 企业规模的差异

（一）简述灵活用工发展的企业规模差异

调查显示，企业规模对灵活用工发展的影响有：

（1）大型企业[①]中使用灵活用工的比例近七成（69.13%），比中小微企业中使用灵活用工的比例（52.76%）高出约16个百分点（见图3-6）。

---

① 企业规模划分标准参照于国家统计局大中小微企业划分办法（2017）。

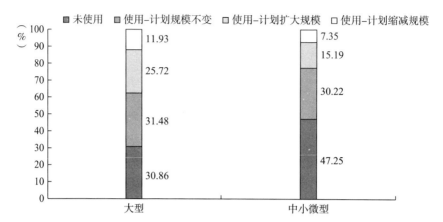

图 3-6　不同规模的企业灵活用工使用情况

（2）在使用灵活用工的企业里，大型企业与中小微企业用工中灵活用工人员占比相近，但从灵活用工在总用工中的比例来看（见图 3-7），大型企业用工整体中灵活用工占比高于中小微企业。

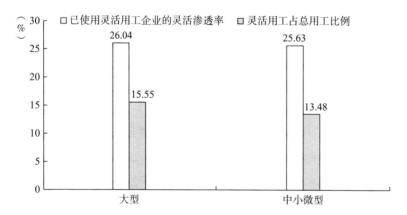

图 3-7　不同规模企业的灵活用工人员占比

（3）岗位上，大型企业与中小微企业没有显著差别，使用灵活用工的岗位均为基础岗位、专业技术岗位以及市场开拓岗位。

（4）在已使用灵活用工的企业中，大型企业相比中小微企业，更倾向扩大灵活用工的使用规模。

（一）企业规模分析：大型企业

（1）大型企业灵活用工现状

69.13% 大型企业正在使用灵活用工，灵活用工普及程度较高。在使用灵活用工的大型企业中，灵活用工人员占总用工数的 26.04%。

（2）大型企业灵活用工特点

大型企业灵活用工多集中在基础岗位与边缘岗位。企业规模提升意味着用工需求的提升与企业管理半径的增加。当企业从数千人的规模发展至上万人、数十万人时，海量的招聘、人事管理与员工关系处理工作随之而来。提升的用工需求多集中在相对基础的岗位上。这些人员的管理工作相对烦琐。将这方面的人事工作剥离出企业人力资源的核心工作中，有助于企业将人事工作聚焦于企业人才发展与高端人才的挖掘上。

（3）大型企业灵活用工趋势

正在使用灵活用工大型企业与此类中小微企业相比，倾向保持现有灵活用工规模不变的企业比例相近，而倾向进一步扩大使用规模的比例明显更高。

（二）企业规模分析：中小微型企业

（1）中小微型企业灵活用工现状

过半中小微企业正在使用灵活用工。从用工比例来看，灵活用工人员在中小微企业总用工中占比 13.48%，比大型企业低 2 个百分点。而在已经使用灵活用工的企业中，中小微企业灵活用工人员占企业总员工比例为 25.63%，与大型企业该比例相近。

（2）中小微型企业灵活用工特点

小微企业至中型企业的用工需求可能是在几十人次范围内波动，此时，企业往往根据员工的重要性与成本来判断是否使用灵活用工人员，灵活用工并不是必选。企业卷数据也显示，中小微企业灵活用工主要集中于以降成本为主导的初级岗位与企业产品开发必不可少的研发等专业技术岗位。

我们这边，因为公司相对小而快。所以之前的时候更多地考虑还是会自营，因为整个团队都会比较小，每一个团队的人都很少，但是每个团队都会能够去尽可能闭环。①

此外，中小微企业彼此之间差异性大，企业家性格、企业所在行业、经营业务、所在发展阶段、所处市场环境等可能交互影响该企业是否使用、多大程度上使用、在哪些岗位上使用灵活用工。

（3）中小微型企业灵活用工趋势

在已使用灵活用工的中小微型企业中，近六成倾向维持现有灵活用工规模不变，近三成倾向进一步扩大现有灵活用工规模，呈现出稳中有增的发展趋势。

四　企业平台属性的差异

（一）简述灵活用工发展的平台属性差异

2011 年以来是数字经济稳步增长、飞速发展的十年。《中国数字经济发展白皮书（2020 年）》显示，截至 2019 年，我国数字经济增加值规模达到 35.8 万亿元，占 GDP 比重达到 36.2%。产业方面，服务业、工业、农业中数字经济渗透率分别为 37.8%、19.5% 和 8.2%。数字经济与实体经济融合过程中，诞生出大量新行业、新业态、新商业模式的"三新"经济产物，多以平台型企业形式呈现。因此，我们结合企业调查数据，分析企业的平台属性对企业灵活用工的影响。通过调查显示的平台与非平台型企业灵活用工使用情况（见图 3－8）可知以下几点。

（1）平台型企业使用灵活用工的比例（62.69%）略高于非平台型企业（60.39%）。考虑到平台型企业很少将平台用工人员纳入员工体系，两者的差异可能会更大。

---

① 访谈编号：LHYG16。

（2）平台型企业更倾向扩大灵活用工的规模（24.35%），而非平台企业则更倾向保持现有规模不变（32.75%）。

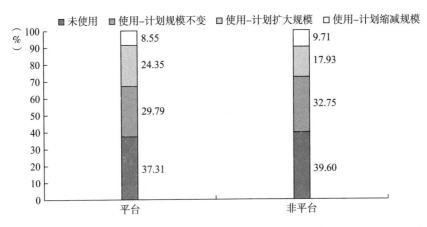

图3-8　平台与非平台型企业灵活用工使用情况

（二）平台属性分析：平台型

（1）平台型企业灵活用工现状

超过六成平台型企业正在使用灵活用工。从样本企业灵活用工人员占总用工数的平均比例来看，平台企业略低于非平台企业（见图3-9）。该调查结果比平台经济的实际灵活用工比例要低。考虑到平台型企业很少将平台用工人员纳入员工体系，且涉及大量用工的平台型企业难以进入到本次

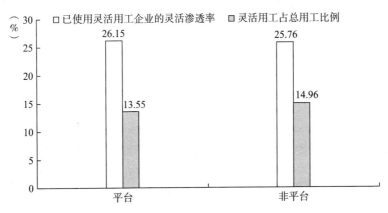

图3-9　平台与非平台型企业的灵活用工人员占比

调查样本中，使得平台型企业自我汇报的灵活用工数量远低于其实际数量。

（2）平台型企业灵活用工特点

平台型企业灵活用工特点需结合平台企业的多重身份属性来解读。一方面，平台型企业在链接供需双方需求时，大量劳动者通过平台工作，但却很难与平台型企业建立劳动关系。在对平台企业做一手调查时，平台企业大多并不将这类劳动者视为平台企业的灵活用工人员，从而导致灵活用工的普及度、灵活用工人员占比等调查数据有偏颇。而据此前调查报告显示，这部分灵活用工人员数量庞大且保持增长。以美团、饿了么与滴滴打车为例，美团研究院发布的《2019 年及 2020 年疫情期美团骑手就业报告》显示，2020 年上半年平台有单骑手为 295.2 万人；饿了么在本轮调研中表示，2021 年月活跃骑手（每月跑够一单以上）数量为 85 万人；中国人民大学劳动人事学院课题组 2019 年发布的《滴滴平台就业体系与就业数量测算》显示，2019 年滴滴打车平台上的网约车司机约为 234.5 万人。

那个时候到 2016 年是 W 网约车平台快速扩张的阶段，他的团队从几千人到一万五千人这个阶段。我们（作为人力资源服务供应商）的核心优势和竞争力都在招聘，但是你能看到从 2019 年到 2020 年，因为疫情原因招聘是在全面缩水的，它（W 网约车平台）也在降成本，接近 1/3 的员工都"优化"掉了。所以这个过程里其实是没有增长的，它整体的客户规模都已经降了接近一半了，最近开始有一些恢复的迹象，但是节奏很慢。所以其实这一年以来，我们对它的价值更多的还是在于风险，去帮它去做一些风险的转移与承担，这个是它非常关注的价值。[①]

另一方面，平台型企业的运营与发展过程中，也会产生大量的灵活用工需求，是灵活用工的直接用工方。平台型企业使用的灵活用工常见于在迅速占领市场阶段使用的地推；或对业务进行持续支持的后台服务型岗位，比如在线客服、对平台上产生的海量数据信息做内容审核与数据标注的员

---

① 访谈编号：LHYG64。

工、对平台提供的产品（比如共享单车）做日常运营维护的员工。这部分灵活用工的特点是岗位技能要求相对较低，协作性弱，受任务或项目期限影响。

（3）平台型企业灵活用工趋势

与非平台型企业相比，样本企业问卷调查的平台型企业在灵活用工规模发展趋势上更倾向进一步扩大使用灵活用工的规模。

（三）平台属性分析：非平台型

（1）非平台型企业灵活用工现状

调查显示，非平台型企业中有六成正在使用灵活用工，且14.96%非平台型企业用工为灵活用工人员。在正使用灵活用工的非平台型企业中，灵活用工人员占企业员工总数的25.76%。

（2）非平台型企业灵活用工特点

岗位数据显示，非平台型企业倾向在一系列岗位上使用灵活用工，来满足企业自身的行政、业务或市场工作需求。换言之，非平台型企业灵活用工的特点还需结合企业其他特质（如行业、规模、发展阶段等）综合来看，仅依据非平台这一特质，较难概括相应的特点。

（3）非平台型企业灵活用工趋势

正在使用灵活用工的非平台型企业中，过半数企业表示灵活用工规模需要维持在现有水平，保持稳定使用；另外三成则表示用工规模还可以进一步扩大。

五 企业发展阶段的差异

（一）简述灵活用工发展的企业发展阶段差异

调查显示，从企业所处的不同发展阶段来看，

（1）相较于正处于初创期、成长期的企业，处于转型期、稳定发展期、扩张期的企业更倾向使用灵活用工（见图3－10）。

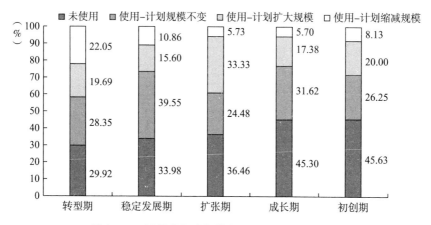

图 3 - 10　不同发展阶段的企业灵活用工使用情况

（2）不同发展阶段的企业的灵活用工人员占比则如图 3 - 11 所示，在使用灵活用工的企业中，初创期企业中的灵活用工员工占企业整体用工的比例相对较高（31.48%），其余类型的企业则比例较为接近（23%～26%之间）。

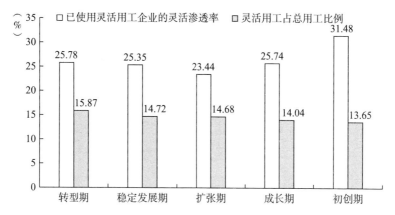

图 3 - 11　不同发展阶段的企业的灵活用工人员占比

（3）在使用规模的发展规划方面，扩张期企业明显更倾向扩大灵活用工使用规模，且缩减使用规模的可能性较低；稳定发展期和成长期企业相对更倾向稳定使用规模；而转型期企业缩减使用规模的比例则明显高于处于其他发展阶段的企业（见图 3 - 10）。

总的来说，初创期企业的灵活用工普及度最低，但受初创期企业往往人员规模相对小的影响，初创期企业灵活用工占企业总用工比例最高。成长期企业不管是灵活用工的普及度、员工占比还是未来规划，都处于一个相较于其他发展阶段来说更为均衡、稳定发展为主导的状态。扩张期企业则不管是当下还是未来的规划中，都更多的倾向借灵活用工缓解扩张过程中的用工问题。而已经（部分）经历了初创期、成长期、扩张期的企业，在进入稳定发展期后，使用灵活用工的企业占比高，未来也倾向维持现有规模以助企业持续稳定发展。最后，当企业处于转型阶段时，新的人力资源诉求使得更多的转型期企业使用灵活用工，但也使得企业预期在转型后可能会对灵活用工人员的规模进行向下调整。可见，企业所处的不同发展阶段对企业用工带来层出不穷的挑战，而灵活用工作为企业人力资源灵活配置的蓄水池，在不同发展阶段以不同的形式帮助企业调配用工需求。

（二）企业发展阶段分析：初创期

（1）初创期企业灵活用工现状

初创期灵活用工使用情况两极分化，不使用灵活用工的企业占比最高，使用灵活用工的企业灵活用工人员占企业用工总量的比例最高。

具体来说，54.38%的初创期企业正在使用灵活用工，低于其他不同发展阶段中的企业使用灵活用工的比例。而灵活用工人员占总用工数比例的分析则显示，尽管初创期企业整体用工中的灵活用工比例相对其他发展阶段的企业较低（见图3－10），但在已经使用灵活用工的企业中，灵活用工在这些企业的总用工中占比却是最高的（见图3－11），说明企业如果在初创期中使用灵活用工，会更倾向较深度（更大比例）的使用。

（2）初创期企业灵活用工特点

初创期企业使用灵活用工时的岗位集中情况显示，初创期企业中最主要使用灵活用工的岗位是基础岗位、普通工人，其次为设计、工程技术、研发等专业技术人员。

初创期企业对灵活用工的使用特点与初创期企业特征有关。对初创企业而言，组织架构和管理制度往往还不完善，资金、人力资源也可能相对匮乏。因此，出于成本考量，初创期企业易倾向在职能部门使用兼职人员或由初创成员暂时身兼多职。而产品或技术的发展是初创期企业的生命线，因此，初创期企业也倾向使用灵活雇佣这一成本相对更低的方式来获取有助于产品技术开发的专业技术人员。部分（尤其是互联网领域）企业认为，在初创阶段，使用灵活用工带来的效率提升使得收益会高于表面的灵活用工成本，比如：

> 因为现在是这样的，就是劳动力市场的招聘是非常难的，越是工人这种级别的越不好招，而且流动性很大……你现在招一个司机，招募费可以给到六千到八千，工人是一样的。你想，这种招聘费用跟外包费哪个更划算？所以还不如做外包，这样的话无非当期的成本看起来要大一点，但它省了很多的事情。①

（3）初创期企业灵活用工趋势

8.13%的初创期企业正缩减所用规模，26.25%的初创企业表示维持现有灵活用工人员规模不变，另有20%则正在进一步扩大使用规模。

（三）企业发展阶段分析：成长期

（1）成长期企业灵活用工现状

今年的调查结果显示，成长期企业使用灵活用工的比例相对低，倾向维持现有规模不变。具体来看，成长期企业中使用灵活用工的比例为54.70%，与初创期企业相近。而从灵活用工人数占总用工数的比例来看，在全部成长期企业（包含未使用灵活用工）中灵活用工人员占比为14.04%，在五个发展阶段中仅高于初创期企业。使用灵活用工的成长期企业中，灵活用工人员平均占比则为25.74%，在五个发展阶段中处于第三位。

（2）成长期企业灵活用工特点

我们进一步分析了成长期企业使用灵活用工时的岗位特点。与初创期

---

① 访谈编号：LHYG55。

企业相似的是，成长期企业中最主要使用灵活用工的岗位依然是基础岗位、普通工人，其次为设计、工程技术、研发等专业技术人员。此外，成长期企业还可能倾向在销售、地推、催收或保险代理等岗位上使用灵活用工。

（3）成长期企业灵活用工趋势

在未来使用规模调整规划上，31.62%成长期企业倾向于未来保持现有规模不变，仅5.7%成长期企业考虑未来缩减现有规模。

（三）企业发展阶段分析：扩张期

（1）扩张期企业灵活用工现状

今年的调查显示，扩张期企业使用灵活用工的比例较高，最倾向扩大使用规模。具体来看，扩张期企业中有63.54%正在使用灵活用工；在使用灵活用工的扩张期企业中，灵活用工人员占公司总人数平均比例为23.44%，低于其他四种发展阶段的企业。因此，这种较低使用比例与企业扩张发展诉求的不匹配，使得扩张期企业成为所有发展阶段中最迫切提高使用灵活用工规模的企业群体。

（2）扩张期企业灵活用工特点

扩张期企业使用灵活用工的特点也可从岗位上窥见一斑。除了基础岗位、普通工人、专业技术人员以外，扩张期企业使用灵活用工人员的主要岗位也包括销售、地推、保险代理。

（3）扩张期企业灵活用工趋势

33.33%的样本企业正在进一步扩大使用规模，24.48%表示将维持现有规模不变，仅有5.73%表示正缩减现有灵活用工规模。值得注意的是，扩张期企业中扩大灵活用工使用规模的比例（33.33%）为所有发展类型中最高，而缩减使用灵活用工的比例则与成长期企业并列最低。

（四）企业发展阶段分析：稳定发展期

（1）稳定发展期企业灵活用工现状

调查显示，稳定发展期企业使用灵活用工比例次高，最倾向稳定现有规模。

具体来看，稳定发展期企业中有 66.01% 正在使用灵活用工，较上一年调查结果有一定增长。而从灵活用工人员人数占总用工人数比例来看，基于所有处于稳定发展期的企业数据来看，灵活用工占比为 14.72%，仅次于转型期企业。在已经使用灵活用工的企业中，灵活用工人员人数占企业总员工人数的平均比例（25.35%）与成长期企业（25.74%）相近，体现了灵活用工在稳定发展期企业中的普遍性。

（2）稳定发展期企业灵活用工特点

我们依然通过灵活用工岗位与稳定发展期企业特征来归纳该阶段灵活用工特点。稳定发展期企业使用灵活用工时，除了基础或技能较单一的岗位外，对研发、设计等专业技术岗位与市场拓展类岗位的使用程度相近，体现了稳定发展期企业因其生产流程与组织管理的稳定、规范、标准化后，对脱离于企业内部雇佣与管理的职位有成熟的"剥离"能力的特征。

（3）稳定发展期企业灵活用工趋势

在使用灵活用工的企业中，近四成（39.55%）企业维持现有灵活用工规模不变，在所有发展阶段中占比最高。另有 15.6% 正进一步扩大现有灵活用工规模，符合稳定发展期阶段企业谋求稳定与发展的双元特征。

（五）企业发展阶段分析：转型期

（1）转型期企业灵活用工现状

调查显示，转型期企业使用灵活用工比例最高，在五个不同发展时期中，其缩减使用规模的比例相对最高。其中，超过七成的转型期企业正在使用灵活用工，在所有发展阶段中灵活用工使用占比最高。从灵活用工人数来看，灵活用工人数在总用工人数中占比最高的发展阶段也是转型阶段（15.87%）。而在已经使用灵活用工的企业中，转型期企业所使用的灵活用工人员占比平均为 25.78%，同样位列前位。

（2）转型期企业灵活用工特点

与扩张期企业相仿，转型期企业的灵活用工依次集中于基础岗位、市场推广岗位、专业技术岗位。一方面，转型期企业在业务转型过程中往往因为新业务而产生大量招聘需求。另一方面，转型期企业也面临巨大的不确定性，这种不确定性会进一步影响其对部分用工的态度。譬如一些企业可能会在转型过程中审查新业务里的灵活用工人员对应的人力成本来考虑是否该缩减一部分员工：

> 以前的物流体系是我们是有的，但是我们后面就是在 2018 年把那个物流那一块给它裁掉了。我们不但物流成本高，而且不具备竞争力。而且当时我们的那个 App 上会选择你是要我们自己的物流还是要第三方物流。在速度上的话，我们不具备竞争力，但是费用上我们还高，所以综合考虑下，我们把那一部分员工裁撤掉了。[①]

当然，还有一部分企业的转型之路可能并不顺畅，甚至转型失败。那么在转型过程中使用的灵活用工也会"毛之不存，皮将焉附"。譬如：

> 头两年我们的精力集中在 C 端的时候，我们需求比较大，是 200 多个，技术人员就 240 几个，那个时候我们会尝试各式各样的东西。我估计现在的话就是现在我们不太专注于 C 端的一个应用型 FM 用户数。因为我们不是一个技术类企业，那么既然不是一个技术企业，其实研发的经费应该更多地放在使用产品上，不是技术上。就研发是研发产品，不是软件。因为我们技术这个东西，我觉得是还是要解决我们根本的企业信息迭代的问题，所以我们内部的团队只要能有一部分是技术的就 OK 了，其他市场上有成熟的我们就用成熟的。[②]

（3）转型期企业灵活用工趋势

正在使用灵活用工的企业中，31.46% 的转型期企业正缩减现有使用规

---

① 访谈编号：LHYG53。
② 访谈编号：LHYG53。

模，该比例也远超其他发展阶段相应值，譬如排名第二位的为稳定发展期企业，其比例为10.86%，而排名最末的成长期企业，其比例仅为5.7%。因此，结合转型期企业灵活用工的高普及度来看，转型期企业的灵活用工呈现出一种有趣的张力现象：灵活用工普及度最高，缩减灵活用工使用的趋势最明显。

六　企业用工区域范围的差异

（一）简述灵活用工发展的企业用工区域范围差异

依据企业用工区域范围，我们发现以下几点。

（1）如图3-12所示，在全国多地（区域/全国）用工的企业使用灵活用工的比例（63.06%）高于单一城市用工的企业使用灵活用工的比例（56.62%），意味着灵活用工在需要多地用工的企业中更为普及。

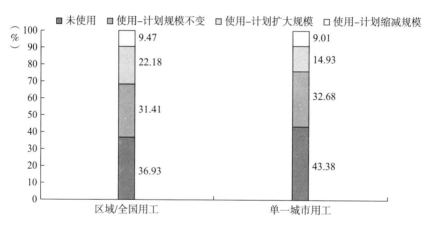

图3-12　不同用工范围的企业灵活用工使用情况

（2）灵活用工人数占总用工人数对比则显示，在单一城市用工的企业，当其使用灵活用工时，其灵活用工人数占比的平均比例（23.96%）也低于多个城市或全国范围用工的企业（26.75%）。

（3）在岗位上，两种用工范围企业的灵活用工都集中于一线基础岗位与专业技术岗。此外，多地用工的企业还可能在销售、地推等市场开拓型岗位上大量使用灵活用工人员。

（4）在已经使用灵活用工的企业中，单一城市用工的企业更倾向进一步保持现有灵活用工规模不变（32.68%）；而需要多地用工的企业相比单一城市用工的企业，则明显更倾向扩大灵活用工使用规模（分别为22.18%、14.93%）。

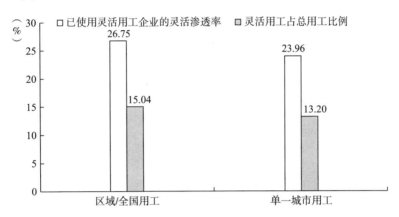

图3-13　不同用工区域范围企业的灵活用工人员占比

（二）企业用工区域范围分析：多地用工

（1）多地用工的企业的灵活用工现状

63.06%的多地用工的企业正在使用灵活用工（见图3-12）。从用工占比来看，灵活用工人员占多地用工企业总用工数的平均比例为15.04%。而在已经使用灵活用工的企业中，多地用工企业平均有26.75%为灵活用工人员。

（2）多地用工企业的灵活用工特点

多地用工企业使用灵活用工的岗位以一线普通基础岗为主，市场推广类岗位次之。全国范围用工的企业还常在客服、信息审核、数据标注等岗位上使用灵活用工。

动机上来看，多地用工企业使用灵活用工主要是出于降本、增效的考量。一方面，全国多地用工的企业的可能只在少数岗位与部分阶段需要多地用工，如推广新产品、快速扩张市场时期的地推人员与销售人员。如果长期雇佣这部分员工，势必带来用工成本的增长。

另一方面，从人力资源效率的角度来看，在全国多地用工的企业如果在所有用工地点设立分支机构或人员去处理招聘、考勤、工伤事故等方面的事宜，势必带来管理队伍庞大、管理成本快速攀升等方面的问题。因此，在多地用工的企业往往缺乏动机与能力去做属地招聘、管理方面的工作（罗婷婷、李敏，2006）。

（3）多地用工的企业灵活用工趋势

近一半正在使用灵活用工的多地用工企业倾向于维持现有灵活用工规模不变，约35%则倾向于扩大灵活用工规模，仅15%表示正在缩减使用规模。总的来说，相较于单一城市用工的企业，全国多地用工的企业使用灵活用工的可能性更大，岗位更多元，更倾向于继续扩大使用规模。

（三）企业用工区域范围分析：单一城市用工

（1）单一城市用工的企业灵活用工现状

在单一城市用工的企业中，有56.62%正在使用灵活用工，灵活用工普及程度不及多地用工的企业。从灵活用工人员占总用工比例来看，单一城市用工的企业中灵活用工人员占比约13.2%。而正在使用灵活用工的单一城市用工的企业中，灵活用工人员占总员工数约23.96%，相关比例均低于多地用工企业。

（2）单一城市用工的企业灵活用工特点

与多地用工的企业所处人才市场相比，单一城市用工的企业所在的当地人力资源市场与人才竞争也更静态，灵活用工岗位稳定、集中，以一线普通员工为主，如保洁、保安、服务业。企业以属地化管理为主，降成本为主要动机。

（3）单一城市用工企业的灵活用工趋势

在灵活用工规模发展趋势方面，使用灵活用工的单一城市用工企业中近六成倾向维持现有规模不变，26.37%期望扩大使用规模。与多地用工的企业相比，单一城市用工的企业在灵活用工规模发展方向上以维持稳定为主。

七　小结

在对企业不同维度的比较中，我们可以更具体地了解不同类型企业的灵活用工现状与发展趋势。从用工企业的行业属性来看，制造业中灵活用工的普及度最高，传统服务业与现代服务业依次随后。从灵活用工人员占企业总用工数的平均比例来看，传统服务业使用灵活用工的程度最深，现代服务业与制造业次之。从使用灵活用工的倾向来看，传统服务业与现代服务业更趋于进一步扩大使用灵活用工的规模，而制造业更倾向维持现有规模不变。岗位上，制造业与传统服务业使用灵活用工的岗位集中于普通基础岗位，而现代服务业则更集中于专业技术岗与市场开拓岗位。

从具体行业看，传统服务业中"交通运输、物流仓储、邮政业"灵活用工普及程度最高，灵活用工占总用工的比例也最高；"餐饮酒店批发零售业"紧随其后。现代服务业中的教育培训行业、互联网 IT 行业、金融、房地产行业的灵活用工普及度相对更低一些。其中，与制造业、传统服务业以及其他现代服务业相比，互联网 IT 行业进一步扩大使用灵活用工的趋势最为明显。不同行业企业使用灵活用工的岗位特征也较为明显，比如制造业灵活用工多集中于蓝领，传统服务业多集中于服务员、保洁、保安、门店员工，而现代服务业多集中于 IT 员工或其他专业技术岗位。

从企业性质看，外资/港澳台企业中使用灵活用工的企业比例最高，但灵活用工人员占企业总用工数比例最低，且岗位多集中在技能单一的基础岗位上，这意味着尽管外资/港澳台企业中灵活用工的普及度比较高，但使用深度有限。当前受国际形势和贸易环境影响，外资/港澳台企业相对其他所有制企业，更倾向扩大使用灵活用工。国有企业中使用灵活用工的企业比例仅次于外资/港澳台企业，但灵活用工人员占企业总用工数的比例最高，未来相对更倾向维持现有的灵活用工使用规模。最后，民营企业中使用灵活用工的企业比例相对最低，但相对更倾向扩大灵活用工的使用规模。岗位上，民营企业使用灵活用工的岗位更多元化，一线基础岗位、专业技能岗位、市场开拓岗位均有大量使用。

从用工企业的规模看，相较于中小微型企业，大型企业中灵活用工普及度更高，灵活用工占总用工数比例更高，且相对更倾向进一步扩大灵活用工的使用规模。

从用工企业的平台属性看，平台型企业使用灵活用工的比例更高，灵活用工人员占总用工数的比例更高，相对更倾向进一步扩大灵活用工的使用规模。平台型企业与灵活用工的关系需要多层次解读。一方面，平台型企业在链接供需双方需求时，大量劳动者通过平台工作，但却很难与平台型企业建立劳动关系。另一方面，平台型企业的运营与发展过程中，也会产生大量的阶段性灵活用工需求，比如在迅速获客阶段使用的地推，或后台支持型的灵活用工需求，比如客服、内容审核、数据标注等。

从用工企业所属发展阶段看，处于扩张期、稳定发展期与转型期的企业使用灵活用工的比例更高。从企业使用灵活用工的规模看，成长期与稳定发展期企业更倾向保持现有规模不变，扩张期企业最倾向进一步扩大使用灵活用工的规模，而转型期企业最倾向缩减使用规模。初创期企业使用灵活用工的比例相对较低，但由于初创期企业往往员工规模小，降低成本的动机强，使得初创期企业使用灵活用工时，其灵活用工占总员工的比例比其他发展阶段企业的相应比例更高。

从用工范围看，相较于只在单一城市用工的企业，需要在多城市/区域或全国范围用工的企业使用灵活用工的比例更高，更倾向进一步扩大灵活用工的使用规模，灵活用工人员占总用工数的比例也更高。

第四章
灵活用工人员的特征分析

在过去四十年左右的时间里，我国的劳动力市场经历了从诞生、发展到逐步深化的过程，用工制度也呈现出从单一走向多元、从稳定走向弹性的特点。大量劳动者处于标准化雇佣关系之外，在灵活多变的市场环境中获得劳动报酬、寻求发展空间。

这一部分主要从三个层面讨论灵活用工人员的特征：1. 灵活用工人员总体的人口学特征、工作状况、从业动机及面临的问题；2. 不同工种灵活用工人员的人口学特征和从业动机；3. 通过与非平台劳动的比较，刻画平台劳动者的人口学特征、工作状况和从业动机。

一 灵活用工人员的总体特征

本报告的企业问卷和员工问卷分别调查了灵活用工员工的性别、年龄、受教育程度、婚姻状况等人口学特征，综合企业卷和员工卷的数据，可以大体勾勒出灵活用工人员的总体特征。

（一）灵活用工人员的人口学特征

企业卷调查了样本企业灵活用工主要集中的岗位，并对相关岗位的性别、受教育程度、年龄、婚姻状况的分布情况进行了追问。以此为基础，我们可以对灵活用工人员的人口学特征进行分析。

1. 灵活用工人员总体以男性为主

如图 4 - 1 所示，对于灵活用工人员的性别分布，除了有些选择"不清楚"的，有超过四成（40.85%）灵活用工企业方认为本企业内主要岗位灵活用工人员分布上"男女数量相近"，33.7%的企业方选择了"男性为主"，而表示本企业灵活用工人员"女性为主"的企业仅15.68%。从业人员的性别分布之所以呈现以男性为主的特点，是因为那些涉及大量从业者的工种、岗位，例如以一线生产工人、建筑工、外卖送餐员、快递人员、网约车司机为代表的体力劳动者群体，以IT人员为代表的技术人员群体，多以男性为主。客服、信息审核、数据标注、行政文员、财务、法务、网络主播等群体则以女性为主，但此类群体的从业人员规模相对有限。

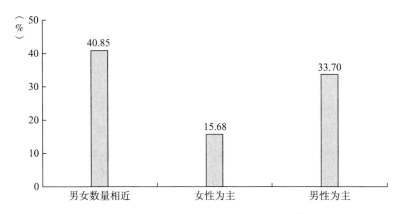

图4-1 灵活用工人员集中分布的性别①

西方的二元劳动力市场分割理论认为，当前的劳动力市场实际上是划分为主要劳动力市场和次要劳动力市场的二元格局。劳动力市场的"双重"结构加深了对特定群体的剥削程度，例如男性通常作为核心劳动力，拥有更高的工资和更稳定的工作，女性则相反（戴维·哈维，2003）。但数据显示，男性反而是灵活用工人员的主力。这主要与灵活用工的岗位有关，企业多在劳动密集型的岗位上使用灵活用工（例如制造业生产工、建筑工、外卖员、快递员等），这类工作有较高的体力要求，因此集中了更多男性；这种性别分布也与男性承担的养家责任有关。

---

① 图中比例加总并非百分百的原因是回收问卷中存在部分回答"不清楚"的情况。下文一些柱形图也存在此类情况，不再加注。

2. 以三十岁为界，未婚、无生计压力的年轻人和已婚、有养家责任的中年人构成灵活用工人员的主力

如图 4-2 所示，从企业卷调查的灵活用工人员的年龄分布上看，近九成（89.54%）的企业表示主要岗位灵活用工人员的年龄在 50 岁及以下，中青年群体仍然是灵活用工人员最主要的组成部分。接近半数（48.28%）企业方认为灵活用工人员年龄集中在"30 岁及以下"，另外还有接近三成（29.02%）的企业表示主要岗位灵活用工人员的年龄集中在"31~40 岁"，超过四成（41.26%）企业集中在"30~50 岁"。

如图 4-3 所示，除了对员工婚姻状况不清楚的，认为灵活用工人员中"已婚"人员更多的企业方比例稍高于其他两类：在对主要岗位灵活用工人员最主要的婚姻状况的描述中，选择"已婚""未婚"的企业比例相近（分别为 30.12%、29.99%），19.26% 的企业样本选择"已婚未婚者数量相近"。从企业的回答情况看，已婚、未婚者在灵活用工岗位上的分布比较接近。

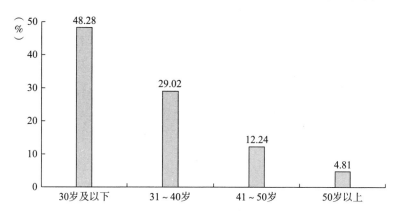

图 4-2 灵活用工人员集中分布的年龄段

结合灵活用工人员的性别、年龄和婚姻状况数据，两类人群构成了灵活用工人员的主力：一类是 30 岁以下的未婚年轻人，他们属于"一人吃饱全家不饿"的状态，没有需要供养的家庭成员，生计压力相对较小。他们多因为积累工作经验、寻求发展跳板等原因从事灵活用工，当然这个群体也不乏缺乏职业规划或偏好弹性工作模式者；另一类是 30 岁以上的中年男性、已婚劳动者，他们处于"上有老、下有小"的年龄段，有比较沉重的

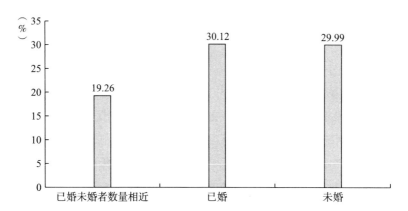

图 4-3　灵活用工人员婚姻状况（企业卷）

家庭经济压力，需要承担养家糊口的责任，为了家计的需要不得不从事灵活用工以获取更高的到手收入。

3. 灵活用工人员集中在高中及以上学历

与我们常识中认为的受教育程度特别低的更容易从事灵活用工有所不同，灵活用工人员普遍有高中及以上学历。如图 4-4 所示，接近八成的企业表示灵活用工人员的学历集中在高中及以上，其中认为灵活用工人员集中在"高中/中专/中职/技校"学历的企业方占 28.47%，集中在"大专/高职"学历的占 29.16%；高达 21.73% 的企业方表示灵活用工人员学历集中在"本科及以上"。

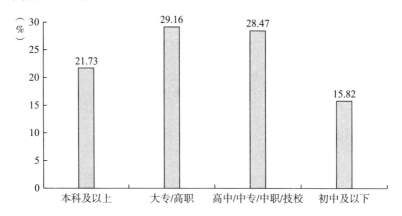

图 4-4　灵活用工人员集中分布的受教育程度

灵活用工人员受教育程度多集中在高中及以上有以下原因：第一，随着我国经济社会的持续发展、教育的普及，劳动者的受教育水平普遍提升，而灵活用工人员又多以 40 岁以下的中青年为主，因此学历多在高中及以上；第二，灵活用工人员有相当一部分都从事的是与新经济有关的生产和服务性工作，而这些工作中多需要使用智能手机和相关软件，而学历过低的人在智能设备和软件的使用方面可能存在一定障碍；另外，这也与上文中提到的从业人员的年轻化趋势有关，年轻的劳动者中的受教育程度普遍较高，因此"初中及以上"受教育程度的从业人员占比较低；第三，灵活用工涉及的岗位也出现变化，企业使用灵活用工的岗位从基础性、辅助性岗位向专业性、技术性岗位上扩展。岗位类型的变化也导致对灵活用工人员更高的学历要求。

此外，调研中，企业也反映目前的求职者尤其是受过高等教育的年轻人中出现了"慢就业、缓就业"趋势。随着家庭经济条件的改善和受教育水平的提高，求职者宁可不就业、缓就业也不愿意从事一份不稳定的工作。一家专职打造实习生工作平台的企业管理者访谈中就做了如下表述。

> 这两年的趋势是学生"慢就业、缓就业"，这个趋势特别明显。很多普通学校（高校）的学生都不就业，他们就是不动，你政府、学校采取什么动作他都不就业。一类是"家里蹲"，就是不断考试，考公务员考进体制内；还有一类人叫作"拆二代"，拆迁户家里分了好几套房子，他想工作吗？再有一类就是有一些社交障碍的，可能心理有点缺陷。[1]

这也帮助我们重新理解新生代员工的职业观念：过去人们往往认为年轻人职业观念开放，对新业态就业、灵活用工的接受程度比较高，但事实也许并非如此。青年群体的就业观念可能正在变得越来越保守，集中表现在年轻求职者中，人力资本存量大的劳动者开始越来越倾向于找一份稳定

---

[1] 访谈编号：LHYG44。

工作。调查数据显示，"双一流"高校毕业生选择体制内[①]就业已成为主流，最高达到90.31%。而那些学历水平有限、学校背景一般、在劳动力市场上议价水平低的年轻求职者才会出于积累工作经验、生计压力等原因选择灵活工作。[②]

（二）灵活用工人员的工作状况

在了解灵活用工人员的人口学特征后，本部分将转向员工卷数据，从四个方面对灵活用工人员的工作状况进行勾勒，分别是：灵活用工人员的行业来源，工时、保障、收入等工作标准；选择灵活用工的动机以及考虑的问题。

1. 灵活用工人员的行业来源

通过调查，灵活用工人员的行业来源呈现如下特点：

（1）总体上，灵活用工人员多来自服务业。如图4-5所示，有67.99%的灵活用工人员上一份工作所在的行业为服务业，其中"传统服务业"占比为39.33%，"现代服务业"占比"28.66%"；[③] 22.53%来自制造业；只有3.56%的人员在从事这份灵活用工工作之前没从事过其他工作。

（2）灵活用工人员的行业来源上呈现一定延续性。目前在制造业中的灵活用工人员有22.53%的人上一份工作是制造业，目前在现代服务业中的灵活用工人员有28.66%的人上一份工作也是现代服务业，目前在传统服务业中的灵活用工人员来自传统服务业的比例达39.33%。相对而言，在传统服务业工作的劳动者更有可能延续其在行业内的、性质相近的工作。

（3）灵活用工通常不会作为劳动者择业的首选。灵活用工员工中选择"目前就是第一份工作"的仅占3.56%。这说明，对于大部分劳动者而言，

---

① "体制内"岗位统计口径范围包括以公务员为主的国家各级党政机关、以"科教文卫"行业为代表的事业单位和国有企业。

② 《铁饭碗香吗？"双一流"高才生们毕业去向大揭秘！选择体制内就业最高超90%！》，2020-09-25，搜狐网，http://www.sohu.com/a/420862646_701436，最后访问日期：2021-11-02。

③ 本报告将金融、房地产、互联网、IT、教育、培训、文娱等行业归为现代服务业，将餐饮、酒店、零售、批发、交通运输、物流仓储、邮政储蓄等归为传统服务。

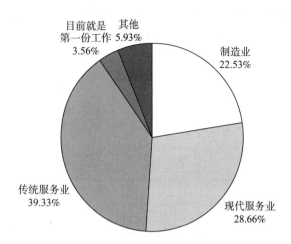

图 4 – 5　灵活用工人员上一份工作所在的行业

灵活用工的工作并不是他们的首选。实际上也说明，劳动者对灵活用工的不稳定性、劳动保障不足、职业发展局限等问题是有一定的认识的，所以不会在选择第一份工作时直接进入灵活工作。但正如前文所述，许多求职者学历上"高不成，低不就"，在劳动力市场上议价能力低，需要积累工作经验或者遇到发展瓶颈时不得不考虑灵活工作；或者是作为家中主要养家者的中年男性，出于生计压力，他们只能选择多劳多得、结算及时的灵活工作以获得更高的到手收入。也就是说，多数劳动者并不是接纳和向往弹性化的工作，而是在没有其他选择的情况下不得不进入其中。

2. 灵活用工人员的工作现状

我们从工作的三个方面即工时、保障和收入对灵活用工人员的工作现状进行分析，结果显示：灵活用工人员工时更长，保障程度更低，但收入与非灵活用工人员基本无差异。

企业卷数据显示，从收入看，灵活用工人员月均收入为 5547.88 元，非灵活用工人员为 5545.30 元，二者在月均收入上基本持平。而灵活用工人员的工作时间却更长。灵活用工人员日均工作时长为 8.54 小时，周均工作天数为 5.72 天，周均工时为 49.93 小时；而非灵活用工人员日均工作时长为 8.38 小时，周均工作天数为 5.70 天，周均工时为 47.03 小时。灵活用工人员中实际上有相当一部分是兼职工作者，但他们的平均工作时间已经近乎全职，并且超过了非灵活用工人员的周工时。

如图4-6所示，相比非灵活用工人员，灵活用工人员也有着更低的保障程度，即在四险一金的缴纳比例上都更低。灵活用工人员缴纳"工伤保险"的比例最高，缴纳比例高达57.80%。但实际缴纳比例可能低于问卷数据值，这主要是因为，劳动者在对工伤保险的理解上有偏差。工伤保险属于社保的一个部分，许多灵活用工人员尤其是平台用工人员并没有企业为其缴纳社保。但他们可能会将意外险、雇主责任险这一类商业险理解为工伤保险，因为这一类商业险也是在出现工伤时由保险公司进行赔付，但不属于工伤保险。灵活用工人员中仅有4.94%的人缴纳了"商业保险"，实际比例可能会稍高一些，缴纳的方式也可能稍有不同。

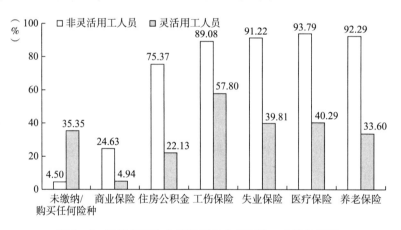

图4-6　灵活用工和非灵活用工人员四险一金缴纳情况

灵活用工人员的社保缴纳总体低于非灵活用工人员。如图4-6所示，仅三成左右（33.60%）的灵活用工人员表示企业/第三方为其缴纳了"养老保险"，而非灵活用工人员的缴纳比例高达92.29%。灵活用工人员养老保险参保的积极性不高可能因为存在相当一部分异地打工的劳动者，缴纳养老保险后仍然存在社保的跨地区领取的问题，政策上的区域分割影响了劳动者对养老保险的态度。企业/第三方为灵活用工人员缴纳"医疗保险"和"失业保险"的比例在四成左右，分别为40.29%和39.81%，相应的非灵活用工人员在这两个险种的缴纳比例都超过了90%。

造成这一比例有以下原因：首先，部分企业使用灵活用工的主要原因是降低成本、减少负担、外化风险，在为灵活用工人员缴纳四险一金或在与第三方机构合作时主动承担相关费用的动力不足；其次，这与部分人力资源服务公司不规范有关；最后，这也与灵活用工劳动者本身的特点有关。部分劳动者选择灵活用工就是为了能获得更高的到手收入，对保障方面的关注更低，即默许牺牲社保方面的权益拿更多的现钱。

灵活用工人员在"住房公积金"的缴纳比例上更低，仅为22.13%。这主要有以下两个原因：一是异地打工的劳动者并不会也没有能力考虑在当地买房安家，缴纳住房公积金之后，公积金的跨地区使用和提取存在障碍；二是通过调研发现，企业用工实践中，有些中小企业将社保视为强制缴纳的，但公积金是可以选择的，为了节省用工成本会不缴纳住房公积金。"未缴纳/购买任何险种"的灵活用工人员占比为35.35%，而非灵活用工人员中"未缴纳/购买任何险种"的比例仅为4.5%。

3. 灵活用工人员选择灵活工作的主要原因

总体来说，灵活用工人员选择灵活工作的原因多样。但通过数据结果，仍然可以发现劳动者选择灵活用工人员工作的两大动机：获取更多到手收入与寻求职业过渡。

（1）灵活用工人员因更看重到手收入而选择灵活工作。这部分劳动者通常有相对更重的家庭经济负担，因此对到手的货币收入更敏感。如图4-7所示，超过半数（52.36%）劳动者迫于"家庭经济压力大"而进入灵活用工；由于灵活用工"到手收入相对较高"而选择目前工作的占比达到了26.88%；18.67%的劳动者以兼职的方式从事灵活工作，他们表示灵活用工是出于想在"正式工作之外赚点外快"。灵活工作为补贴家计的来源成为劳动者的一大选择。新冠肺炎疫情、全球贸易战等因素带来的经济不稳定性、市场波动性的增强也影响了众多劳动者和生意经营者，使其不得不通过灵活工作维持或增加到手收入。另外，还有5.58%的人表示选择灵活用工是因为"之前的公司裁员/工作收入下降/生意不好做"。疫情过后，经济下行压力大，失业或因外部市场冲击导致生意萧条的情况对劳动者冲击较大，因此他们不得不寻找其他谋生的后路。此时，灵活用工成为一条帮助劳动者增加收入的有效方式。

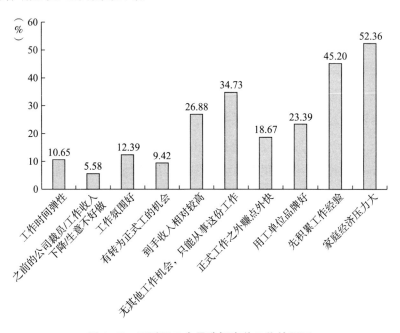

图4-7 灵活用工人员选择当前工作的原因

灵活用工作为劳动者谋生的后路，在吸纳就业方面也的确发挥了不容小觑的作用。尤其是互联网平台，借助互联网技术连接用户和服务提供商，以工作任务为中心的工作和结算模式让更多劳动者可以通过兼职的方式在平台接单并提供服务，而其多劳多得、按件计酬的方式鼓励了劳动者进入其中。在传统经济面临巨大冲击的同时，部分疫情利好的新经济行业的灵活用工需求逆势上涨。美团研究院问卷调查显示，55.2%的生活服务业商户有灵活用工需求，41.0%的商户计划在新冠肺炎疫情突袭而至后增加灵活用工岗位。① 智联招聘的数据显示，新冠肺炎疫情之下灵活用工招聘需求大

①　美团研究院，《生活服务业新就业形态和灵活就业的发展趋势》，https：//www.sohu.com/a/418397051_115495，2020－09－15，最后访问日期：2021－11－04。

增，其中 2020 年二季度灵活就业招聘需求增长 76.4%。[①] 2020 年 6 月，饿了么对外公布了疫情期间新增骑手数据，数据显示，饿了么自 2020 年 1 月下旬之后累计提供超 120 万骑手就业岗位。其中，在 49 岁以上群体中送外卖主要是由于失业，占新入职骑手总数的近三成。[②] 对于劳动者而言，新冠肺炎疫情期间面临裁员、工资缩水的问题较为普遍，而在危机与后危机时代进入新经济中灵活就业"自救"成为越来越多人的选择。

（2）职业过渡也是劳动者选择灵活用工的重要原因。如前文所述，部分灵活用工人员比较年轻、人力资本低、在就业市场上竞争力不足，因此可能找一份工作作为职业过渡、积累经验。近半数（45.20%）的灵活用工人员表示，选择当前职业是出于"先积累工作经验"；超过三分之一（34.73%）的灵活用工人员表示进入当前工作是因为"无其他工作机会，只能从事这份工作"；23.39% 的劳动者看重当前工作的"用工单位品牌好"；小部分劳动者会将灵活用工作为进入正式工的跳板，9.42% 的灵活用工人员表示选择当前工作的原因是"有转为正式工的机会"。对这些劳动者而言，直接应聘同岗位正式工作难度比较大，但部分工作能力比较强的劳动者可以先通过灵活用工进入目标企业，少部分公司会为在工作岗位上表现非常突出的灵活用工员工提供转正的机会。以灵活用工的方式进入心仪的公司和岗位，在有助于员工职业目标实现的同时，也有利于用工单位对员工的考察。将表现优秀的员工转成企业自有员工，灵活用工员工能够作为企业"人才蓄水池"，从而降低企业对合格人才的搜寻成本。

看重到手收入和寻求职业过渡成为灵活用工人员选择当前职业的主要动力，这无疑与前文提及的灵活用工人员的两大主要群体相契合。对于一部分中年、已婚的劳动者来说，他们考虑灵活用工的主要原因是想增加收入、补贴家计、缓解养家压力；而对于另一部分年轻、未婚的劳动者而言，他们由于当前市场环境的限制，或没有清晰的职业规划或人力资本（学历、

[①]　智联招聘，《2020 雇佣关系趋势报告》，http://www.199it.com/archives/1109985.html，2020 - 08 - 31，最后访问日期：2021 - 11 - 04。

[②]　《饿了么：疫情期间新增 120 万骑手，近 3 成为失业人员》，凤凰网，https://ishare.ifeng.com/c/s/7x9uhFIMS5A，2020 - 06 - 09，最后访问日期：2021 - 11 - 04。

技能、能力）的限制难以找到理想的、稳定的工作，灵活用工工作可以帮助他们积累经验、提升自己的人力资本、寻求转正机会或为未来的工作增添有分量的履历，这部分劳动者并非想要长久留在灵活用工岗位上，只是将其作为未来职业发展的过渡。

（3）工作时间弹性并不是多数灵活用工人员选择灵活工作的主要原因。过去人们常常认为，新生代劳动者更看重工作的弹性化、灵活化从而会选择灵活工作；然而调查数据却显示，灵活用工人员选择当前工作多不是出于弹性的工作安排。如图4-7所示，10.65%的灵活用工人员被"工作时间弹性"吸引从而选择当前的灵活工作，12.39%的灵活用工人员出于用工单位"工作氛围好"而进入其中。部分灵活用工工作的确具有工作氛围、工作环境和工作时间弹性化的优点，用工方也经常以此吸引劳动者进入其中。但这些因素并不会对大部分劳动者产生吸引力，多数劳动者还是出于经济压力、寻求职业过渡之类的动机才选择灵活用工。

4. 灵活用工人员面临的问题

从企业管理的角度上看，雇佣关系的灵活化解决了企业用工的诸多问题，但这种灵活性也给灵活用工人员带来了一些问题。其中，职业发展不清晰和待遇差异是灵活用工人员对灵活工作最大的两种负面感受和顾虑，权益保障问题和归属感、安全感缺失也是部分劳动者认为灵活用工可能存在的问题。

企业问卷分别调查了目前从事灵活用工的人员"对当前这份（灵活就业）工作的感受"、曾经从事但目前已经不从事灵活用工的人员"不再从事灵活工作的原因"和没有从事过灵活用工的人员"对灵活就业的顾虑"，数据结果分别显示在图4-8、图4-9和图4-10中。

（1）灵活用工人员面临着职业发展不清晰的问题。灵活用工的工作多是一些基础性、辅助性的工作，或者是以项目制的形式设置的岗位，且灵活用工人员与正式员工存在明显的身份区隔，因此灵活用工的工作缺乏清晰的职业发展通道；同时，用工企业在对这部分员工的培训投入上也会明显不足。大部分灵活用工工作比较基础，没有过高的技术和任职资格要求，

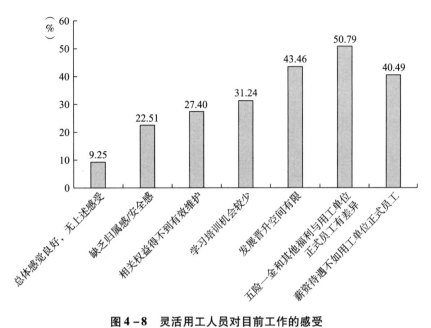

图4-8　灵活用工人员对目前工作的感受

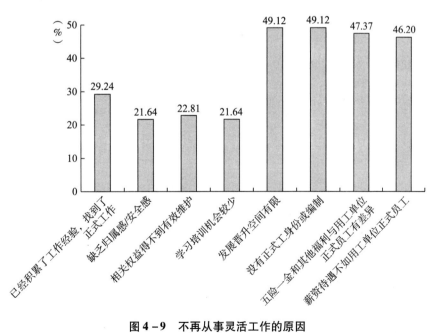

图4-9　不再从事灵活工作的原因

且涉及核心业务内容的工作往往会交给正式员工，用工企业倾向于投入更

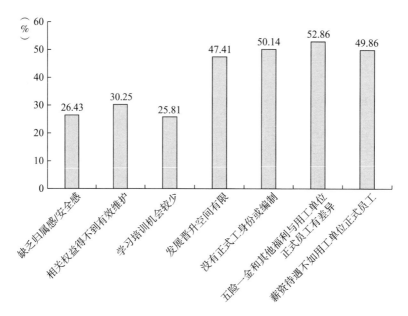

图 4－10　非灵活就业者对灵活就业的顾虑

多在搭建正式员工的培养体系上，因此就使灵活用工人员面临着职业发展通道不清晰的问题。

如图 4－8 所示，43.46% 的灵活用工人员认为目前的工作"发展晋升空间有限"，31.24% 的人反馈"学习培训机会较少"；在曾从事但目前不再从事灵活工作的人里，近半数（49.12%）表示不再从事灵活就业是因为"发展晋升空间有限"，21.64% 的人反映"学习培训机会较少"；非灵活就业者对灵活就业的发展空间的限制表示了顾虑，47.41% 的员工认为灵活用工可能存在"发展晋升空间有限"的问题，25.81% 的人则担忧"学习培训机会较少"，这就限制了员工在同一岗位上的成长和进步。

（2）灵活用工人员还面临着与正式员工的差异化待遇问题。差异化待遇主要体现在灵活员工与正式员工在薪资待遇和五险一金方面的差异。待遇差异也是最多劳动者在意的因素。对于灵活用工人员来说，超过五成（50.79%）的人认为自己目前的工作"五险一金和其他福利与用工单位正式员工有差异"；不再从事灵活工作的人员中，46.20% 的人反映灵活用工工作的"薪资待遇不如用工单位正式员工"，47.37% 的人认为"五险一金和其他福利与用工单位正式员工有差异";非灵活就业者中,担心灵活就业工作在"五险一金和其他福利与用工单位正式员工有差异"的比例最高,高达52.86%;近半数(49.86%)的非灵活就业者认为灵活用工人员"薪资待遇不如用工单位正式员工"。这与企业使用灵活用工的动机有关:多数企业使用灵活用工就是为了降低用工成本,因此可能导致了灵活就业员工的待遇不如正式员工。

(3)保障缺失也是部分灵活用工人员面临的问题。一方面,灵活用工的形式多种多样,有些用工形式中劳动关系难以确认,员工与组织间的关系不清晰;另一方面,通过人力资源服务机构,灵活就业的员工面临着人力资源服务机构和用工企业的协调问题。如图4-8所示,27.40%的灵活用工员工认为自己的"相关权益得不到有效维护";曾从事但已不再从事灵活用工的人员中也有22.81%表示因"相关权益得不到有效维护"而不再考虑灵活工作;30.25%的非灵活就业员工对灵活用工的顾虑体现在"相关权益得不到有效维护"。用工企业通过人力资源服务机构降低用工成本,将用工风险外化,但部分运作不规范的人力资源服务机构并不承担相应的责任,甚至存在层层转包、责任推诿的情况。这都导致了劳动者权益保护的潜在困难。

由于待遇、发展和保障的不足或缺失,灵活用工人员在心理上也会产生落差。如图4-8所示,有22.51%的灵活用工人员表示其"缺乏归属感/安全感";曾从事过但目前不再从事灵活工作的人中也有21.64%表示因"缺乏归属感/安全感"不再考虑灵活工作;在上述方面可能导致了26.43%的非灵活就业者认为灵活就业的工作会让他们"缺乏归属感/安全感"。

只有不到十分之一(9.25%)的灵活用工人员表示其"总体感觉良好,无上述感受"。这说明,总体而言灵活用工人员对当前工作的满意度比较低,对于绝大多数用工企业而言,仍然难以达到灵活用工人员和正式员工的同工同酬。

企业问卷和员工问卷分别调查了灵活用工人员与公司同岗位正式员工的待遇差异,二者呈现出了一定差异。首先,员工对于差异化待遇更加敏感,更在意薪资收入。如图4-11所示，员工卷中，超过半数（51.83%）的灵活就业员工认为其在"绩效工资"上与正式员工有差距，近五成（49.39%）灵活就业员工则反映差异主要体现在"社保或其他福利"上，认为在"基础工资"方面与正式员工存在差异的灵活用工人员也达到46.25%。而如图4-12所示，企业方中认为灵活用工人员与正式员工在"社保或其他福利"方面存在差异的比例最高，高达55.85%，但认为灵活用工人员和正式员工

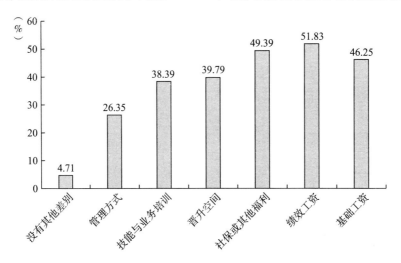

图4-11　灵活就业员工与正式员工的待遇差异（员工卷）

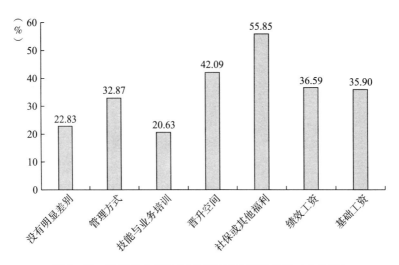

图4-12　灵活就业员工与正式员工的待遇差异（企业卷）

在"绩效工资"和"基础工资"上存在差异的比例都不到四成，分别为36.59%和35.90%。其次，企业更关注灵活就业员工与正式员工在晋升空间和管理方式上的差异。如图 4 - 12 所示，分别有 42.09% 和 32.87% 的企业方认为灵活就业员工在"晋升空间"和"管理方式"上与正式员工存在差别，而员工卷中相应的比例则分别为 39.79% 和 26.35%。最后，企业和灵活就业人员对于差别的总体感受存在显著不同，员工对于差别的感受更明显。如图 4 - 11 所示，在员工卷中，仅 4.71% 的灵活就业人员表示企业对灵活就业员工和正式员工"没有其他差别"；而如图 4 - 12 所示，在企业卷中，企业方认为"没有明显差别"的比例高达 22.83%。

员工卷与企业卷对"灵活就业员工与正式员工的待遇差异"态度实际上也反映了员工与企业不同的立场和关注点。首先，对于员工而言，最在意最为敏感的依然是薪资、福利等"看得见、摸得着"的待遇。由于大部分劳动者选择灵活用工是为了获取更高的收入、补贴家计、缓解经济压力，因此在面临工资报酬上的差异的时候就会有更深刻的不平衡感。而对于用工企业而言，"社保和其他福利"是企业用工成本的重要组成部分。企业采用灵活用工降低用工成本很大一部分原因就是降低社保和其他福利方面的支出，因此多数企业都认可灵活就业员工和正式员工在"社保和其他福利"上的差异。

其次，企业方更容易站在组织发展和管理的层面考虑，因此，认为灵活就业员工和正式员工在"晋升空间"和"管理方式"存在差异的企业方比例高于灵活就业员工自身的感受。更多的企业方表示了灵活就业人员在"晋升空间"上与正式员工存在差异与灵活用工的岗位性质、岗位类型有关。多数情况下，企业只会将非核心的业务或岗位灵活化，因此对于灵活就业的这部分员工，实际上是没有在企业内部明确的职业发展通道和人才梯度设计的，故晋升相对困难。企业对"管理方式"上的差异感受则是因为站在管理方的角度上，用工企业和人力资源服务机构之间实际上是人事管理方和业务方的分离，二者存在管理协调的困难，甚至会出现"大家都管、大家都不管"的情况。

　　灵活用工人员在工作过程中感受到与正式员工的差异，且由于用工形式和规模不断调整，给劳动者带来了不确定的心理感受，如果组织没有给这部分员工以稳定的安排，就无法使他们产生认同感和归属感，也因此不能长期留住灵活就业员工。

二　灵活用工人员的具体特征：按岗位区分

　　当前企业灵活用工的主要岗位主要集中在一般性技能、基础性的岗位，但也出现了向专业性、技术性岗位扩展的趋势。如图 4-13 所示，"普通工人"[①] 是企业使用灵活用工最为集中的岗位，近半数（45.62%）的企业表示其使用灵活用工的主要岗位为"普通工人"；其次是"IT 及其他技术人员"，占 18.22%；其后依次是"销售/地推/催收/保险代理"、"客服/审核/标注"和"技术工人"[②]（灵活用工主要岗位为上述岗位的比例分别是11.54%、7.23% 和 7.09%）；灵活用工主要岗位为"行政/人力/财务/法

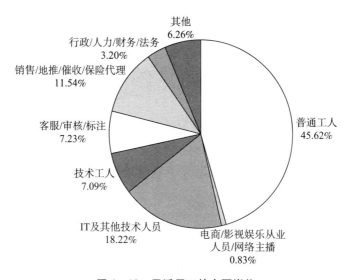

图 4-13　灵活用工的主要岗位

---

　　① "普通工人"包括一线生产工、建筑工、服务员、环卫工、保安、保洁、家政、物业等。
　　② "技术工人"包括机器操作维护人员以及建筑、运输等行业的熟练蓝领工种。

务"和"电商/影视娱乐从业人员/网络主播"的比例较低，分别为 3.20%
和 0.83%。总体而言，企业灵活用工的主要岗位多为技能单一、协作性不
强的基础岗位，但一些技术性、专业性强的岗位也逐步进入灵活用工的
范畴。

本部分将选择企业灵活用工的几个主要的岗位，就性别、年龄段、受
教育程度、婚姻状况四个人口学变量，调查企业管理者在这些岗位上灵活
用工人员的集中分布状况，通过企业方的描述，勾勒出若干岗位大类的员
工具体特征。

（一）普通工人

如图 4 - 13 所示，45.62% 的企业灵活用工主要岗位为"普通工人"。
普通工人作为灵活用工最主要的岗位大类，什么样的群体集中于此呢？总
体来说，"普通工人"岗位上的灵活用工人员以男性为主，多为高中及以下
学历，30 岁以上的、已婚的中青年居多，劳动者多是出于家庭经济压力而
选择灵活用工。

1. 男性为主

性别分布上，多数企业认为"普通工人"岗位上的灵活用工人员是"男
性为主"。普通工人包括制造业、建筑业的普工，也包括传统服务业的一些工
作（例如：保安、外卖、快递等），这类岗位上男性居多。41.81% 的企业方

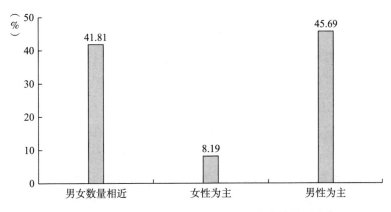

图 4 - 14　"普通工人"岗位灵活用工人员的性别分布

认为本企业普通工人在性别上"男女数量相近"，选择"男性为主"和"女性为主"的比例分别为45.69%和8.19%。

2. 高中及以下学历为主

"普通工人"岗位上的灵活用工人员的受教育程度普遍偏低，集中在"高中/中专/中职/技校"。如图4-15所示，认为本企业中灵活用工"普通工人"受教育程度集中在"高中/中专/中职/技校"的企业方占比高达40.52%，"初中及以下"的为28.02%。与其他岗位群体对比可以发现，灵活用工中的"普通工人"总体受教育水平低于其他工种，这既与岗位所需的技能要求和学历要求不高有关，也与他们的年龄有关，普通工人年龄偏大，因此与年轻人尤其是新生代劳动者相比，受过高等教育的比例更低。

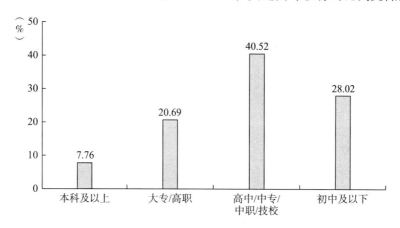

图4-15　"普通工人"岗位灵活用工人员的学历分布

3. 多承担着较大的家庭经济压力

这一群体的工人多为中青年、有家庭的已婚男性，他们作为家中的"顶梁柱"，是家庭主要的供养者。如图4-16所示，37.07%的企业表示该岗位灵活用工人员的年龄集中分布在30岁及以下，58.62%企业集中分布在30岁以上，其中，报告该岗位灵活用工人员年龄集中在"31~40岁"的企业比例为37.5%；年龄集中在"41~50岁"和"50岁以上"的企业比例分别为15.09%和6.03%，这部分年龄较大的劳动者多为建筑工、保安、保洁、家政等工种。婚姻状况方面，灵活用工的普通工人已婚者更多。如图

4 – 17 所示，近四成（37.93%）的企业方表示普通工人多为"已婚"状态，明显高于选择"未婚"的企业比例（21.55%）。

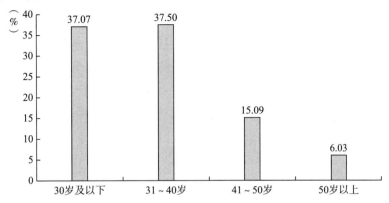

图 4 – 16　"普通工人"岗位灵活用工人员的年龄段分布

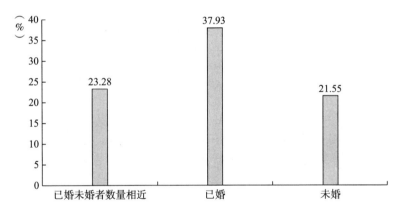

图 4 – 17　"普通工人"岗位灵活用工人员的婚姻状况分布

（二）IT 及其他技术人员

"IT 及其他技术人员"是企业主要灵活用工第二多的岗位，比例高达 18.22%。这类工作通常被认为技术性和专业性比较强，但企业卷数据呈现出的结果也说明，在专业工作中存在着进一步的分工，即会将更基础的任务分割出来，以灵活化的方式用工。该岗位的灵活用工人员多为高学历、寻求职业过渡的年轻未婚男性。

1. 男性为主

这类技术类岗位专业性较强，在学校专业选择时男性就更容易选择这类专业，因此工作时也呈现相应的特征。如图 4 - 18 所示，超过四成（40.94%）企业认为本企业灵活用工的"IT 及其他技术人员"岗位上主要的性别状况是"男女数量相近"，32.89% 的认为该岗位灵活用工人员"男性为主"，只有 17.62% 的企业方选择了"女性为主"。

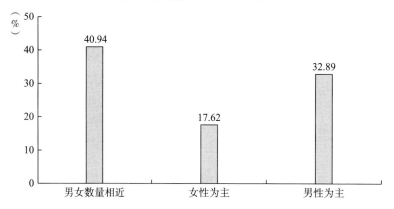

图 4 - 18 "IT 及其他技术人员"岗位灵活用工人员的性别分布

2. 本科及以上学历为主

IT 及其他相关工作对技术和学历的要求相对较高，受过大专/高职及以上教育的人才具备 IT 及技术开发所需的技能水平，也更容易理解和学习新的技术和编程语言。如图 4 - 19 所示，表示该岗位上员工的受教育程度集中

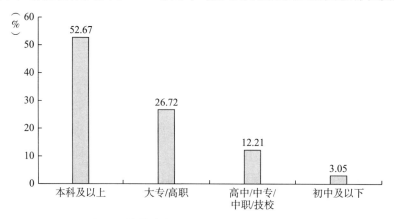

图 4 - 19 "IT 及其他技术人员"岗位灵活用工人员的学历分布

在大专及以上的企业比例接近八成，其中，过半（52.67%）企业认为该岗位上的员工主要受过"本科及以上"教育，认为该岗位上受教育程度主要在"大专/高职"的比例也达到26.72%。IT及其他技术人员受教育水平明显高于其他工种的灵活用工人员。

3. 多为职业过渡而从事灵活工作

灵活用工的"IT及其他技术人员"多为年轻的未婚群体，并没有过重的家庭生计压力。由于信息技术工作内部也存在着更细化的分工，企业正式员工掌握核心技术，灵活就业员工则负责技术难度更低、重复性更强的工作，部分学历、技术水平不够高的劳动者想要直接成为核心技术人员比较困难，因此，会出现一部分求职者将灵活工作作为职业过渡和跳板。

这一特点与该群体的年龄、婚姻状况和受教育程度都有关。年龄上，该群体总体比较年轻。如图4-20所示，过半企业（55.73%）表示该岗位上灵活用工员工的年龄集中在"30岁及以下"，25.95%的企业在该岗位上员工的年龄在"31~40岁"。

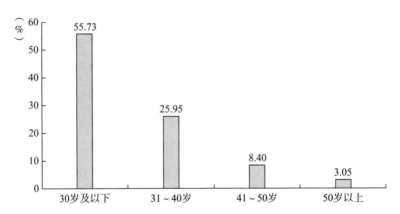

图4-20　"IT及其他技术人员"岗位灵活用工人员的年龄段分布

如图4-21所示，婚姻状况上，该群体未婚者稍多。超过三分之一（35.11%）的企业表示该群体主要是"未婚"状态，高于选择"已婚"和"已婚未婚者数量相近"的比例（分别为20.61%和22.14%）。

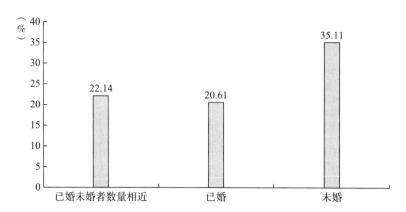

图 4-21 "IT 及其他技术人员"岗位灵活用工人员的婚姻状况分布

4. "IT 人员"岗位灵活用工人员的群体画像

表 4-1 进一步呈现了其中的"IT 人员"的群体画像，与前文论述的相似：IT 人员呈现出男性为主、高学历人群居多，年轻未婚者为主的特点，多为了寻求职业过渡而从事当前的工作。相比于"IT 及其他技术人员"，"IT 人员"的上述特征更加突出。44.83% 的企业方表示本企业中灵活用工的"IT 人员"以男性为主；超过八成（82.75%）的企业描述该岗位上员工的受教育程度在大专及以上；员工年轻、未婚的特征也更加显著，表明该岗位上员工年龄集中在"30 岁及以下"的企业比例高达 72.41%，表示该岗位上员工多属于"未婚"状态的企业比例也超过半数（51.72%）。对于这部分群体来说，工作并不是迫于家庭生计的压力，因为他们总体比较年轻，没有太重的家庭经济责任；他们多希望能够找到更高层次、更有发展的工作，但由于难以直接获得待遇较好的正式工作，因此选择在灵活工作中积累工作经验，将其作为职业跳板，积累人力资本。

表 4-1 "IT 人员"人口学特征

性别	男性为主 44.83%，女性为主 3.45%，男女数量相近 31.03%；
受教育程度	初中及以下 3.45%，高中/中专/中职/技校 6.90%，大专/高职 31.03%，本科及以上 51.72%；
年龄	30 岁及以下 72.41%，31~40 岁 17.24%，41~50 岁 0.00%，50 岁以上 0.00%；
婚姻状况	未婚 51.72%，已婚 0.00%，已婚未婚者数量相近 20.69%

总体来说，可以认为"IT 及其他技术人员"和"IT 人员"的特征是：男性为主，30 岁及以下的为主，未婚为主，大多受过大专及以上的教育，目前工作多以积累经验为主。当下互联网中存在大量的项目制工作，用工企业出于业务特点和成本考虑，往往会采用业务外包、人才外包的形式保持组织弹性。企业的需求与员工的特点相结合，推动了 IT 类岗位用工的灵活化趋势。

（三）销售/地推/催收/保险代理

销售岗位的劳动者通常根据业绩获得提成，与企业的关系相对松散；地推则是典型的在新经济企业占领市场阶段大量使用、业务稳定后大量裁撤的岗位；催收则是被企业广泛外包的业务。总之，"销售/地推/催收"①是比较典型的灵活用工岗位，该类岗位上的灵活用工人员呈现以下特征。

1. 男性分布略占优

如图 4 - 22 所示，此类岗位灵活用工人员性别上，21.69% 的企业报告此类岗位灵活用工人员以"男性为主"，15.66% 的则认为"女性为主"。这类岗位男女比例相当主要也与特定的工种有关，例如，地推需要较强的开拓精神、丰富的社会经验，往往以男性为主；针对不同产品的销售呈现出

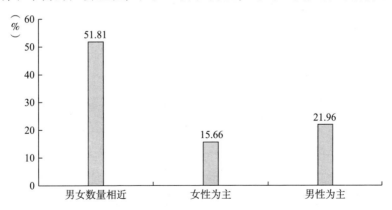

图 4 - 22　"销售/地推/催收"岗位灵活用工人员的性别分布

① "保险代理"也可归为"销售"，因此，下文在讨论"销售/地推/催收/保险代理"时，简写为"销售/地推/催收"

不同的性别特征，美妆销售可能有更多女性，医药销售可能男性偏多，保险代理则集中了大量已婚的中年妇女；催收工作往往是男性为主。

2. 多有"大专/高职"学历

如图4-23所示，该岗位上员工受教育程度集中在"大专/高职"的企业比例高达44.58%，这一比例高于"普通工人"和"IT及其他技术人员"的相应比例。受教育程度为大专的劳动者在求职时并不具备足够的优势，但不愿意从事蓝领工作，因此更可能选择销售、地推、催收这类门槛低、靠自我奋斗的白领工作，更有可能接受灵活的用工形式。

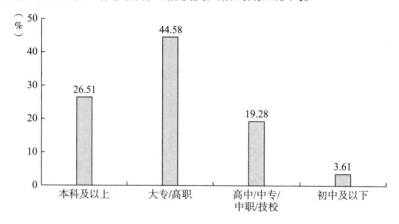

图4-23　"销售/地推/催收"岗位灵活用工人员的学历分布

3. 多出于积累经验的动机从事此类工作

我们可以根据灵活用工人员的年龄、婚姻状况和此类岗位的特质，综合分析劳动者选择此类灵活用工工作的动机。劳动者个体特征方面，与IT及其他技术人员的年龄分布略有相似，这类灵活用工人员也呈现出年轻化的趋势，比较集中于40岁以下的年龄段中，其中分别有53.01%和33.73%的企业表示在该岗位上的灵活用工人员年龄集中在"30岁及以下"和"31～40岁"；婚姻状况上，未婚比例稍高于已婚。32.53%的企业报告该岗位灵活用工人员主要为"未婚"，28.92%的企业报告"已婚"。

岗位特征方面，销售、地推、催收之类的工作，在收入方面随其业绩状况有较大的不确定性；在能力上对劳动者提出较大挑战，总体上需要劳动者较强的自主性和人际互动技巧；在经验上一定程度也能为劳动者未来

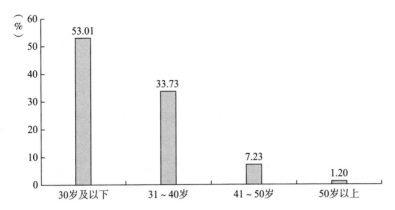

图 4 – 24　"销售/地推/催收"岗位灵活用工人员的年龄段分布

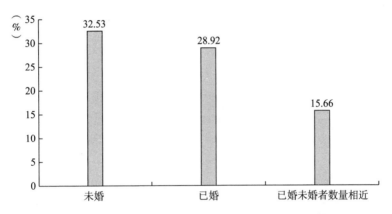

图 4 – 25　"销售/地推/催收"岗位灵活用工人员的婚姻状况分布

的创业和职业发展做准备。因此，劳动者之所以愿意接受以灵活用工的形式在此类岗位上工作，与其积累工作经验、为未来职业发展做铺垫的动机是分不开的。

（四）客服/审核/数据标注

近几年，许多新经济企业也在客服、内容审核、数据标注这类岗位上大量使用灵活用工人员。在新经济企业中，无论是线下的生产、消费业务，还是线上的文字、图片和视频之类的信息，其规模都处于高速变动中。与之相应的是，后台服务人员的群体规模也处于不断调整中，因此在客服、内容审核、数据标注之类岗位上衍生出较强的灵活用工需求。

1. 女性为主

此类岗位集中了大量女性，社会对女性细致、耐心的性别角色建构正好与此类岗位的要求相符。46.15%的企业表示在此类岗位上的灵活用工人员"女性居多"，40.38%选择了"男女数量相近"，仅11.54%选择了"男性居多"。如果具体分析不同岗位对劳动者的基本要求，便可理解以女性为主的性别分布状况：客服是典型的情感劳动，劳动者在沟通过程中必须努力维持一种友好的氛围，保持倾听的姿态，安抚客户的不满情绪，让客户体验到作为消费者的优越地位，因此客服的岗位上集中了更多的女性；内容审核和数据标注则要求劳动者更细致、耐心，因此也会更倾向于吸纳女性从事此类工作。

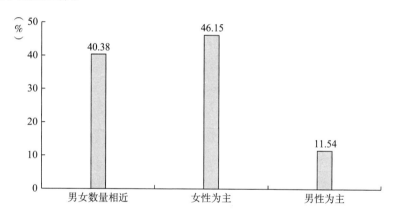

图 4-26 "客服/审核/数据标注"岗位灵活用工人员的性别分布

2. 集中在"大专/高职"学历

超过七成（76.92%）的企业方表示该岗位的员工的受教育程度集中在"大专/高职"，这一数值远高于其他岗位。另外，分别有13.46%和9.62%的企业表示该岗位上员工学历集中在"高中/中专/中职/技校"和"本科及以上"。

3. 在就业市场上议价能力弱，岗位呈现强性别建构的特征

此类岗位灵活用工人员总体较为年轻，绝大多数在"30岁及以下"。调研数据中，超过九成（92.31%）的企业在该岗位员工主要的年龄分布上选择了"30岁及以下"。与年龄相对应，该岗位上员工未婚者占据多数，65.38%的企业中该岗位员工主要是"未婚"。

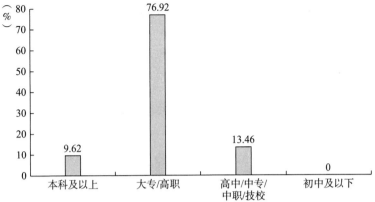

图 4 - 27 "客服/审核/数据标注"岗位灵活用工人员的学历分布

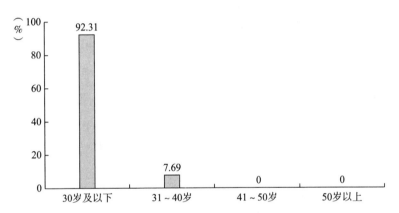

图 4 - 28 "客服/审核/数据标注"岗位灵活用工人员的年龄段分布

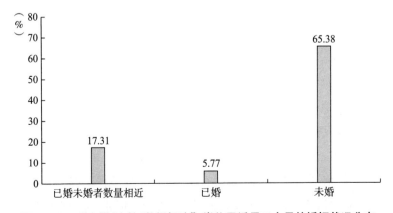

图 4 - 29 "客服/审核/数据标注"岗位灵活用工人员的婚姻状况分布

这部分劳动者多为年轻的未婚女性，部分用人单位考虑到女性未来在生育、家庭照料方面所需耗费的时间与精力，对其在全职工作中的投入度持怀疑态度，这在很大程度上造成了已婚女性在劳动力市场上的弱势地位。在当前大学生就业难的大背景下，大专学历在白领劳动力市场中不占优势。性别、婚姻状况、学历的叠加，均削弱了此类劳动者在劳动力市场上的议价能力。

此类岗位还呈现出明显的性别建构的特点。客服是典型的提升他人地位和消费体验的情感劳动工作，呈现出明显的女性化趋势；与此同时，客服、审核、数据标注都要求劳动者在工作中保持耐心、细致。在社会对性别角色的建构下，女性通常被认为是更符合上述特征的群体，更适宜从事这类劳动。

总体来说，可以认为"客服/审核/数据标注"是这样一个群体：多在30岁及以下，未婚女性为主，普遍有大专学历。一方面，这类群体在劳动力市场上议价能力不足，限制了他们工作选择的范围；另一方面，这类岗位集中的更多女性也是性别建构的产物，女性被认为更耐心、细致，更适合从事客服、审核、标注这些工作。她们憧憬白领生活但在劳动力市场上又没有明显优势，无论在学历、经验还是能力上暂时都处于"高不成、低不就"的状况。对于这部分人而言，以灵活用工的方式进入客服、内容审核、数据标注之类的岗位成为他们一个可以接受的选择。

（五）行政/人力/财务/法务

行政、人力、财务、法务这些岗位在传统的金字塔式的直线职能型组织架构中一般比较稳定，为组织目标的实现提供持续性的、常规化的服务。但在社会分工精细化、组织生产经营方式持续变革的大背景下，企业也开始在这类岗位上使用灵活用工。这类岗位上灵活用工人员呈现以下特点。

1. 女性分布略占优

行政、人力、财务、法务之类的日常工作，总体上也是女性居多。如图4-30所示，此类岗位灵活用工人员以"女性为主"的企业样本占21.74%，"男性为主"的企业仅占8.70%，"男女数量相近"的企业超过一半（52.17%）。

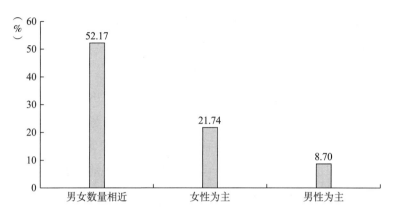

图4-30　"行政/人力/财务/法务"岗位灵活用工人员的性别分布

2. 受教育程度较高

此类岗位一方面有一定的专业要求，需要学习相关的业务知识才能胜任；另一方面，与其他灵活用工的白领职业相比起来更稳定、更体面，既不用在外奔波跑业务提升业绩，又无须面对消费者投诉带来的压力，也不用长期沉浸在重复性的、去技能化的工作中。因此，从业门槛与劳动力市场竞争相叠加，对学历的要求自然也会水涨船高。

数据显示，"行政/人力/财务/法务"岗位上灵活用工人员学历集中在大专及以上的企业比例超过了八成（82.61%），其中：集中在"大专/高职"学历的企业样本占43.48%，与销售类岗位的比例相近；但这一岗位在对主要学

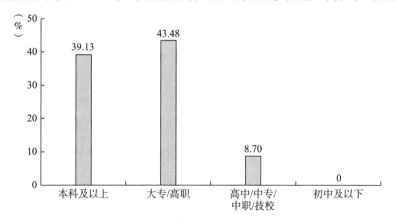

图4-31　"行政/人力/财务/法务"岗位灵活用工人员的学历分布

历分布上选择"本科及以上"的企业比例却接近四成（39.13%），高于"销售/地推/催收"和"客服/审核/数据标注"这类同属于白领职业的相应比例。

3. 多出于积累经验、寻求职业成长选择当前工作

"行政/人力/财务/法务"岗位的灵活用工人员多出于积累经验的目的选择灵活工作。他们多受过高等教育，希望获得一份稳定的白领工作，但经验、能力、学历、学校背景等方面可能与企业的要求还存在一定差距，因此暂时选择以灵活用工的方式从事这类工作。当年龄增长、经验积累到位之后，他们再争取进一步的发展机会。

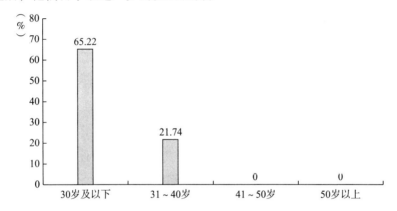

图 4 – 32　"行政/人力/财务/法务"岗位灵活用工人员年龄段分布

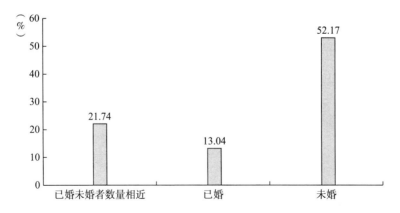

图 4 – 33　"行政/人力/财务/法务"岗位灵活用工人员婚姻状况分布

这一特征既与他们的受教育水平有关，也与他们的年龄和婚姻状况有关。逾六成（65.22%）的企业表示该岗位灵活用工人员的年龄集中在"30

岁及以下", 没有企业选择"40 岁以上"选项; 婚姻状况上, 超过半数 (52. 17%) 的企业表示该岗位上灵活用工人员主要是"未婚"状态。

"行政/人力/财务/法务"这类岗位通常随着工作年限的增长和经验的积累, 在劳动力市场上的议价能力也会得到提升, 因此暂时以灵活用工的方式从事此类工作, 可以为长远的职业发展提供铺垫。

(六) 技术工人

调研结果显示, 企业灵活用工的主要岗位也出现了向专业性、技术性岗位扩展的趋势, 除了在"IT 及其他技术人员"上的灵活用工, 少部分企业在"技术工人"岗位上也使用了灵活用工。

1. 男性主导

技术工人岗位主要由男工占据, 同样, 此类岗位的灵活用工人员以男性为主。62. 75%的企业方表示在该岗位上员工的主要性别是"男性为主", 无论是制造业的机器设备操作维护人员, 还是建筑业、运输业的熟练蓝领工人, 对技能的掌控、对生产世界的支配, 长期以来被社会建构为男性的专长。

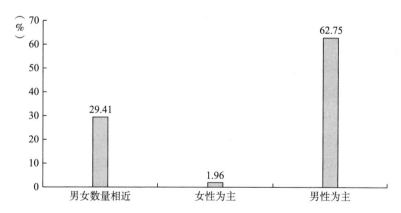

图 4 - 33 "技术工人"岗位灵活用工人员的性别分布

2. 对高学历人才吸引力有限

该岗位上集中了更多的"高中/中专/中职/技校"学历劳动者, 认为这一岗位上的劳动者受教育程度集中在"高中/中专/中职/技校"的企业比例约为三分之一 (33. 33%), 选择"大专/高职"和"本科及以上"的企业比例都不足三成（分别为 27.45% 和 23.53%）。与"销售/地推/催收"和"客服/审核/数据标注"的灵活用工人员的受教育水平相比，表示"技术工人"集中在大专及以上教育的企业比例相对更低。这实际上反映了劳动者的择业观念。整个社会层面对技术工人缺乏应有的认可，实体产业对劳动力的吸引力不足。同样是灵活用工，拥有大专学历的求职者宁愿选择边缘性、低层次的城市白领工作，也不愿意下车间，从事熟练蓝领工种。

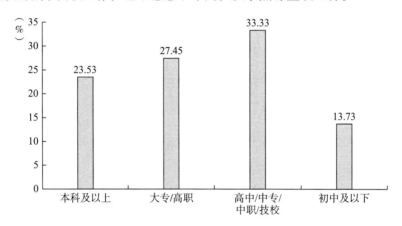

图 4-34　"技术工人"岗位灵活用工人员的学历分布

3. 多担负家庭经济压力

就该岗位灵活用工人员的年龄段分布而言，选择"30 岁及以下"和"31~40 岁"的企业样本比例相同，均为 41.18%；员工集中在 30 岁以上的企业比例为 52.94%。婚姻状况上，灵活用工人员主要为已婚者的企业样本占比为 31.37%，比以未婚为主体的企业比例要高约 4 个百分点。

总体来说，可以认为灵活用工的"技术工人"多是这样一个群体：男性为主，受教育程度以高中和大专为主，30 岁以上为主，已婚偏多。这一岗位上的分布特点实际上是社会的性别观念和职业观念双重建构的结果：一方面，生产性的技能工作被认为是男人的工作，因此集中了更多的男性劳动者；另一方面，人们的职业观念普遍认为白领工作优于蓝领工作。即便是有技术的蓝领工作，其对高学历人才的吸引力也不如那些相对边缘的白领工作。

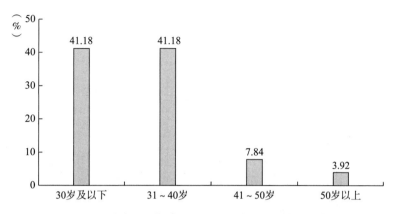

图4-35　"技术工人"岗位灵活用工人员主要年龄段的分布

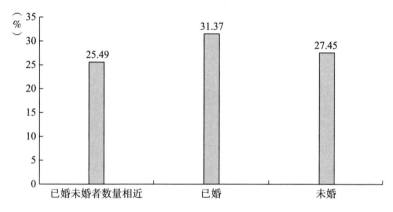

图4-36　"技术工人"岗位灵活用工人员婚姻状况的分布

三　灵活用工人员的具体特征：按是否平台工作区分

（一）灵活用工人员的工种分布

员工卷中调查了灵活用工人员的工种，具体的工种分布如图4-37所示。

员工卷中灵活用工人员的工种分布可能呈现出与企业卷不同的特征，这主要是问卷收集的渠道差异所致。员工卷中不同工种的样本分布并不能反映我国各职业工种的真实分布。但其专门收集了部分平台劳动者的样本，这为课题组比较平台与非平台劳动者的人口学特征、工作状况提供了基础。本部分将勾勒平台与非平台劳动者的人口学特征和工作状况，通过两类劳

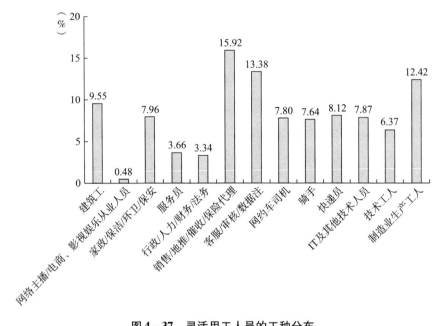

图4-37 灵活用工人员的工种分布

动者的比较突出平台劳动者的群体特征。平台劳动者和非平台劳动者的样本分布如图4-38所示。平台灵活用工人员在样本中包括快递员、骑手、网约车司机、网络主播/电商①四类工种。

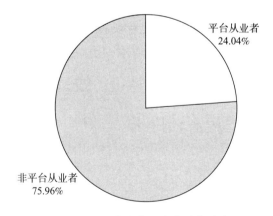

图4-38 平台和非平台劳动者分布

---

① 这个类别中包含的"影视娱乐从业人员"并非平台劳动者，但因为这个类别样本占比较小，故对"平台劳动者"总体样本不会有太大影响。

（二）平台劳动者的群体特征

1. 家庭经济压力驱动

首先，表 4 – 2 对比了灵活用工人员中平台劳动者和非平台灵活用工人员的人口学特征，读者能在数据的比较中更清晰地认识平台劳动者的群体形象。

从性别上看，无论是平台还是非平台从业者，都是男性偏多。但平台劳动者中男性比例高达 66.23%，这是因为多数平台工作（例如：外卖骑手、网约车司机、快递员）是蓝领工作，因此更多男性从事其中。

表 4 – 2　平台和非平台劳动者的人口学特征

	平台劳动者	非平台劳动者
（1）年龄：	31.64 岁	31.27 岁
（2）性别：	男性 66.23%，女性 33.77%	男性 54.51%，女性 45.49%
（3）婚姻状况：	未婚 27.15%，已婚 71.52%，离异 1.32%	未婚 35.22%，已婚 63.73%，离异 1.05%
（4）受教育程度：	初中及以下 3.97%，高中/中专/中职/技校 36.42%，大专/高职 42.38%，本科及以上 17.22%	初中及以下 5.87%，高中/中专/中职/技校 35.01%，大专/高职 45.91%，本科及以上 13.21%

从年龄上看，平台劳动者平均年龄（31.64 岁）稍大于非平台劳动者（31.27 岁）；从婚姻状况上看，逾七成平台劳动者为"已婚"，27.15% 为"未婚"，非平台劳动者的相应比例分别为 63.73% 和 35.22%。结合年龄和婚姻状况可以发现，平台劳动者年龄稍大，大多数是已婚者，与未婚者相比，他们可能承担了更大的家庭生计压力，他们需要肩负的家庭责任更重。尽管与平台相关的工作劳动强度大、时间长、保障程度低，但因为有着按件计酬、及时结算、多劳多得、到手收入高的优势，成为部分劳动者在家庭生计压力下的重要就业方向。

从受教育程度看，灵活用工人员中平台劳动者的受教育程度并不会低于非平台从业者，反而相比起来"初中及以下"的比例更低（分别为 3.97% 和

5.87%），本科及以上的比例相对更高（分别为 17.22% 和 13.21%），但总体而言，多数人的学历集中在"高中/中专/中职/技校"（36.42%）和"大专/高职"（42.38%）。这是因为平台工作需要熟练使用手机上的一些应用软件，对于学历过低的劳动者可能存在一些障碍；但由于这类工作总体上还是劳动密集型为主，因此劳动者受教育程度也不会太高。

2. 多来自其他行业

表 4 - 3 中比较了平台和非平台劳动者的工作与社保状况。从劳动者的行业来源看，平台劳动者最大来源为现代服务业（38.41%），其次为与之工作性质接近的传统服务业（34.44%），24.50% 的平台劳动者是从制造业中流入的。同时值得注意的是，员工问卷中的平台劳动者里并没有人是把平台工作作为第一份工作的，而是多从其他行业进入其中。这也反映出，多数劳动者实际上是在有一定工作经验、经过各方面综合权衡后才选择从事平台工作。

表 4 - 3 平台和非平台劳动者的工作与社保状况

	平台劳动者	非平台劳动者
（1）上一份工作所在的行业	制造业 24.50%，现代服务业 38.41%，传统服务业 34.44%，目前就是第一份工作 0.00%	制造业 21.69%，现代服务业 24.51%，传统服务业 41.41%，目前就是第一份工作 5.07%
（2）月均收入（单位：元）	5848.63	5450.85
（3）周工时（单位：小时）	54.43	47.33
（4）社保和四险一金缴纳情况	/	/
养老保险	8.61%	41.51%
医疗保险	10.60%	49.69%
失业保险	9.93%	49.27%
工伤保险	27.81%	67.30%
住房公积金	1.99%	28.51%
商业保险	0.00%	6.50%
未缴纳/购买任何险种	70.20%	24.32%

　　快递员、骑手、网约车司机均处于传统服务业，但大多数劳动者却来自其他行业，这说明平台就业一定程度上承担了劳动力蓄水池的功能，吸纳了各行业在产业调整、市场环境变动时析出的劳动力，为这类群体的就业和家庭生计提供了一定的缓冲。某外卖平台在调研中表述，自新冠肺炎疫情以来，截至 2021 年 7 月，该平台新注册骑士达到 120 万人。

　　3. 以高工时、低保障换取更高的到手收入

　　如表 4－3 所示，从周工时看，平台劳动者的周平均工时为 54.43 小时，而非平台劳动者的周平均工时为 47.33 小时，平台劳动者的周平均工时明显高于非平台劳动者。平台劳动者中有相当一部分实际上是兼职从业者，但周平均工时已经达到了全职工作的时长，甚至比非平台劳动者的周平均工时都要长。这说明相比非平台劳动者，平台劳动者实际上工作强度非常大，甚至存在着部分超时工作的情况。平台劳动者超时工作部分与平台对计件单价的设置和对多劳多得的鼓励有关。从月均收入来看，平台劳动者的月均收入为 5848.63 元，确实高于非平台劳动者的月均收入（5450.85 元）。但平台劳动者稍高的到手收入不仅是以更长的工时为代价，也是其放弃长远劳动保障的结果。

　　表 4－3 中还对比了灵活用工人员中平台和非平台劳动者的社保和四险一金缴纳情况。结果显示，平台劳动者的四险一金缴纳比例远远低于非平台劳动者。平台劳动者中缴纳比例最高的为"工伤保险"，比例为 27.81%，非平台劳动者这一比例则接近七成（67.30%）。工伤保险实际上也是对劳动者起到兜底作用的一个险种，部分平台劳动者多在外奔波，又在算法驱使或生计压力下不得不加快速度赶时间，从而使该群体有更大概率受到意外风险的袭击，但是多数劳动者却没有相关保障。现实中平台劳动者的工伤保险缴纳比例可能还会低于这一数值，因为部分劳动者对"工伤保险"的概念理解有误，可能会把意外险、雇主责任险等也认为是工伤保险。由此看来，当前政府在出行、外卖、即时配送、同城货运等行业的平台企业中，组织开展平台灵活就业人员职业伤害保障试点，是非常有必要的。平台劳动者在"养老保险"、"医疗保险"和"失业保险"的缴纳比例分别

8.61%、10.60%和9.93%，且有约七成（70.20%）的人表示企业"未缴纳/购买任何险种"。这也证实了平台劳动者以低保障换取高到手收入的普遍现实。

四　小结

本章通过对问卷数据和访谈资料的分析，旨在勾勒出灵活用工人员的总体特征、不同岗位大类人员的特征以及平台劳动者的特征。

灵活用工人员的总体特征如下：

1. 人口学特征：以男性为主，学历多在高中以上，未婚与已婚者持平。这一群体又以30岁为界，由未婚、无生计压力的年轻人和已婚、有养家责任的中年人构成灵活用工的主力。

2. 工作特征：灵活用工人员的来源方面，他们上一份工作多来自服务业；工作状况方面，灵活用工人员工作时间更长、工作保障偏低，收入与非灵活用工人员持平。

3. 从业动机：追求更高到手收入和职业过渡是劳动者选择灵活用工的主要原因，工作时间弹性并不成为多数人选择灵活工作的原因。

4. 面临的问题：差别化待遇和发展受限是灵活用工人员反映最多的问题。

不同岗位的灵活用工群体有着不同的群体特征，背后有着不同的推动力使其选择灵活用工。

按岗位区分，灵活用工人员的具体特征如下：

1. "普通工人"多为低学历、30岁以上、已婚的男性劳动者，他们多面临家庭经济压力，为获得更多的到手收入，以灵活用工的方式活跃在低技能的蓝领岗位上。

2. "IT及其他技术人员"则多是高学历的年轻未婚男性，有着更高的职业目标，将灵活用工作为职业跳板。

3. "销售/地推/催收"则多为拥有大专以上学历的年轻人，通过灵活用工积攒人脉和客户资源。

4. "客服/审核/数据标注"集中了大量年轻、未婚的女性劳动者，绝大多数为大专学历，在劳动力市场上议价能力低，但憧憬从事一份白领工作，因此暂时选择以灵活用工的方式从事此类工作，为未来职业生涯的发展寻求过渡。

5. "行政/人力/财务/法务"岗位上的灵活用工人员多为年轻、未婚的劳动者，大多拥有大专及以上学历，劳动者希望获得一份稳定的、有发展前景的办公室工作，因此会先以灵活用工的方式积累经验，为未来的职业发展做准备。

6. "技术工人"以 30 岁以上男性为主，此类岗位对高学历人才的吸引力不足。这一岗位上的分布特点实际上是社会的性别观念（男性掌握生产技能）和职业观念（高学历者更愿从事边缘的白领工作，不太倾向从事有技能的蓝领工作）双重建构的结果。

通过与非平台劳动者的比较，平台劳动者呈现出以下特征：

1. 平台劳动者多在家庭经济压力的驱动下选择当前工作，从业者男性已婚者居多，需要在养家糊口方面扮演更重要的角色。

2. 平台劳动者多来自其他行业，一般是在有过工作经验、经过各方面权衡后才从事此类工作。

3. 平台劳动者到手收入高于非平台劳动者，但平均周工时则明显高于后者，社保和四险一金缴纳比例也远低于后者，从事平台工作的劳动者选择以高工时、低保障换取更高到手收入。

第五章
灵活用工类型的比较

当前灵活用工的快速发展及其引发的劳动权益保障问题，引起政府和社会各界的广泛关注。这些关注大多聚焦在平台用工上，可能一定程度上限制了社会公众对灵活用工的认识，遮蔽了现实用工方式的多样性、复杂性及其社会影响的多面性。其实，每一种灵活用工类型的出现都是为了解决特定问题，有其独特的生存土壤和适用场景，其发挥的社会功能和引发的劳动问题也各不相同。即便是平台用工，其内部也包含了标准化雇佣关系、劳务派遣、劳务关系、依附性自雇等多种用工形态，其中存在的用工主体关系不清、用工单位与第三方机构责任模糊、劳动者权益缺乏保障等问题实际上是其他灵活用工类型问题的复杂版本。本报告对广义与狭义的灵活用工进行了区分，在此基础上，本章将从生存土壤、实践形态、用工合规性、劳动者生存发展状况等层面，对劳务派遣、人力资源外包、业务外包、传统零工（包括非全日制、兼职、日结、依附性自雇等）、实习、平台用工进行梳理，并从效率、保障、发展趋势三大层面对不同用工类型进行综合比较。对各用工类型的深度挖掘将有助于社会公众建立起对灵活用工全面、立体的认识，也可为当前灵活用工治理体系和相关法律法规的完善提供参考。

一　各种灵活用工类型的发展经验

灵活用工涉及的类型多样，实践形态也比较复杂。本节将从存在土壤、实践形态、用工合规性等层面，对各种灵活用工类型的发展经验进行梳理，并分析其未来的发展趋势。

（一）劳务派遣

劳务派遣在我国已有40余年的发展历史，其发展时间长、应用范围广，但在发展过程中引发的争议和批评也比较多。在这种用工类型下，用工方承担业务管理和部分人事管理职能；劳务派遣机构只负责薪酬发放、社保/公积金缴纳、档案管理等方面的职能。劳务派遣机构服务能力相对较低；对于许多用工企业来说，劳务派遣机构最大的功能是为其用工提供关系挂靠，转移部分用工风险；并为一些国企和外企解决编制和总额限制问题。

改革开放初期，为服务在中国设立办事处的外企，1979年10月北京市友谊商业服务总公司（FESCO前身）国内服务部成立，11月，向外商驻京代表机构派出第一名员工，开国内劳务派遣之先河。20世纪80年代中后期，一些人力资源服务机构陆续成立，部分机构获得向外商办事处派遣员工的资质。20世纪90年代至21世纪初，为促进国企下岗工人再就业和农村劳动力转移，部分地方政府鼓励设立劳务派遣机构以提供就业服务（林嘉、范围，2011）。

2008年《劳动合同法》的实施推动了劳务派遣的发展。首先，该法对无固定期限合同签订、劳动合同解除、经济补偿支付等方面的规定被许多雇主认为过于保护劳动者、限制企业的用工自主权，劳务派遣为释放企业用工的自主性提供了出口；其次，该法对劳务派遣的准入门槛设置过低，对"临时性、辅助性、替代性"的规定较为模糊，对派遣劳动者的权益缺乏足够保障。因此，在《劳动合同法》出台后，多种类型的劳务派遣机构（包括外服系统劳务派遣企业、各级政府劳动部门下属的就业服务机构、私营劳务公司等）大量增长，行业鱼龙混杂；劳务派遣人员规模快速扩张，《劳动合同法》实施之前劳务派遣人员数量约为2000万人，而到2010年劳务派遣人员数量约为3700万，占企业职工总数的13.1%；劳务派遣的使用在多个地区、行业和企业出现泛化趋势，蔓延至用工企业的管理岗、技术岗和其他核心岗位（林嘉、范围，2011；全总劳务派遣问题课题组，2012）。为遏制劳务派遣快速扩张、乱象丛生的趋势，2012年《劳动合同法》的修订条款强化了对劳务派遣业务开展准入条件和行政许可的规定，并对"三性"进行明确界定。2014 年的《劳务派遣暂行规定》对企业劳务派遣的用工比例、辅助性岗位的确定程序、劳务派遣人员的权益保障等方面予以明确规定。

当前劳务派遣仍然是企业最主要的用工类型之一。企业卷调研数据显示，高达 27.33% 的样本企业使用了劳务派遣。中智集团对我国人力资源服务业的专项调研也显示，60.9% 的人力资源服务机构将劳务派遣作为主营业务。[①] 这也符合课题组在田野调查中的经验观察。北方沿海特大城市 B 市人力资源服务协会领导在访谈中提到，该市营业收入最高的业务仍然是劳务派遣，劳务派遣和人力资源外包的营业收入约占该市人力资源服务业总收入的 80%。[②] 而在中西部地区，劳务派遣是多数城市人力资源服务行业最主要的收入来源；这种局面往往长期保持不变。一般来说，国资背景的人力资源服务企业垄断当地的公立市场业务，占据当地劳务派遣业务的大头；非公立市场的劳务派遣业务则由以下类型的人力资源服务企业竞争：以当地职介所为基础创办的人力资源服务机构、当地企业 HR 创办的机构、职校领导创办的机构、跟随大企业扩张在全国布局的机构。

用工单位使用劳务派遣，可能出于以下六个方面的原因：（1）编制和工资总额限制。公有制单位往往因编制和工资总额限制而使用劳务派遣。部分非公企业的分公司也可能在总部的编制和工资总额限制下采取这种用工形式。近年来，伴随着国家相关政策的转变，劳务派遣人员多列入企业用工编制，其薪资费用在财务上也要被计入"应付职工薪酬"而非"应付账款"中，因此用工企业因编制和工资总额限制使用劳务派遣的做法大为减少，转而采取人力资源外包或业务外包的方式。但出于编制和工资总额限制而使用派遣的做法在机关、事业单位中仍然比较常见。（2）外企分支机构无雇佣权限。为无雇佣权限的外企办事处提供劳务派遣，是 FESCO、上海外

---

① 参见：中国国际技术智力合作集团有限公司于 2021 年 7 月公开发布的《人力资源服务供需调查报告》，https://www.163.com/dy/article/GHCVEESS05449FS9.html，最后访问日期：2021 年 11 月 3 日。

② 访谈编号：LHYG33。

服、中智等外服系统人力资源服务企业早期的主要业务。（3）削减用工成本。劳务派遣也能有效减轻一些用工单位的用工成本，包括高福利保障成本和业务缩减时的雇佣成本。那些存在于用工单位自有员工群体的高福利保障，往往并不会推广到劳务派遣员工群体。员工卷的统计数据表明，58.62%的劳务派遣员工认为"五险一金和其他福利与用工单位正式员工有差异"。部分企业在面临季节性的业务变动和经营环境的不确定性时，也试图通过劳务派遣保持雇佣的弹性。（4）转移用工风险。一旦发生裁员、工伤工亡、劳资纠纷等问题，用工单位要与派遣单位共同承担责任，因此使用劳务派遣只是部分转移了用工风险。（5）避免声誉受损。对一些大企业来说，使用劳务派遣可以在很大程度上避免由劳动权益保护不到位、劳动争议、业务操作失误及其他意外事故带来的声誉受损问题。（6）提高财务报表上的人效比。企业为了上市、融资，需要提高财务报表中的人效比，将部分人员的关系挂靠到派遣机构可以快速达到这个效果。当然，在实际运作中，用工企业往往会以外包的名义操作派遣事宜，如前所述，按当前相关政策规定，劳务派遣人员亦占用企业用工编制，只有采取外包的形式，才能在财务报表中有效降低企业用工数、提高企业人效比。

当然，劳务派遣的使用也面临多方面的限制。首先是法律法规层面的限制。根据《劳动合同法》《劳务派遣暂行规定》等相关法律法规，劳务派遣人员数量不得超过用工单位在岗用工总人数的10%，在岗位范围上必须符合"三性"要求。其次，劳务派遣并不能真正转移用工风险，出现问题时用工单位需要共担责任，有时甚至因为劳动者的工资发放、社保缴纳不到位而衍生出更多的风险。当前，无论是传统制造业和服务业业务的季节性变动，还是新经济企业在残酷市场竞争面前用工的大起大落，对人力资源服务机构调节用工风险的职能都提出了较高要求。再者，劳务派遣只为用工单位解决了员工关系转移挂靠问题，承担的职能（薪酬发放、社保/公积金缴纳、档案管理等）比较简单，难以满足当前缺工企业和快速扩张企业的招聘需求，也难以应对新经济企业在高速发展过程中迅速组合各类市场专业要素的需求（包括专业的人事管理需求）。在一些经济发达、产业高度聚集的沿海大城市，劳务派遣的市场份额正在逐渐缩减。上海市人才服务行业协会提供的数据显示，2014 年劳务派遣业务营业额为 1769.69 亿元，占人力资源服务业总营业额的 79.56%；2019 年劳务派遣营业额为 1375.49 亿元，仅占总营业额的 27.36%，市场份额下降趋势明显（杨伟国、吴清军、张建国等，2020）。

当前劳务派遣市场存在一些不规范之处，在一定程度上影响了人力资源服务行业的形象，不利于行业健康发展，需要政府部门在现行的法律法规体系下强化监管和治理。具体包括以下问题。

（1）劳务派遣行业内部"关系垄断"与恶性竞争并存。一些国资背景的人力资源服务公司凭借其行政关系垄断公有制单位的派遣市场，越是经济欠发达地区、越是低级别城市，这种行政关系的垄断性就越强。很多县级城市往往呈现出一家国有人力机构通吃当地人力资源服务市场的局面。"关系垄断"也可能表现为，大企业内部成立关联人力资源服务公司；企业的 HR 或其他管理者成立派遣机构，承接原企业派遣业务。在相对市场化的竞争中，劳务派遣业务的门槛较低，大量人力资源服务机构恶性竞争、相互"杀价"。这种通过打"价格战"争抢派遣业务的现象在行业内比较常见，这也是访谈中人力资源服务协会和企业经常提及的话题。

> 竞争怎么讲？其实现在，就算是大家都提供技术服务，有些公司报出来的价格，9 块 9，19 块 9，那完全就是贴着钱在做的。就是你到底奔着本金去的，还是奔着利润去的，我觉得谁也不知道，但是他扰乱了这个市场。我觉得正常的、优质的服务，一个人一个月收 25 块钱，就是 25 块钱的成本是在的，所以你该收多少？你一个企业不赚钱，你不是要流氓吗？所以我觉得正常的，比如像代理派遣你收入 50 块钱、80 块钱很正常，而且涉及你的网点、各种服务，员工的对接。①

（2）用工不规范。具体表现在，非"三性"岗位大量使用劳务派遣；

---

① 访谈编号：LHYG28。

突破10%的比例限制;"假外包真派遣";派遣单位与派遣员工签订劳务承揽协议或其他协议,试图以此规避劳动关系;"逆向派遣",将直接雇佣的员工改签到劳务派遣公司等等(林嘉、范围,2011;全总劳务派遣问题课题组,2012)。

(3)劳动权益难以得到保障。部分用工企业使用劳务派遣就是为削减劳动者待遇、控制成本,在采购人力资源服务时也一味追求低价、省钱,这是劳动权益问题形成的根源。一些派遣机构在通过低价策略获得业务后,只能在缩减用工成本方面寻找空间。两方面因素结合,共同导致劳务派遣员工的权益缺乏保障的现状——同工不同酬,不缴纳或低标准缴纳社保,劳动保护与职业安全条件较差,等等(林嘉、范围,2011;全总劳务派遣问题课题组,2012)。

(二)人力资源外包

人力资源外包经常容易与劳务派遣相混淆,现实中也经常出现"假外包真派遣"的现象。在规范的人力资源外包业务中,人力资源服务机构提供全流程的、专业化的人事管理(包括招聘、基础人事管理、员工关系管理、技能培训、绩效与薪酬管理、用工风险管控等,当然现实中也有些人力资源外包只承担招聘和基础人事管理职能),并作为雇主与员工建立劳动关系,独立承担用工风险。而在劳务派遣业务中,派遣机构只负责部分基础人事管理(如社保和公积金缴纳、薪资发放、个税申报、档案管理等),并与用工单位共同承担用工风险(一些收费低的派遣项目,派遣机构甚至与用工单位约定不承担用工风险)。由于承担包括招聘在内的全流程人事管理,并承担用工风险,人力资源外包收取的服务费一般要远高于劳务派遣。某人力资源服务企业这样解析人力资源外包与劳务派遣收费方式的差异。

在中国目前的定义上,派遣一般是一口价,就是50、80(元),有些能做到20(元),一个月一个人,(按)人头收费。我们也是按人头收费,但是按工资加社保的比例系数,(这样)比例系数中会包含几个模块：第一招聘费，第二管理费，第三风险管理金。这个管理费其实是几十块钱，无外乎是我对人员的日常考勤管理、薪资发放、档案管理。但是招聘是一个含金量比较高的业务模块。第三块风险管理金，也就是说当出现了"三期"、工伤，员工不能正常提供服务的时候，这个比例是来赔偿我们的。一般风险管理金比率是怎么折算的呢？我们其实就看如果服务周期小于6个月差不多会赔半个月的工资，6～12个月我们就赔一个月的工资，我们是按照这个比例分摊到每个月去收费的。如果不包含这个费用的话，其实可以理解为就是派遣。如果包含了，意味着就是外包。①

人力资源外包通常在如下场景中得到广泛应用：（1）企业的编制和工资总额限制。在国企、外企中，由于人员编制和工资总额限制而使用人力资源外包。（2）提高人效比。公司为上市、融资而将部分非核心业务员工转为外包，以此提高财务报表上的人效比。在这两种场景中，人员外包的期限均相对比较长。（3）短期用工需求。这种情况多见于由女工"三期"（孕期、产期、哺乳期）、大病、项目（如IT项目）、季节性的业务（如中秋节前的月饼生产、端午节前的粽子生产）等产生的短期用工需求。（4）项目用工需求（如IT项目、楼盘销售项目等）。项目持续时间可长可短，待项目结束，人力资源外包随之结束。（5）全国性业务布点产生的用工需求。全国性业务布局往往给企业带来跨区域、多网点、分散式的人力资源管理挑战，如果全国每一个城市无论人数多少都成立专门的公司、搭建专门的管理团队，无疑将耗费企业巨大的成本。而大型人力资源服务公司可以凭借其全国多城市布点开展业务的优势，通过人力资源外包的方式，全面解决此类企业在招聘、基础人事管理、工伤事故处理等方面面临的难题。②（6）新经济企业业务扩张模式带来的用工需求。许多新经济企业在金融资本的支

---

① 访谈编号：LHYG35。
② 即便人力资源服务公司在部分城市没有设点，也可以通过与其他同行业公司的合作解决此类问题。

持下，通过发放补贴、快速组合市场要素的方式迅速占领市场。在这个阶段，此类企业非常依赖人力资源服务公司即时的批量招聘能力、成熟的人力资源管理架构和完善周密的全流程管理经验，实现人员的快速交付和沉淀。如果由新经济企业自身去花费大量时间摸索人力资源管理流程、搭建团队、招聘人员，那就基本不太可能抓住短暂的战略机遇期。当在市场竞争中处于下风需要裁减人员时（这种情况在新经济企业中很普遍，毕竟能够最终取得市场支配地位的企业是少数），人力资源服务公司又能够将外包员工转移到其他项目中，有效化解新经济企业的用工风险。各类平台抢占市场过程中的地推、共享单车中的运营维护人员、外卖中的专送骑手都是此类用工的典型代表。那些互联网企业的后台运营人员，如客服、内容审核、数据标注，也在线下或线上（如短视频、社交平台）业务的快速变动中催生出人员外包的需求。（7）制造业普工的用工需求。制造业长期面临用工短缺问题，生产淡旺季的存在更增强了企业人员外包的需求。企业规模越大，其批量招聘的难度越大，业务量和员工规模的波动越大，对人力资源外包的需求也就越强，因此，在那些大型代工企业周围，往往聚集了一大批人力资源服务机构。在现实实践中，新经济企业和制造类企业与人力资源服务机构合作的初衷主要是解决招聘问题，但人力机构更愿意通过人力资源外包的方式长期收费，不愿意一次性收取招聘费用，因此在招聘的基础上加入驻巡场管理、承担用工风险方面的条款，与用工方签订人力资源外包合同。

人力资源外包中的外包单位多为人力资源服务机构，但也存在其他市场主体。最典型的便是IT业务的外包，承接外包的大多为IT企业（人力资源外包和业务外包两种形式并存）；发包单位可能来自互联网行业，但也可能来自金融、保险、通信、快递、电子等其他行业，凡涉及IT技术的行业都可能存在相关用工需求。人力资源服务机构直到近两年才开始介入IT人力资源外包业务，但所占市场份额比较有限。之所以呈现这样的市场格局，是由业务门槛和招聘吸引力两方面的因素造成的。首先，IT人力资源外包需要外包单位对相关业务有一定的了解，人力资源服务机构在这一块不具优势，只是在人事管理方面具有一定的专业性；而 IT 企业在长期的项目外包和人力资源外包中积累了大量的业务和管理经验。其次，IT 企业对人才的吸引力要强于人力资源服务机构，即便后者在招聘能力上更胜一筹，但IT 人员在求职时却更倾向选择 IT 企业。两者与甲方企业的合作方式也有所不同。IT 企业凭借项目方案或技术背景与甲方企业洽谈业务，并与之签订服务外包合同；甲方企业按外包 IT 人员的岗位、技术给 IT 企业打包价，不对 IT 人员的薪酬福利进行干预。人力资源服务机构在与甲方企业合作过程中，往往被默认为提供人力服务，签订人力资源外包合同或服务合同；甲方企业一般按行业通行做法，给乙方一个打包价。但当前随着人力资源服务机构越来越多介入这一块业务，传统人力资源服务行业收取服务费的方式也开始出现。

人力资源外包相比劳务派遣，在实践中具备一系列优势。首先，人力资源外包面临的政策约束较小。人力资源外包不会面临"三性"岗位的限制，也不占用用工单位的人员编制。其次，人力资源外包通过专业化分工帮助用工企业解决人力资源管理方面的难题，提升其核心竞争力。人力机构通过提供全流程、专业化的人力资源服务，为用工企业解决招聘难、管理难、业务波峰波谷用工需求多变等方面的痛点。用工企业也能通过购买专业化服务，专注于自身的核心业务，有效提升其市场竞争力和对外部环境的应变能力。这一点对于新经济企业尤其重要。依托于人力机构强大的招聘能力、成熟的人力资源管理架构和专业的管理输出，新经济企业可以快速占领市场并确保业务正常开展。再者，人力资源外包降低企业的用工风险。专业的人力资源外包强调"吃专业饭"而非"吃政策饭"。在人力资源外包中，人力机构输出专业化的全流程人力资源管理，其收取的服务费用也相对较高，利润相对有保障，而不必像部分劳务派遣机构那样，通过低价恶性竞争获得市场并通过压缩劳动力成本获取利润。这就使得用工企业面临的用工风险相对较小，即便出现用工风险，人力机构也能够作为劳动者的雇主独立承担风险。

当然，我国人力资源外包的发展也面临一定的约束。部分企业，尤其是欠发达地区的企业，对人力资源外包的必要性和重要性缺乏认识。在选取人力资源服务产品时，这些企业往往以节省短期用工成本为目的，对服务是否专业、用工是否符合法律规范不太重视。即使使用人力资源外包，部分企业也仅根据自身需要选择相应模块的人力资源服务。比如，在沿海制造业中，缺工是许多工厂面临的紧迫问题，这些企业与人力机构签订外包合同时主要按招聘、基础人事管理和用工风险支付服务费，并不希望人力资源服务机构介入到员工关系管理、绩效与薪酬管理、培训等业务模块中。从人力资源服务行业的发展看，当前能提供专业化、全流程的人力资源管理的企业还不是很多，乙方市场良莠不齐的状态也在很大程度上影响了人力资源外包的发展。另外，当前市场上"假外包真派遣"盛行，让很多用工企业误认为人力资源外包就是派遣，这也严重影响了企业和社会对人力资源外包的接受度。

当前人力资源外包在一些沿海发达地区发展较快，但在全国层面的应用范围仍然有待提高。上海市人才服务行业协会提供的数据显示，2014年人力资源外包业务的营业额为407.56亿元，仅占人力资源服务业总营业额的18.32%；2019年人力资源外包业务的营业额为3202.29亿元，占总营业额的63.69%（杨伟国、吴清军、张建国等，2020）。可以说，人力资源外包在上海这样的国际大都市发展迅猛。当然，在全国层面，人力资源外包在企业中的应用还是比较有限的。企业卷调研数据显示，只有13.88%的企业样本使用了人力资源外包。

（三）业务外包

业务外包与人力资源外包相比，主要有三个方面的差别。（1）在业务外包中，劳动者与发包单位无用工关系，无组织从属性和人格从属性；人力资源外包中的劳动者与发包单位存在用工关系。（2）在业务外包中，发包单位只把控交付结果，外包单位全面掌控生产过程，对劳动者的生产活动进行业务管理和人事管理；在人力资源外包中，发包单位负责业务管理，外包单位负责人事管理。（3）业务外包中的外包单位主要为从事各类产品和服务生产的企业，人力资源服务机构只是少数；人力资源外包中的外包单位多为人力资源服务机构，但在少数行业中（如 IT 业），外包单位以 IT 企业为主。其共同点在于，两种外包均为社会分工不断精细化的产物；发包单位通过外包，均有效提升了组织配置外部资源的灵活性、降低了成本、提高了效率，并能够更专注于核心业务；外包单位均作为雇主独立承担用工风险。

业务外包广泛存在于传统行业中，最典型的是制造业。在加入 WTO 后，我国迅速成为"世界工厂"。跨国企业将生产环节外包给我国的代工企业，代工企业可能将部分生产工序、工段外包给下一级企业，下一级代工企业有可能将部分生产业务进一步外包给更下一级企业。多层级的业务发包使得各级代工企业在面对外部订单的季节性变化时保持充分的灵活性。富士康正是此类用工的典型代表，它承接苹果、戴尔、惠普等电子品牌商的订单，但富士康也会将部分生产业务外包给其他代工商。另一个典型的行业是物业管理。大型的企事业单位多倾向于将保洁、绿化、消防安全、安保、设施设备管理、停车场管理等业务外包给物业管理公司。

IT 行业存在大量专门从事 ITO（Information Technology Outsourcing）的企业。这些企业从互联网和其他行业承接 IT 项目，同时也以服务外包的形式将人员送往其他企业，从事写代码、美工、测试之类的非核心工作。从行业生态看，ITO 包括战略、咨询、方案、项目和人力五个层面。目前国内 ITO 企业多从项目交付和人力供给两个层面切入，少数企业从解决方案切入。IBM、微软、甲骨文、埃森哲等多从战略合作、管理咨询、方案交付三个层面切入，并承接一些利润丰厚的项目，利润较低或不擅长的项目就分包出去。从行业历史看，20 世纪末开始出现 ITO 产业，IBM、埃森哲、甲骨文等跨国企业进入我国市场，为国内企业提供战略规划和系统支持；若干年后，一些带有行业解决方案和技术背景的国内企业（如文思海辉、东软、中软）陆续成立并承接项目；随着甲方企业项目技术团队的发展和风险防控需求的增强，项目外包减少，人力资源外包（一般以服务外包的名义）增多。IT 业务相比传统制造业业务，不需要依赖厂房、机器和特定工作地点，也无交通运输成本，除信息保密方面的障碍外，业务外包的可行性较强，因此在 IT 业比较盛行。

新经济企业全国线下业务的快速扩张往往需要快速组合市场要素。除了通过人力资源外包快速获得劳动力，新经济企业也可能将部分业务外包给人力资源服务机构。比如某社区团购平台在全国扩张时就将仓分拣和终端配送业务外包给人力资源服务机构。承接此类业务的机构要具备强大的运营能力（全国多城市布点、快速批量招聘）和资金垫付能力（一般账期是 90 天）。平台早期只在城市各仓分别配置一个现场管理员，待业务成熟后撤至另一个新开的仓，人力资源服务机构则配置基础性人力和 HRBP（6个月后成为现场管理人员）。费用结算方面，早期计时，3～6 个月后计件。

> DM 买菜的增速是爆炸式的。它在全国开仓的时候，一次性我们接了 27 个仓，一周要给它储备 3000 人做到仓分拣和终端配送。地推是通过我们。这类公司基本会全国扩张，我们要跟着他，一慢的话就会被踢。我们在全国大点的城市都有布点，分北区、南区、西区、东区还有中区。特别小的仓可以跟他说不接，保它主要的仓。
>
> 互联网的打法都是这样的，他不可能自己去做运营，那就没办法快速扩张。但它不会一来就计件，需要培养供应商。这类外包，物流不会接单，因为物流的用工成本要高很多，报价他接受不了。所以一般都包给人力资源公司来做。他包给我们一开始采用计时，这时候产生的亏损他们买单；当计时 3～6 个月，我们了解业务形态了，就开始计件，做纯业务外包。[①]

新经济企业的后台运营岗位如客服、内容审核、数据标注多是采用人力资源外包的模式，但如果人力资源服务机构对相关业务比较熟悉，则有可能建立自己的职场，以业务外包的方式与新经济企业合作。业务外包专业门槛较高，要求人力资源服务机构对业务流程有较强的掌控能力。当前

---

① 访谈编号：LHYG56。

人力资源服务机构在业务外包方面的营收明显低于人力资源外包，尽管前者的利润率要更高。

业务外包的外包单位多为用工企业，人力资源服务机构所占市场份额相对较小。当然，承接发包单位业务的合作方不一定是企业，如建筑工地的包工队、浙北服装业由本地技术工人组成的合作生产队、珠三角服装业的赶货工群体及各地从事代加工的家庭作坊（沈原，2007；黄岩，2012；范璐璐，2017）。在上述情形下，合作方并不具备劳动关系成立的法律法规主体资格，无法与劳动者建立劳动关系，并不属于本报告中标准意义上的"业务外包"，但对于发包单位来说，此类外包仍是发包单位实现组织弹性和用工灵活性的重要途径。

与劳务派遣相比，业务外包的法律合规性较强，用工风险较低，政策限制较小。与人力资源外包相比，业务外包市场的认知度较高。未来随着数字化技术的发展，组织根据市场变化及时调整内部架构、灵活组合外包资源的趋势将会日趋明显，企业对业务外包的使用倾向可能还将进一步增强。企业卷调研数据显示，22.37%的企业使用了业务外包。

当前业界对劳务派遣、人力资源外包、业务外包是否属于灵活用工，存在一定争议。因为在这三类用工形式中，发包单位的用工相对比较灵活；但外包单位的用工仍然受劳动关系的刚性约束，灵活性较低。业务外包作为灵活用工的一种类型，争议更大。在这种用工形式中，不仅外包单位不灵活，发包单位也不用工（发包单位与外包单位的劳动者并无用工关系）。考虑到这三类用工形式均有效实现了发包单位劳动力资源配置的灵活性，本报告将其归入到广义灵活用工中。狭义灵活用工仅包括传统零工、实习、平台用工。

（四）传统零工

传统零工只是不同用工方式的集合体，之所以划分出这一类型，主要是将其与平台经济下的零工区分开来，包括非全日制、兼职、日结、依附性自雇等多种用工形式。

1. 非全日制用工

非全日制用工被《劳动合同法》严格限制在"平均每日工作时间不超过四小时，每周工作时间累计不超过二十四小时"。2007年肯德基、麦当劳的"低薪门"事件引起社会热议，为避免非全日制与全日制用工的劳动者待遇差异过大并进而出现用工"非全日制化"，对非全日制用工的规制成为《劳动合同法》立法的重要内容。《劳动合同法》"特别规定"第三节对非全日制的日工时、周工时、计酬标准、支付周期进行了严格规定（林嘉，2021）。尽管在非全日制用工形式下，劳资双方需要建立劳动关系，但相比劳务派遣、人力资源外包、业务外包这三种用工形式，非全日制用工灵活度较高。其灵活性具体表现为，用人单位只需为劳动者缴纳工伤保险，双方当事人可随时通知对方终止用工，用人单位无须支付经济补偿金。

非全日制用工也是当前政府重点鼓励的三种灵活就业形态之一。[①] 2020年《国务院办公厅关于支持多渠道灵活就业的意见》提出，对就业困难人员、离校两年内未就业高校毕业生从事非全日制等工作的，按规定给予社会保险补贴；对非全日制劳动者较为集中的行业（如保洁绿化、批发零售、建筑装修等），进行财政、金融方面的政策扶持。

尽管当前政府鼓励发展非全日制用工，但一些企业在访谈中提到，这种用工形式的应用范围比较有限，毕竟现实中大量的短期用工（如业务高峰期的季节性用工）都不符合每天四小时的要求。在这些短期用工中，用工单位介入了劳动过程的管理，每天工作时间超过四小时，必须签订劳动合同，用工关系终止须支付经济补偿金，劳资双方须按规定缴纳社会保险。因此，大量的短期用工被法律严格限制，难以存在真正的灵活性。

> 我们规定用工不超过四小时叫非全，但哪个真正用人的不超过四个小时，除非我们重庆的"棒棒"。那某些快餐店就玩最烂的办法，一拨人上午上四小时，下午换一拨人再上四个小时。其实这是对人力的极大浪费，并没有起到资源配置的作用。他本身可以下午干，你就把

---

① 另外两种为个体经营、新就业形态。

他赶回家了，他要重新出去找工作，这是有精力、时间和资金成本的。

我们现在做的灵活用工包括日结等，可能自己觉得可以不交社保，其实站在劳动法角度都是违法的。比如蛋糕店季节性要做粽子，就卖几天，他提前 20 天或 1 个月招几百人包粽子。假设一共做 15 天，你跟他怎么签合同？你签劳动合同，人拿了就告你不买社保，因为现在维权意识也比较强，但你不给他买社保又怎么办？这拨怎么处理？[1]

2. 兼职与日结

与非全日制用工不同，在兼职、日结、依附性自雇中，劳动者与发包方之间建立的都是劳务或业务承揽关系。兼职与日结这两种传统零工形式很早就存在。"星期天工程师"是兼职的典型代表。20 世纪 80 年代乡镇企业蓬勃发展，来自上海、苏州、无锡等大城市国企、科研机构的专业技术人员利用周末空闲时间到乡镇企业兼职，为这些企业解决了大量的技术难题，被称为"星期天工程师"。专业技术人员凭借自己的智慧和技术到企事业单位兼职并不仅仅局限在制造业，也活跃在各行各业中，如医疗机构坐诊的医生、大学返聘的教授、互联网新项目的特聘技术顾问、承接婚礼司仪的电台主持人等。除此之外，大学生、家庭主妇、工厂工人等都是比较活跃的兼职人群。部分大学生可支配的课余时间较多，且容易被消费主义俘获，因此具有通过兼职增加收入的内在需求。其兼职工作无所不包，既可能从事无技术门槛的酒店服务员、地推、客服、礼仪、模特，也可能承接家教、写手等有一定知识、技术要求的工作。家庭主妇因性别分工的限制，大量时间用于家务、照料工作，难以从事全职工作，大多只能选择兼职或非全日制工作，最典型的就是保险代理，在日常的人际交往中开展保险销售业务，获取一定的收入以补充家庭生计。工厂工人及其他蓝领领导者的薪资收入有限，也希望通过兼职增加收入。在珠三角的工业园区周围，我们可以看到大量的电瓶车司机，他们多是工厂工人，利用下班时间或休息日跑电瓶车。

---

① 访谈编号：LHYG56。

日结与兼职有时是重合的，很多兼职工作都是以日为单位结算报酬。大型商场开业时的礼仪、主持人、模特、派发传单人员，影视拍摄时的群众演员，酒店用餐高峰期的学生服务人员，乡村工地上的散工，可能既是日结劳动者，同时也是兼职人员。部分日结工聚集在桥头、街边之类的散工市场，在待遇谈妥后便搭上招工车辆前去干活。当前这种散工市场仍然广泛存在，但多针对文化程度比较低的体力劳动者，且只是其寻找日结工作的渠道之一。另一个重要渠道是其熟人网络中的用工信息传播。对于那些有一定文化程度的学生和劳动者，各种各样的兼职招聘平台、零工平台正在成为其获取工作信息的重要来源。

3. 依附性自雇

依附性自雇（也称自雇合作），是指劳动者以个体工商户身份与发包方建立业务合作关系的用工形式。劳动者在兼职、日结等零工中获得的是劳务所得，在依附性自雇中获取的则是经营所得。同时，依附性自雇比个体经营涉及的范围也要更窄一些，只有与发包方存在一定经济从属性（从发包方获得的报酬是其主要经济来源）的个体经营，才能被称之为依附性自雇。制造业外包体系中的家庭代工、交通运输中的个体司机、创意设计产业中的自由职业者，均有可能与特定买主形成长期的依附性关系。依附性自雇中的劳动有四个典型特征，即经营性劳动、具有明显的个人属性（可能具有少数辅助人员，但以特定个人为中心）、不是真正的市场参与者（依赖特定的买主）、其报酬具有生存权属性（王天玉，2020）。随着平台经济的广泛扩张，个体工商户可以通过线上平台获取生计，依附性自雇的应用范围正在因新经济的发展而扩大。但也有越来越多通过互联网平台承揽劳务的劳动者被税优平台转化成个体工商户，依附性自雇的应用有泛化之嫌。

传统零工的适用范围较广。在传统的制造业、建筑业中本就有大量的日结工、散工。随着第三产业的发展，如餐饮、零售、物流、保险、文娱、医疗等产业和电商，传统零工的应用得以大范围扩展。这些行业因短期项目（如影视剧拍摄、房产项目开盘）、特定日期活动（如电商节、门店开业）、每日业务的波峰波谷（如餐饮、休闲娱乐）、对专业人才的兼职需求

（如专家在私营门诊机构坐诊）等，均对传统零工有较强的需求。此类用工受劳动法律法规的限制较少（只有非全日制受到一定限制）、灵活性较强，因此很多用工单位在有条件的情况下比较倾向于使用传统零工。

当然，随着数字化技术的发展，许多与传统零工相关的工作越来越转移到众包或按需工作平台上。互联网平台最大的优势就是可以集合大量零散的用工和找工信息，并借助算法技术对其进行匹配、撮合。本章在接下来的部分还将对互联网平台用工进行深度解析。这里值得一提的是，数字化技术的发展也催生了一些兼职招聘平台，用工单位在平台上发布招聘信息，劳动者在平台上寻找兼职机会，平台将报名的劳动者推荐给相应的用工单位并收取招聘费用。青团社、兼职猫、闲不住、豆豆兼职等都是此类平台的典型代表。兼职招聘平台与互联网平台用工不同，前者只为供给方（劳动者）和需求方（用工单位）提供工作匹配，为劳动者提供工作信息，为用工单位提供招聘服务，其匹配的内容是一份特定的工作，但并不介入对劳动过程和劳动结果的控制，劳动者可与用工单位建立非全日制关系、劳务关系、依附性自雇关系或其他用工关系；后者则为供给方（劳动者）和需求方（消费者或用工单位）提供工作任务匹配，其匹配的内容是单次工作任务而非一份特定的工作，在此之外还要对劳动结果的交付和劳动过程进行不同程度的控制。无论是兼职招聘平台，还是互联网平台用工，相比传统的散工市场、熟人关系网络为基础的零工匹配渠道，其撮合、匹配效率呈几何级数增长。因此，在当代社会，零工可能会不断扩张，但传统零工可能会在很大程度上被平台用工所取代，传统的零工匹配方式（散工市场、关系网络）可能也将在互联网平台的发展下逐步式微。

尽管如此，当下传统零工的应用范围仍然比较广泛，从企业卷调研数据看，27.08%的企业使用了传统零工，其中14.38%的用工企业使用非全日制用工，16.06%使用兼职/日结，9.59%使用依附性自雇。

（五）实习

实习是一种非常特殊的灵活用工形式，兼具教育和劳动属性。在生产学习过程中，实习生同时扮演两种角色，即作为实训企业的员工，需从事生产劳动，完成工作任务；作为学生，在生产过程中，运用所学理论知识，提高实操能力，获得生产技能（王星，2021）。

正是教育和劳动的双重属性，使得实习这一用工方式在现实中备受争议。政府、学校、学生往往更强调实习的教育属性，期望学生能在企业获得足够的技能培训、职业能力实训和知识应用的机会。企业则可能更倾向于在名义上强调实习的教育属性，方便以此削减实习生待遇、控制用工成本；在生产实践中更注重发挥实习生的劳动价值，以获得更多的产出；对于学生的能力提升则相对缺乏兴趣，因为这可能占用企业大量的生产时间、机器设备和人力资源。

从我们的调研数据看，实习毫无疑问是企业最感兴趣、最普遍应用的灵活用工形式。在使用灵活用工的企业样本中，有30.61%的企业使用了实习，其在企业中的普及程度高于其他灵活用工形式。企业之所以倾向于使用实习，是因为企业与实习生签订的是实习合同而非劳动合同，其开出的报酬水平比正常雇佣的劳动者低，不必承担社保、公积金和其他福利，解除用工关系比较便利。

在制造业和蓝领劳动力市场，有不少企业借助实习解决其用工短缺问题，实习生也成为许多劳务中介和人力机构获取劳动力的重要来源。实习生则因为各方面原因在此类用工关系中比较弱势——不具备劳动者身份，难以被相关劳动法律法规保护；缺乏社会经验；需要通过实习环节获得学历文凭（部分职校以学历文凭为筹码，让学生接受学校安排的顶岗实习）。

在白领劳动力市场中，高校解决就业问题和大学生积攒找工作的筹码，共同造就了大学生实习市场的火热。学生在实习期间与企业签订三方协议，可以在"大学生就业难"的大背景下有效提升学校的就业率。在企业实习的经历则有助于大学生积累工作经验，在头部企业实习的经历则不仅可以开阔视野、积累经验，更能让其简历镀金、在劳动力市场释放具有竞争力的信号。为了获得光鲜的履历，我们不难看到许多大学生免费实习甚至买实习经历的现象。一位大学生实习平台的高管对此类现象印象深刻。

实习这个市场，在学生中现在有点内卷，类似留学一定要有一段志愿服务。早期出现一些更功利的方式，一个 AZ（某国际互联网企业）的实习岗位可以在黑市上卖 2 至 4 万。买了你直接进，跟项目组。去年被曝光后被整顿了，还是要有底线思维。[①]

因此，实习中违反法律法规的现象屡见不鲜，职校学生的实习面临的问题更是经常成为媒体报道和学界批判的议题。相关问题具体表现为，实习岗位与专业不对口，企业定岗实习人数超过法定比例，企业不给学生提供真正意义上的技能培训，实习报酬低于法定标准，安排实习生加班或上夜班，职校[②]、劳务中介、人力机构通过向企业输送学生获利，等等。[③]

教育部曾数次发布文件和部门规章，对职校实习中的乱象予以规制。最有代表性的政策文件是 2016 年教育部联合财政部、人力资源和社会保障部、安全监管总局、中国保监会共同发布的《职业学校学生实习管理规定》，该文件对实习组织方式、三方实习协议签订、实习报酬、工时休假、安全生产、职业卫生、实习考核以及各类被禁止出现的情形进行了详细规定。

在大学生实习市场，也开始出现一些互联网实习招聘平台。以 SS 实习平台为例，用工单位在平台上发布实习招聘需求，平台通过企查查、学生反馈机制等方式确保岗位的真实性，并对少部分批量招聘或需要增加曝光的用工单位收取费用；学生通过平台搜寻实习机会，平台为学生提供职前教育（包括开设培训课程、匹配实习机会、提供行业导师一对一辅导等）之类的收费服务。一般情况下，平台对于学生与用工单位面试后的录用、合同签订、薪资发放、用工关系终止等问题并不介入。[④] 大学生实习平台的出现，能够在一定程度上提升实习市场的透明度，增强实习用工的规范性。

---

① 访谈编号：LHYG44。
② 在访谈中，一些用工企业的管理者直言，部分职校老师的行径与工头无异。
③ 对相关问题的归纳，来自部分学术研究（具体可参见：陈慧玲，2018；王星，2021）和课题组的田野调查。
④ 访谈编号：LHYG44。

但这类平台难以应用到职校生和大专生的实习市场中。

（六）互联网平台用工

互联网平台用工是当前最受关注、争议最多、用工关系最为复杂的用工类型。确切地说，互联网平台用工本身也是多种用工形式的集合体，其内部本身包含标准化雇佣关系、劳务派遣、劳务关系（传统零工中的兼职、日结等）、依附性自雇等多种用工类型，具体属于哪种用工形式需要在具体的场景中进行辨识。互联网平台用工的另一个重要特点是，数字化技术是平台对生产（服务）进行组织、管理和控制的基础。

根据平台组织生产和用工的具体场景，本报告将互联网平台分为业务分包平台、在线工作平台、外包平台、税优平台。报告将对每一类场景下的劳动过程控制、劳动结果控制、劳动者自主性和形成的用工关系进行分析。

业务分包平台与在线工作平台

在业务分包平台中，劳动者或组织通过互联网平台自主承揽业务，并通过互联网远程工作，向平台交付劳动成果。在在线工作平台中，互联网平台通过大数据和算法，实现供需双方信息匹配，劳动者在线完成工作任务并交付劳动成果。

业务分包平台和在线工作平台上的用工是当前互联网平台用工的主要类型，但二者之间存在着一定的差别。主要表现在，第一，业务分包平台上的工作主要通过电脑端完成，而在线工作平台上的工作主要通过移动互联网完成。第二，前者的工作任务可以离线完成，而后者的工作任务需要劳动者在线完成。第三，业务分包平台仅控制劳动结果，对劳动过程并不介入监管；在线工作平台控制劳动过程和劳动结果。第三点是两种平台用工模式最大的差别，直接导致劳动者在人格从属性和组织从属性层面的差异，并影响到用工关系的界定。两类平台用工也具有一定的共同点，一是二者都具有一定程度的工作自主性，表现在工作时间、地点、休息休假方面；二是二者都按任务付费，平台按照工作任务的完成情况付费；三是二者都接受平台的管理，劳动者接受平台在劳动结果或劳动过程方面的管理控制（吴清军、杨伟国，2018；吴清军、张艺园、周广肃，2019）。

国内的好大夫在线、猪八戒网、阿里众包，以及国外的亚马逊土耳其机器人，都是业务分包平台用工的典型代表。以土耳其机器人为例，任务发起者在平台上发布任务，托客选择要完成的任务，任务发起者审核任务并发放报酬。平台上的任务既包括各种简单的、重复性的、低技能的工作，如图像贴标签、信息分类、转录音频内容、删除重复数据；也包括涉及主观判断的、较为复杂一些的任务，如图像和视频内容审核、问卷调查、实验参与、网站内容撰写等。托客主要来自美国和印度，活跃人数约为 5 万人。任务发起者掌握定价权，并审核任务完成情况。平台则制定交易流程和规则，对托客个人信息进行审核，根据历史任务合格率给不同的托客分派不同的任务列表（托客只能在其任务列表内进行选择），并对违反协议的托客注销账号、没收账号收入（姚建华，2020）。土耳其机器人既作为任务发起者和托客的交易中介，又一定程度上参与到对任务和劳动结果的控制中（根据历史任务合格率分配任务、对违反协议者施加惩罚）。托客在承接任务、工作时间、工作地点等方面有较强的自主性，平台并不介入对托客劳动过程的控制。在业务分包模式中，平台与劳动者并不形成劳动关系，劳动者只是从用工方承揽劳务，并与用工方形成劳务关系。

在线工作平台的劳动控制要明显比业务分包平台强，现实中也存在不同的应用场景。按劳动者承揽业务的自主性，可以分为自主接单（也被称为众包，与业务分包平台上劳动者接单的方式相近）和平台派单（也被称为按需工作）；按用工主体，可分为两方关系（平台—劳动者）和三方关系（平台—加盟商/人力资源服务机构—劳动者）；按劳动报酬性质，可分为薪资收入、劳务报酬所得和生产经营所得，这三种报酬分别对应劳动关系、劳务关系、依附性自雇三种用工关系。

典型的自主接单的在线工作平台包括顺风车平台、外卖众包平台等。以外卖众包平台为例，劳动者可以根据订单的距离、重量、价格等因素综合衡量、自主抢单。平台则在算法和数字化技术的帮助下，制定计酬机制、任务送达时间、客户评分机制、等级评定标准和奖惩规则，对骑手的劳动过程进行监控，并根据数据结果分配任务、考核评比、实施奖惩、给付劳动所得。在自主接单的在线工作平台中，劳动者在承接任务、工作时间、工作地点方面有一定的自主性，但一旦接单，平台对劳动过程和劳动结果进行比较严格的管理控制。此类用工模式更接近于劳动关系与自雇之外的"第三种劳动形态"（王天玉，2021）。人力资源和社会保障部等八部委颁发的《关于维护新就业形态劳动者劳动保障权益的指导意见》中规定：不完全符合确立劳动关系情形但企业对劳动者进行劳动管理的，指导企业与劳动者订立书面协议，合理确定企业与劳动者的权利义务。当前大部分平台（或平台中的第三方）与众包劳动者建立的是劳务承揽关系或自雇合作关系。未来国家可能对那些存在劳动管理事实的平台的用工方式进行规范。

典型的派单平台包括网约车平台、外卖专送平台等。派单模式的出现，主要是为了保证业务高峰期的服务供给，如果单纯靠劳动者自主接单，很有可能出现高峰期服务供给短缺的情况。如果仔细分析此类用工模式，外卖专送平台上的骑手多是全日制工作的劳动者，骑手工作时间和承揽订单缺乏自主性，其劳动过程和劳动结果都受到平台的严格控制，经济、人格和组织从属性均比较强，专送平台的用工多属于典型的劳动关系。与外卖专送骑手类似，网约车司机需要接受平台的派单指令，劳动过程受平台监督，其收入取决于平台的计酬机制、消费者评分机制、激励机制，在劳动过程和劳动结果方面均受到平台的管理。与外卖专送骑手不同的是，网约车司机在工作时间上具有一定的自主性，平台并不会硬性要求何时必须上线接单。但从当前头部网约车平台的做法来看，这种时间上的自主性只是形式上的。因为派单的优先权与司机的口碑值挂钩，而口碑值又与在线时长、订单量、早中晚高峰期出车情况、消费者评分等因素密切关联。因此，平台与全职网约车司机之间存在着典型的劳动关系，与兼职网约车司机之间则存在着"第三种劳动形态"。

有趣的是，部分派单平台也曾一度承认劳动关系的存在。在外卖专送平台发展早期，平台及其加盟商与多数专送骑手建立了劳动关系。但当前对骑手加盟商和地方劳动部门官员的访谈表明，平台及加盟商与专送骑手已很少签订劳动合同，专送骑手转个体工商户的趋势也比较明显。[①] 同样，部分网约车平台在发展早期也与司机签订劳动合同，但随着业务的扩大，便不再与新加入平台的劳动者签订劳动合同。[②] 劳动关系模式下用工成本过高，是这些平台寻求转换用工关系的最主要原因。

在线工作平台与劳动者之间多存在第三方，如外卖专送平台中的加盟商、网约车平台中的租赁公司。这些第三方机构主要为平台承担人事管理职能，但同时也承担部分业务管理职能（比如处理线下事故）。加盟商负责为平台招募骑手并与之建立用工关系，以雇主身份对骑手进行日常管理，化解骑手对算法的不满（Lei，2021）。租赁公司在司机招募、专业技能培训、安全生产教育、团队建设、情绪疏导等方面，为网约车平台提供重要支持（赵磊、韩玥，2021）。加盟商、平台、专送骑手之间形成了典型的三方劳务派遣关系，加盟商与专送骑手是劳动关系，但现实中两者建立的却往往是劳务关系、自雇合作关系。

外卖众包平台和网约车平台为转移风险，也会将劳动者的用工关系挂靠在第三方（主要是人力资源服务机构）。典型的做法是，平台与人力资源服务机构签订转包、分包或委托协议，人力机构再与劳动者签订自雇合作协议、劳务承揽协议或非全日制劳动合同。

在平台与劳动者之间引入第三方，一定程度上加强了平台的管理，但也有可能使得本就具有争议的用工关系变得更加复杂化。将劳动者转为个体工商户，更进一步加剧了用工关系的模糊性和复杂性。

外包平台与税优平台

所谓外包平台，是指用工方将业务发包给平台，平台将相关业务外包给平台上的供应商及工作者。在这种用工模式中，用工方并不对接执行任务的供应商及工作者，工作者与平台建立劳务承揽或自雇合作关系。国内的八戒严选和日本的自由职业平台 Lancers 都是此类平台的典型代表。以 Lancers 为例，在外包服务模式下，会选派一名工作人员以项目计划师的身

---

① 访谈编号：LHYG33；LHYG59。
② 访谈编号：LHYG55。

份与用工方对接，然后以项目总监的身份与工作者（如设计师、编程人员、翻译人员等）对接；工作人员负责项目的全流程，包括项目对接、工作流程设计、工作者招募、进度管理、内容整合和成果交付。[①]

税优平台自 2018 年开始步入快速发展阶段。税优平台从外在形式上看，也是外包平台。但当前税优平台的业务模式在法律上存在争议。从具体操作形式看，税优平台从用工单位承揽业务，并将这些业务以众包的形式向劳动者派单，劳动者在平台上自主接单。平台将劳动者批量注册为个体工商户，并与劳动者建立自雇合作关系。当前此类做法既存在于业务分包平台和在线工作平台中（业务分包/在线工作平台—税优平台—劳动者），也存在于传统的制造业和服务业中（传统企业—税优平台—劳动者）。如果劳动者与企业之间是劳动关系，则按工资薪金所得纳税，企业与劳动者按规定缴纳社保；如果是劳务关系，则按劳务所得纳税；如果劳动者被注册为个体工商户，则与企业建立自雇合作关系，按生产经营所得纳税。相比而言，在个体工商户模式下，税率较低，且不用缴纳社保，因此用工方借助税优平台，规避社保和税收带来的成本，甩掉了与劳动关系相关的法律责任；税优平台则借助这种商业模式收取服务费用。

就互联网平台用工而言，税优平台的介入将劳务所得、薪资所得转变成生产经营所得，将劳务关系、劳动关系转变成自雇合作关系。就传统企业而言，税优平台的介入直接瓦解了传统的劳动关系和劳动权益保障体系。当前税优模式由互联网平台用工向传统的服务业和制造业蔓延，在社会层面引发广泛争议。在此类用工场景中，劳动者完成的是用工单位的工作任务，并在劳动过程中，需要依赖用工单位的工作场所、生产资料、管理制度以及其他资源的支持，遵守用工单位的规章制度和生产安排，劳动者在人格从属性、经济从属性、组织从属性上都要依附于用工单位。劳动者是否具备承揽人资格、是否可以作为独立自雇者、劳动者与用工单位之间存在何种关系，都面临着很大争议。

---

① 对外包平台的分析，主要参考了金柚网研究院的报告：李艳，2020，《对标国外探究国内灵活用工平台进阶路径》，https://www.joyowo.com/jywyjy/yjbg/6，最后访问日期：2021 年 11 月 2 日。

互联网平台促进了市场供需两端的匹配效率，增进了就业市场的灵活性；同时进一步激发了企业的灵活用工需求和消费者的服务需求，一定程度上刺激了劳动者就业机会的增长。随着数字化技术和新业态经济的不断发展，互联网平台用工的规模和范围还有可能进一步发展。但针对平台上的用工关系、劳动权益保护、税费缴纳、劳资力量失衡等方面的问题，来自国家法律法规的规制和政府有关部门的监管也必将会逐步强化。

《中国共享经济发展报告（2021）》发布的数据表明，共享经济的服务提供者在我国已有大约8400万人的规模。① 课题组根据网上的公开数据和相关机构发布的报告估算，仅在网约车、外卖、快递、网络直播、企业专业服务五类平台上就业的劳动者（尽可能排除掉偶尔在平台兼职的劳动者）就达到1360万人，绝大多数是灵活用工人员。② 税优平台涉及的劳动者数量比较难以统计，但从国家统计年鉴的数据上，我们可以大概看到其增长趋势。《中国统计年鉴2020》显示，2019年、2018年工商登记的城镇个体就业人员为11692万人、10440万人，相比前一年分别增长1252万人、1092万人；而2016年、2017年工商登记的城镇个体就业人员相比前一年的增幅分别只有827万人、721万人。③ 前面提到，税优平台从2018年才开始快速发展，若以"827万人"为正常增长幅度，则不难发现，2018年、2019年分别有265万人、425万人在正常增长幅度之外，此类个体就业人员很可能是税优平台出现后批量注册的个体工商户。由此推断，2018年、2019年税优平台涉及的劳动者人数约为690万人。

二 各种灵活用工类型下劳动者的权益保障状况

在从宏观上梳理各种灵活用工类型的基本特征、实践形态、存在土壤

---

① 国家信息中心互联网经济研究中心，2021，《中国共享经济发展报告（2021）》，http://www. sic. gov. cn/News/557/10779. htm，最后访问日期2021年11月2日 。

② 附录二将对相关数据的来源和推算过程进行说明。

③ 相关数据可参考：国家统计局（编），2020，《中国统计年鉴2020》，中国统计出版社，第105页。

和发展趋势后，我们将聚焦点转到不同用工类型下劳动者生存发展状况。宏观与微观、企业视角与劳动者视角相结合，有利于我们对不同的用工形态形成更立体、更全面的认识。课题组将主要基于员工卷中有关劳动者收入、工时、社保缴纳、从事灵活用工时长、工作体验等方面的调研数据，对劳动者的生存发展状况进行分析。

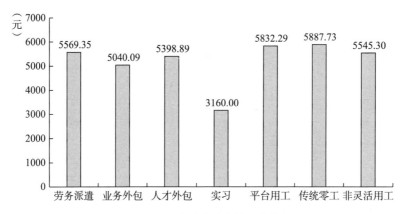

图 5 - 1　不同用工类型劳动者的月均收入（元）

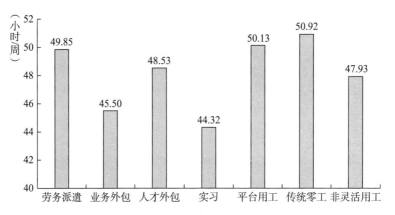

图 5 - 2　不同用工类型劳动者的周平均工时（小时/周）

从月均收入看（图 5 - 1），传统零工和平台用工劳动者的月均收入最高，均超过了 5800 元，这两种零工类型的月均收入也要高出非灵活用工劳动者 300 元左右；劳务派遣与非灵活用工劳动者的月均收入比较接近；其他用工类型劳动者的月均收入均比非灵活用工劳动者低，依次为人力资源外包、业务外包、实习，其中实习生的月均收入只有 3160 元，明显低于其他用工类型劳动者。

表 5 - 1　不同用工类型劳动者的社保缴纳比例

单位：%

	劳务派遣	业务外包	人力资源外包	实习①	平台用工	传统零工	非灵活用工
养老保险	40.00	62.77	64.29	0.00	8.61	0.00	93.58
医疗保险	58.67	61.31	78.57	0.00	10.60	0.00	95.07
失业保险	65.33	71.53	78.57	0.00	9.93	0.00	92.29
工伤保险	84.00	83.21	80.36	16.67	27.81	2.53	90.36
住房公积金	17.33	48.18	39.29	0.00	1.99	0.00	76.02
商业保险	1.33	11.68	7.14	8.33	0.00	7.59	24.63
未缴纳/购买任何险种	8.00	5.84	7.14	75.00	70.20	10.12	3.21

注：①实习的样本量较少，只有 12 个，有两位实习生可能误将公司购买的商业保险理解为工伤保险，因此与现实可能有些出入（实习生与企业无法建立劳动关系，不缴纳四险一金）。

结合劳动者的工时和社保缴纳情况（图 5 - 2、表 5 - 1）来看，我们可以更进一步理解不同用工类型劳动者的发展状况。非灵活用工劳动者虽然月均收入比传统零工和平台用工类型劳动者低，但周平均工时更低，四险一金和商业保险的购买比例明显更高。传统零工和平台用工类型劳动者月均收入相比其他用工类型更高，但周平均工时也明显更长，均超过了 50 小时。这两种零工类型的社保缴纳比例也显著低于除实习之外的其他用工类型。传统零工除非全日制用工须参加工伤保险外，均不必参加四险一金。就平台用工而言，快递平台与劳动者建立劳动关系的比例相对高一些，其他平台（如外卖、网约车）大多不与劳动者签订劳动合同，因此除工伤保险缴纳比例达到 27.81%，约 90% 的平台劳动者表示没有参加养老、医疗、失业保险。可以说，传统零工和平台用工劳动者均是以高工时、低保障换取相对较高一些的收入。

劳务派遣、人力资源外包、业务外包的月均收入比两种零工类型更低，但工时明显更短，社保缴纳比例明显更高。进一步对这三种用工类型进行比较：劳务派遣、人力资源外包劳动者的月均收入、周平均工时更长、均高于业务外包，劳务派遣劳动者社保缴纳比例总体比人力资源外包、业务外包更低（工伤保险除外）。

相比其他用工类型，实习生的月均收入明显偏低，无劳动关系和四险一金，工时也相对较低。当然，如果将各种用工类型劳动者的月均收入与工时相除，则不难发现，实习生的小时工资明显低于其他用工类型劳动者。

从劳动权益状况看（图5-3），劳务派遣劳动者认为其权益得不到有效维护的比例超过四成，明显高于其他用工类型劳动者；随后依次为平台用工、业务外包、传统零工劳动者；人力资源外包和实习劳动者较低，分别只有13.64%和8.33%。人力资源外包的规范性相对较高，劳动权益保护相对较好，与课题组的经验观察相符。实习生报告权益得不到有效维护的比例较低，与媒体报道、学术文献和课题组的经验观察不太一致。这可能与样本量有关，只有12个样本，可能较少覆盖到那些顶岗实习的职校学生；同时也可能与学生的权益意识较弱有关。

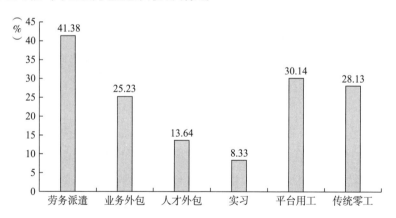

图5-3　不同用工类型劳动者认为其权益得不到有效维护的比例

最后看不同用工类型劳动者从事灵活用工的时长（图5-4）。调研结果显示，劳动者从事灵活用工工作的平均时长为13个月。分用工类型看，劳务派遣劳动者最长，平均时长超过15个月；其后依次为平台用工、人力资源外包、业务外包、传统零工，均在12.55个月至13.55个月之间；最短的为实习，为 6.3 个月。总体来看，灵活用工者的工作虽然存在较大的灵活性、不稳定性，但其从事"灵活"的工作方式却具有一定的持续性，可能并不会轻易切换用工方式。

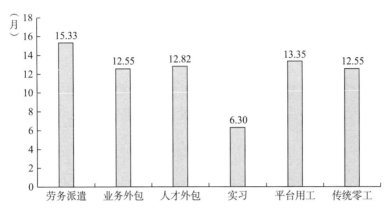

图 5-4　不同用工类型劳动者从事灵活用工的时长（月）

三　从三维度审视各灵活用工类型

前文从宏观和微观层面、企业和劳动者视角对不同灵活用工类型进行了解析。为进一步勾勒各灵活用工类型的特征，课题组选取用工灵活性、用工成本、人力机构服务专业性、用工合规性、劳动权益保障程度、用工扩大趋势六个方面，从效率、保障、发展趋势三大维度，对各灵活用工类型进行比较。能否有效提升用工灵活性、降低用工成本、获得人力资源服务机构专业化的服务，是影响用工企业发展的三个重要因素，代表着灵活用工的效率维度。用工合规性与劳动者权益保障程度则是政府、劳动者和社会公众比较关注的方面，代表着灵活用工的保障维度。用工扩大趋势则用来评估各用工类型未来的发展空间，代表着灵活用工的发展趋势。

表 5-2　对不同用工类型的比较

	劳务派遣	业务外包	人力资源外包	实习	平台用工	传统零工
用工灵活性	–	–	–	++	++	++

	劳务派遣	业务外包	人力资源外包	实习	平台用工	传统零工
用工成本	+	+	+	--	-	-
人力机构服务专业性	--	++	+	-	--	-
用工合规性	-	+	+	-	--	+
劳权保障	-	+	+	--	-	-
用工扩大趋势	-	+	+	+	+	--

注:"++"为非常强(高)，"+"为较强(高)，"-"为较弱(低)，"--"为非常弱(低)。

（一）用工灵活性

劳务派遣、人力资源外包、业务外包虽然实现了甲方（用工单位或发包单位）的组织和人员规模的弹性，但对乙方（人力资源服务机构或其他外包单位）而言，其与劳动者仍然要签订劳动合同，受劳动法的调节，在法律层面乙方的用工调整其实缺乏灵活性。在现实中部分人力机构或外包单位只能以突破法律监管的方式实现灵活用工。因此，综合甲方和乙方来看，这三类用工方式的用工灵活性均存在一定的限制。

传统零工、实习大多不用受劳动关系的刚性约束，不用缴纳社保（只有非全日制用工需要缴纳工伤保险），无解雇限制，用工灵活性非常强。在平台用工中，平台凭借数字化技术有效促进了市场供需两端的匹配效率和人力资源调度的灵活性；当然，在线工作平台的管理控制程度较高，与劳动者之间多存在实质性的劳动关系或八部委文件所界定的"不完全符合确立劳动关系情形"（即"第三种劳动形态"），未来可能会受到国家法律的进一步规制。总体来说，当前平台用工的灵活性是非常强的。用工灵活性也是课题组对广义和狭义灵活用工进行区分的基本依据。

（二）用工成本

劳务派遣、人力资源外包、业务外包都需要按法律承担劳动者的社会保障。三种用工类型的综合用工成本都比较高，只是表现在不同方面。甲方企业在使用劳务派遣时的服务费较低，但一旦出现用工风险，仍需与派遣机构共同承担雇主责任，且用工企业还要承担业务管理和部分人事管理的职能。若甲方企业使用人力资源外包，则服务费相对较高，但在出现用工风险时由乙方（人力资源服务机构或外包单位）承担雇主责任，且由乙方输出全流程、专业化的人事管理服务，有效降低招聘、基础人事管理等方面的成本。若甲方企业使用业务外包，则按业务结果向乙方付费，相关费用要高于人力资源外包中的服务费，但甲方企业也省去了业务和人事管理成本，有效提升了企业组织的弹性。

平台用工和传统零工综合用工成本则相对比较低。平台（或与其合作的第三方机构）只与少部分劳动者建立劳动关系并缴纳社保，未来将在国家法律的规制下为部分符合"第三种劳动形态"的劳动者缴纳职业伤害保障，社保成本总体较低；在终止用工关系时只需要为少部分签劳动合同的劳动者支付经济补偿金。使用传统零工的企业只需要为非全日制用工劳动者缴纳工伤保险；在终止用工关系时不需要支付经济补偿金。当然，在不缴纳社保的前提下，平台用工和传统零工劳动者从企业获取的收入要比标准化雇佣下的劳动者稍高一些。总体来说，两种零工的综合用工成本都比较低。

与上述用工类型相比，使用实习的用工单位既不用为劳动者参保，也无解雇限制，其为劳动者支付的报酬总体明显低于市场行情。唯一需要用工单位承担的是教育培训方面的责任，但在现实实践中部分用工单位可能轻视这方面的责任，更注重通过实习降低用工成本、解决用工问题甚至获取政府补贴。因此，实习的综合用工成本非常低。

（三）人力资源服务机构专业性

劳务派遣大多只解决用工单位员工关系转移挂靠问题，派遣机构主要承担薪酬发放、社保/公积金缴纳、档案管理等基础人事管理职能，其专业性非常弱。

在平台用工中，人力资源服务机构多通过派遣或外包的形式与平台合作，并与平台劳动者建立劳动关系、劳务关系，或者通过批量注册的方式将劳动者转为个体工商户并与其建立自雇合作关系，其专业性也非常弱。

就传统零工和实习而言，近年来开始出现一些专门的兼职招聘和实习平台，这些平台在以互联网的打法获客、整合劳动者就业意向与企业用工需求等方面积累了比较丰富的经验，提升了劳动力市场的匹配效率；但大多数人力资源服务机构仍停留在通过传统的关系网络输送人头、赚取服务费的阶段，人力机构的专业性总体较弱。

在人力资源外包中，人力机构通过提供全流程、专业化的人力资源服务，为用工企业解决招聘难、管理难、业务波峰波谷用工需求多变等方面的痛点，让企业得以专注于自身的核心业务，提升核心竞争力。这在新经济企业的大范围扩张中体现得尤为明显，人力机构凭借其批量招聘能力、成熟的人力资源管理架构和完善周密的全流程管理，帮助新经济企业在激烈的市场竞争中快速抓住市场商机并站稳脚跟。因此，人力资源外包中的人力机构专业性较强。对人力机构专业性要求更高的是业务外包，只有既懂人事管理又懂生产管理的人力机构才能独立承揽发包单位的业务。

（四）用工合规性

劳务派遣的用工合规性较低。在实践中主要出现的问题包括，在非"三性"岗位使用劳务派遣、突破10%的比例限制、"假外包真派遣"、派遣单位与派遣员工签订外包或承揽协议以规避劳动关系、"逆向派遣"等等。

实习也是一种合规性较低的用工方式，突出体现为，在职校学生的实习中，企业在"校企合作"的名义下，更注重对学生劳动力的使用。用工企业注重从实习用工中降低用工成本、解决用工问题。人力机构、劳务中介、职校则期望通过向企业输送学生获利。学生难以获得真正意义上的技能培训、职业能力实训和知识应用的机会。

当然，用工合规性最低、用工关系争议最大的莫过于平台用工，在线工作平台上的用工，无论是平台派单还是自主接单、派单都对劳动者的劳动过程进行了管理，存在事实上的劳动关系或"第三种劳动形态"，但平台却通过与劳动者建立劳务承揽关系或自雇合作关系、引入第三方机构、将劳动者转换为个体工商户等方式模糊用工关系。税优平台的发展，甚至使得"去劳动关系化"趋势由互联网平台用工向传统的服务业和制造业蔓延。因此，从当前各类平台用工的实践看，其合规性总体是非常低的。

人力资源外包、业务外包、传统零工的合规性相对较强，但在实践中也存在一些不太规范的做法，如"假外包真派遣"，与存在劳动关系的全职劳动者签订劳务承揽协议、非全日制用工协议或自雇合作协议。

（五）劳动权益保障程度

用工合规性与劳动权益保障程度存在较强的相关性，因为不合规的用工方式直接损坏了劳动者权益。

劳务派遣的用工合规性较弱，劳务派遣员工的劳动权益保障程度也较低。劳务派遣在用工比例和岗位使用方面的不合规直接影响了派遣员工的薪资待遇、福利保障、发展空间和组织归属感。此外，劳务派遣还存在同工不同酬、不缴纳或低标准缴纳社保等方面的问题。

与之相反，人力资源外包和业务外包的用工合规性较高，劳动权益保障程度相应的也比较高。从员工卷统计结果我们也可以看出，人力资源外包和业务外包劳动者在社保缴纳比例总体上高于派遣员工，对权益维护的评估也明显比派遣员工更乐观。

平台用工的合规性最弱，平台劳动者的权益也最难以保障，用工关系的模糊使得劳动者难以获得相应的权益保障，第三方机构的引入、劳动者身份的转换、税优平台的发展更进一步加剧了平台劳动者的权益保障问题。

实习的合规性较弱，但实习生的权益保障程度更低。不规范的"顶岗实习"导致大量职校学生难以从事专业对口的实习、难以获得应有的培训实训机会，并存在实习报酬和工时休假安排不符合法律规范等问题。即使实习本身是合规的，但由于实习生不具备劳动者身份，难以被相关劳动法律法规保护，其报酬水平明显低于市场行情，无社保福利待遇和就业保护。

与上述用工类型不一样，传统零工的用工合规性较高，但劳动权益保障程度较低。除非全日制用工受相关劳动法律法规保护外，其他用工形式均为民事关系，不享受劳动法规定的各项保障和权益。

（六）用工扩大趋势

由于受到法律法规层面的限制（10%用工比例、"三性"岗位）、占企业用工编制和工资总额、专业化服务能力较低、难以响应快速变动市场环境下用工企业的要求、难以真正转移用工风险、行业内部恶性竞争等方面的因素，劳务派遣市场份额存在一定的下降趋势。与之相反，人力资源外包、业务外包符合社会分工精细化的趋势，其专业服务的输出有利于企业灵活应对快速变动的市场经营环境，有助于其专注于核心业务、提升核心竞争力、增强组织弹性，并较少受到国家法律法规层面的限制，因此存在进一步扩大的趋势。

传统零工则在互联网用工平台和兼职招聘平台的冲击下失去了大部分生存土壤。依托于传统散工市场、人际网络的劳动力市场匹配，其规模效应、匹配效率无疑远低于互联网平台。随着劳动者文化水平和信息技术使用能力的提升，其搜寻工作的渠道也将发生转变，传统零工可能会在很大程度上被平台用工所取代，传统的零工匹配方式（散工市场、关系网络）可能也将在互联网平台的发展下逐步式微。与之相对应的是，平台用工将随着数字化技术的发展和普及，进一步进入到更多的生活和工作领域，并将更多的劳动者纳入其中。

实习也有进一步扩大的趋势。随着白领市场就业压力的加剧，使得部分大学生从低年级就开始寻找实习机会，大学生实习呈现内卷化趋势。企业也乐于乘着这股东风使用更多的实习生。而制造业和蓝领工种的用工荒问题，也使得用工企业高度依赖学生工资源。要遏制制造业和蓝领实习用工市场的不健康发展，需要同时对职业教育、企业用工和中介链条进行规制。

概言之，从灵活用工的效率维度看，劳务派遣、人力资源外包、业务外包这三种广义灵活用工类型的用工灵活性相对较低，用工综合成本相对较高。劳务派遣在人力资源服务专业性方面则明显低于人力资源外包、业务外包。传统零工、平台用工、实习这三种狭义灵活用工类型则共同呈现出灵活性非常高、综合成本低、人力机构服务专业性低的特点。

从灵活用工的保障维度看，传统零工、平台用工、实习这三种狭义灵活用工类型的劳动权益保障程度总体处于非常低的水准。平台用工的合规性最低，其次为实习，传统零工的合规性相对较高。在三种广义灵活用工类型内部，劳务派遣的劳动权益保障程度和用工合规性均明显低于人力资源外包和业务外包。

最后，从灵活用工的发展趋势维度看，劳务派遣的用工合规性和劳动权益保障程度较低，人力资源服务专业性非常低，未来的发展也将因法律法规限制、专业性较弱等问题受到一定限制。人力资源外包、业务外包的用工合规性和劳动权益保障程度均较高，人力机构服务的专业性强，未来将在社会分工精细化和市场经营环境不确定性的大背景下获得进一步的发展空间。在大学生就业竞争内卷和蓝领用工短缺的大背景下，实习可能进一步扩大。随着数字化技术的发展和普及，传统零工和平台用工显然将会呈现出此消彼长的格局。

第六章
用工市场的现状与未来

当前灵活用工已经成为我国大多数企业生产经营活动中的有机组成部分，并深刻影响着上亿劳动者的工作和生活方式。从纵向发展看，灵活用工在更多的企业得到了应用，企业更倾向于扩大而非缩减灵活用工的使用规模。灵活用工正从低技能、基础性岗位向技术性、专业性岗位扩展，人力资源服务市场的规模也在持续扩大。

企业之所以越来越倾向使用灵活用工，很大程度上源于当前市场经营环境的高度不确定性。企业组织必须保持充分的弹性，才能有效适应各种可能的挑战。而劳动者选择灵活用工的动机，主要可概括为获得更多到手收入和寻求职业跳板。低学历、低技能、已婚、有养家压力的中年人，大专以上学历、未婚、无生计压力、需要积累经验的年轻人，是这两种动机的人格化代表。

通过对不同灵活用工类型的梳理，课题组发现，劳务派遣与人才外包、业务外包之间，传统零工与平台用工之间，均呈现出此消彼长的格局。不同灵活用工类型的发展趋势，体现了灵活用工专业化、规范化、数字化的大方向。

在组织变革和灵活用工发展的大趋势下，必须坚持发展和规范并重，统筹促进经济效率与劳动者权益保护，强化对灵活用工的规范。在国家政策大方向指引下，课题组进一步提出，对互联网平台用工与其他灵活用工类型分类治理；补齐制度短板，针对平台劳动者权益保障制度出台具体、可操作的配套政策；加强对平台用工的协同治理和联合监管；加强平台企业的工会建设和集体协商；加强平台用工相关行业和人力资源服务业的行业自律；通过监管执法和政策倾斜，积极引导人力资源服务业向专业化、规范化发展。

一 灵活用工市场：持续发展

课题组针对企业的大样本调研显示，当前我国使用灵活用工的企业已经超过六成。在使用灵活用工的企业样本中，灵活用工人员占企业总用工数的平均比例超过 25%；在所有企业卷样本中，灵活用工人员占比为 14.5%。课题组综合官方统计数据、企业调研数据和其他资料对全国灵活用工发展状况的综合推算结果则显示，当前我国灵活用工的规模已经达到 1 亿左右，灵活用工人员约占全国总用工数的 27%。对于业界比较关注的狭义灵活用工（传统零工、平台用工、实习）也在 43.05% 的企业中得到应用。课题组的问卷调查数据显示灵活用工在市场上运用的广泛程度，综合估算数据则显示当前我国灵活用工群体规模之庞大、灵活用工在市场上渗透程度之深。可以说，灵活用工已经成为大多数企业生产经营活动中的一个有机组成部分，并深刻影响着上亿劳动者的工作和生活方式。

纵向的比较也能反映灵活用工市场的持续发展。与 2020 年相比，2021 年使用灵活用工的企业比例增长了 5.46 个百分点；企业稳定或扩大使用灵活用工规模的倾向明显更强；企业对灵活用工的了解程度也有所提高。即便仅从部分截面数据也能佐证灵活用工市场的动态发展趋势。在 2021 年的灵活用工企业样本中，扩大灵活用工使用规模的倾向要明显高于缩减使用规模（分别为 32.74%、15.27%），这也从另一个角度说明企业对灵活用工的运用和依赖程度在提高。人力资源服务市场的扩大也说明了类似的趋势。2016~2020 年，我国人力资源服务机构数量由 2.67 万家增长至 4.58 万家，行业从业人数由 55.3 万人增长至 84.3 万人。

灵活用工市场的发展也体现在灵活用工岗位的技术性、专业性，以及劳动者的学历分布。近 45% 的企业主要在低技能、基础性岗位（如一线普工、服务员、家政、保洁、保安等）上使用灵活用工，约 20% 的企业将半技术、半熟练岗位（如销售、地推、催收、客服、内容审核、数据标注等）

作为灵活用工的主要岗位，更有约29%的企业主要在技术性、专业性岗位（如IT人员、其他专业技术人员、行政、人力、财务、法务等）上使用灵活用工。这说明企业对灵活用工岗位的使用早已超出低技能、基础性岗位的范畴，在技术性、专业性的岗位上同样可以灵活调配外部市场的资源。

从劳动者的学历分布看，企业主要灵活用工岗位员工的学历多集中在高中及以上，主要灵活用工岗位员工学历集中在"大专/高职"的接近三成，集中在"本科及以上"的占21.73%。伴随着灵活用工岗位由低技能向技术性扩展、年轻工人受教育程度的提高，灵活用工员工的学历层级也在提升。

当前我国灵活用工市场的持续发展是一系列因素综合作用的结果。具体表现为，（1）经营环境的不确定性增强。疫情、贸易战、世界经济衰退、金融资本的运作、商业模式的推陈出新、生产技术的更新迭代等因素，加剧了企业经营环境的不确定性，企业不得不寻求更灵活的资源组合方式以应对市场环境变化带来的挑战。（2）数字化技术的发展正在提升企业的组织弹性和敏捷性，改变企业生产对特定工作地点的依赖，扩大新业态经济和互联网平台用工的应用范围，从而推动组织变革与灵活用工发展。（3）用工市场对灵活用工的认知度正在提升。平台用工的快速扩展、由"共享用工"引发的社会热议，均在不断提升企业对灵活用工的认知度和接受度。企业自身的用工实践也可能提升其对灵活用工的依赖度。人力资源服务机构为拓展市场业务，也倾向于通过业务洽谈、品牌推广、设置媒体议程等方式提升用工企业和社会公众对灵活用工的理解。（4）政府对灵活就业的政策扶持。2020年国务院办公厅发布的《关于支持多渠道灵活就业的意见》，对平台和非全日制就业予以支持。地方政府则通过见习补贴、培训补贴等方式推动灵活就业，这些都在一定程度上推动灵活用工市场的发展。当前，政府的政策导向既有灵活就业扶持，也有灵活用工规制，这将对未来灵活用工市场的走向产生重要影响。（5）人力资源服务机构专业化服务能力的提升。灵活用工的发展，本就是社会分工深化的产物。专业人力资源服务市场的发展，与金融、IT、法务、财会、电子商务等现代服务业的发展一样，能够有效降低企业组合市场资源的交易成本，提高其市场化用工的倾向。

二 企业的选择：以组织弹性应对外部环境变动

在高度不确定的经营环境下，企业组织必须保持充分的弹性，才能有效适应各种可能的挑战。通过市场灵活配置人力资源和相关服务，是实现组织弹性的重要方式。本课题调研结果显示，因"减轻自招压力""短期项目或季节性用工需求""业务的变动或不确定性"选择使用灵活用工的企业均接近三成，其中，"减轻自招压力"往往与企业业务短期内快速增长有关。可见，通过灵活用工应对外部环境的变动是多数企业的现实选择。

沿海出口加工区的制造类企业就随着国外订单的变化而呈现很强的用工波动，当前电商平台打造"爆款"的模式也让许多代工企业的业务量和用工量处于高度不确定的状态，在食品行业则因特殊节庆导致部分食品（如月饼、粽子）的生产集中在特定时期，上述情况都使得制造业的灵活用工比较活跃。用工荒、大批量招聘与用工的季节性波动，使得很多大型代工企业周围驻扎着一批长期合作的人力资源服务机构。调查数据表明，超过 2/3 的制造类企业使用了灵活用工。

传统服务业也存在典型的淡旺季问题，最典型的是电商平台在各种购物节和法定节假日带来仓储物流、交通运输、客服等行业的用工量大幅度增长。在一些行业中，如餐饮、娱乐、交通运输，其每天业务的波峰波谷也特别明显。传统服务业淡旺季、波峰波谷与任务可分割、协作性低的特点相叠加，导致其灵活用工在企业应用范围比较广、对灵活用工的依赖度最高、未来可挖掘的灵活用工市场空间最大。课题组调研数据显示，传统服务业有超过六成的企业使用灵活用工，约36%的企业正在扩大灵活用工的使用规模。对全国灵活用工情况的估算结果则显示，在其涉及的一些主要行业中，"交通运输仓储邮政业"的灵活用工人员占总用工人数的比例高达46.39%，"餐饮酒店批发零售业"为22.15%。

现代服务业的企业大多不存在淡旺季、波峰波谷的问题，但有一些行业项目化特征非常明显，比如 IT 业的软件研发项目、房地产业的楼盘销售项目。总体来说，灵活用工在现代服务业的应用范围相对小一些（约 56% 的企业使用），但也有超过 1/3 的企业正在扩大灵活用工的使用规模。

相比传统企业，新经济企业的组织弹性非常高，对外部市场环境的感知非常灵敏，以灵活用工应对市场变化的倾向非常强。互联网平台依托数字化技术和算法管理，实现生产与消费两端的即时对接，对劳动力的调度能够有效响应市场需求的变化。除此之外，在金融资本的推动下，新经济往往呈现出快速扩张、快速占领市场、业务大起大落的特点，这使得其无论在线下业务岗位（如地推、共享单车中的运营维护、社区团购中的分拣和终端配送）还是在后台运营岗位（如客服、内容审核、数据标注）都有大量的灵活用工需求。在快速占领市场的过程中，新经济企业往往选择通过市场快速组合基础岗位的劳动力、专业技术人才、人力资源管理经验及其他业务模块；当其市场份额下降时，企业又可以将市场诸要素快速拆解。《中国共享经济发展报告（2021）》发布的数据显示，我国共享经济的服务提供者已经达到 8400 万。课题组估算，仅在网约车、外卖、快递、网络直播、企业专业服务五类平台上就业的劳动者就达到 1360 万人，绝大多数为灵活用工人员群体。

有线下业务的新经济企业往往在全国或多城市布点。在各个业务网点都成立专门的公司、搭建专门的管理团队并不现实，业务的高度可变性也增加了相关投入的风险，这也使得其寻求与全国多城市布点的人力资源服务机构合作，以人才外包的方式解决跨区域、多网点带来的管理难题和业务不确定性带来的用工风险。调研结果显示，相比单一城市用工的企业，全国或多城市用工的企业，更倾向于使用灵活用工，灵活用工人员占企业总用工数的比例更高，更有可能扩大灵活用工的使用规模。

从企业所处不同发展阶段，我们也不难看到企业是如何通过灵活用工应对经营环境的变化的。调研数据显示，相比处于初创期和成长期的企业，处于转型期、扩张期、稳定发展期的企业使用灵活用工的倾向相对较高，处于扩张期的企业最倾向于扩大灵活用工使用规模，而转型期企业则最倾向于缩减使用规模。

综合企业所属行业、平台属性、用工范围、发展阶段，我们可以非常清晰地看到市场经营环境的不确定性对企业用工方式的强大塑造能力。当然，企业使用灵活用工也与其他一些重要因素有关，其中"降低用工成本"是企业考虑最多的因素，其他因素包括"编制或工资总额限制""政策法规风险规避"等。值得一提的是，"降低用工成本""政策法规风险规避"一定程度上也是由企业经营环境的变动引发的。

企业在使用灵活用工的过程中，也面临一些问题。超过七成的企业提到"员工质量不稳定"，可见这是多数灵活用工企业的共性问题；随后依次为"管理困难""劳动争议与员工维权""企业信息泄露"。相关问题的存在说明，当前我国灵活用工市场的专业性和合规性还有较大的提升空间。

三 劳动者的动机：获得到手收入和职业过渡

劳动者选择灵活用工的动机，主要可概括为获得更高到手收入和寻求职业跳板两大方面。超过一半的劳动者选择当前的灵活用工工作是因为"家庭生计压力大"，其他相关动机包括"到手收入相对较高""正式工作之外赚点外快"。职业跳板方面，超过45%的劳动者选择当前的灵活用工工作是出于"先积累工作经验"的想法，其他相关动机包括"用工单位品牌好""有转为正式工的机会"。

这两大动机在不同年龄、婚姻状况和工作岗位的灵活用工人员群体中有不同的体现。企业卷对灵活用工主要岗位劳动者的人口学特征进行了勾勒。数据表明，灵活用工人员以男性为主，学历多在高中以上，以"30岁及以下"和"31~40岁"两个年龄阶段为主，未婚与已婚者数量均衡。拥有大专以上学历、未婚、无生计压力、需要积累经验的年轻人和低学历低技能、已婚、有养家压力的中年人共同构成灵活用工人员的主力。

进一步梳理不同岗位职工群体画像，我们可以发现这两种动机和两类群体的存在。在"普通工人"岗位上，集中了大量低学历、已婚的中年男性。这一类劳动者家庭生计压力大，缺乏技能和学历，只能通过在缺乏吸引力的、缺乏保障的一线生产、服务岗位上努力工作，以换取更多的到手收入。而在"IT及其他技术人员""销售/地推/催收/保险代理""行政/人力/财务/法务"等岗位上，则集中了大量年轻、未婚、拥有大专及以上学历的劳动者。他们大多希望通过此类灵活用工工作积累经验、积累人脉或获得光鲜履历，并以之为跳板，寻求更好的去处。

平台劳动者也是典型的注重解决当下生计问题的灵活用工群体。与非平台劳动者相比，平台劳动者已婚、男性的比例更高，其月均收入要相对高出7.3个百分点，但其工作时间明显更长，社保缴纳比例明显偏低。通过高工时、低社保缴纳比例换取更高一些的到手收入，是平台劳动者最鲜明的特征。

灵活用工劳动者还有一个值得重视但在现实中往往被忽略的特征，就是其工作虽然存在较大的灵活性、不稳定性，但其从事"灵活"的工作方式却有一定的持续性。课题调研结果显示，劳动者从事灵活用工工作的平均时长为13个月。

当然，劳动者在从事灵活用工工作时，也面临不少困境，主要集中在差别化待遇（薪资、社保、福利）和发展空间受限（发展晋升空间有限、学习培训机会少）两大方面，与之相关的权益维护和归属感/安全感缺乏的问题也被部分劳动者提及。在灵活用工的使用过程中，如何改善用工单位的管理、提升第三方机构人力资源服务的专业性、建立用工单位与第三方机构的有机协作，是弹性用工组织和第三方机构不可回避的问题。

四　灵活用工的发展方向：专业化、数字化、规范化

课题组对当前我国存在的各种灵活用工类型的基本概念、主要特征、发展土壤、实践形态、劳动者生存发展状况进行了梳理，并从效率（用工灵活性、用工成本、人力机构服务的专业性）、保障（用工合规性、劳动权

益保障程度）、发展趋势三大维度对不同用工类型进行综合比较。

从灵活用工的效率维度看，劳务派遣、人力资源外包、业务外包这三种广义灵活用工类型的用工灵活性相对较低，用工综合成本相对较高。劳务派遣在人力资源服务专业性方面则明显低于人力资源外包、业务外包。传统零工、平台用工、实习这三种狭义灵活用工类型则共同呈现出灵活性非常高、综合成本低、人力机构服务专业性低的特点。

从灵活用工的保障维度看，传统零工、平台用工、实习这三种狭义灵活用工类型的劳动权益保障程度总体处于非常低的水准。平台用工的合规性最低，其次为实习，传统零工的合规性相对较高。在三种广义灵活用工类型内部，劳务派遣的劳动权益保障程度和用工合规性均明显低于人力资源外包和业务外包。

从灵活用工的发展趋势维度看，业务外包、人才外包因其服务的专业性和用工的合规性较强，符合社会分工精细化和国家规范灵活用工的大趋势，未来将获得进一步的发展空间。相反，劳务派遣服务的专业性、用工的合规性均比较低，长期停留在"吃政策饭"的层面，在法律法规上受到较多限制，难以回应变动市场环境下用工企业的专业化服务需求，未来的市场份额可能会有所降低。

国家在 2012 年和 2014 年专门针对劳务派遣出台法律法规文件，充分说明了其规范灵活用工、保护劳动者权益的决心。当前，对于新业态经济发展带来的平台用工关系模糊、劳动者权益保障缺失等方面的问题，八部委《关于维护新就业形态劳动者劳动保障权益的指导意见》为平台用工的规制指明了大致的方向。未来平台用工的发展必将被置于国家法律法规的监管下。

如果说劳务派遣、人才外包、业务外包的发展趋势，以及国家对平台用工的规制，预示着灵活用工发展的专业化和规范化，那么传统零工与平台用工此消彼长的格局，则预示着灵活用工发展的数字化。依托于传统散工市场、人际网络的劳动力市场匹配，其规模效应、匹配效率无疑远低于互联网用工平台和兼职招聘平台。随着劳动者文化水平和信息技术使用能力的提升，传统零工可能会在很大程度上被平台用工所取代，传统的零工匹配方式（散工市场、关系网络）可能也将在互联网平台的发展下逐步式微。同样不可忽视的是，数字化是平台管理最重要的支撑。另外，在当前一些人力资源服务机构的人才外包和业务外包业务中，数字化系统也在招聘、基础人事管理中得到深度应用。总之，数字化的应用将极大提升劳动力市场的灵活性和匹配效率，拓宽灵活用工的应用范围，为灵活用工的管理提供关键支撑，并进一步推动人力资源服务的专业化。

五　规范灵活用工发展的政策思路

当前灵活用工规范的重点难点在互联网平台用工，《关于维护新就业形态劳动者劳动保障权益的指导意见》（以下简称《指导意见》）为用工关系的界定指明了大概的方向，明确了与劳动者权益保障相关的基本内容。在国家政策大方向指引下，课题组进一步提出规范灵活用工发展的政策思路。

第一，对互联网平台用工与其他灵活用工类型分类治理。在课题组划分的六大类型中，除互联网平台用工外，其他五种用工类型的用工关系比较明确，法律法规也相对比较健全。当前治理的重点在于，对劳务派遣、实习这些用工规范性和劳动权益保障程度较低的用工类型，相关主管部门（如人社、教育部门）要加强执法监管。互联网平台用工内部涉及的用工关系比较多样、用工关系的界定标准相对比较模糊，迫切需要立法部门出台更为完善的法律法规，明确劳动关系的认定标准。《指导意见》只是指明了用工关系界定的大方向。在没有明确的法律法规出台的背景下，针对平台用工的劳动监察、劳动仲裁仍处于无法可依的状态。

第二，补齐制度短板，针对平台劳动者权益保障制度出台具体、可操作的配套政策。《指导意见》要求健全完善最低工资保障制度、休息制度、劳动安全卫生制度、社会保障制度，试点职业伤害保障，但相关制度要有更明确的、可操作的政策相配套。比如，"不完全符合确认劳动关系情形"的平台劳动者的最低工资标准应如何确定；就职业伤害保障而言，职业伤害如何认定、如何进行赔偿、平台与从业者的缴费比例如何确定、如何处理跨平台劳动者的职业伤害问题，这一系列相关问题都需要在试点后予以明确。

第三，加强对平台用工的协同治理和联合监管。平台用工涉及劳动权益保障、税费收缴、个体工商户注册、人力资源服务监管等多方面的行政执法工作，涉及交通出行、外卖、即时配送、同城货运等多个行业和主管部门。因此，对平台用工问题的治理，必须综合统筹多个行政执法部门和主管部门的力量，建立常规化的协同机制，避免出现各自为政、九龙治水的局面。比如，针对将劳动者转换为个体工商户以规避劳动关系和税收责任的现象，工商、税务和劳动监察部门应共同执法，对其予以整治；在劳动关系界定方面，要强化各级劳动争议调解仲裁机构和法院之间的裁审衔接；针对拖欠工资、劳动安全卫生不达标等问题，劳动监察部门应会同相关主管部门，共同进行监管执法。

第四，加强平台企业的工会建设，积极发挥其在思想政治引领、集体协商、民主参与、劳动立法、劳动法律监督等方面的职能。针对平台跨区域布局的特点，应该大力发展行业工会。在行业计件单价、订单分配、抽成比例、进入退出平台规则、工作时间、奖惩制度等涉及劳动者权益的关键议题上，行业工会应积极与行业协会、头部企业开展集体协商。

第五，加强行业自律。无论是与平台用工相关的交通出行、外卖、即时配送、同城货运行业，还是灵活用工市场中的人力资源服务行业，对行业内部存在的侵害劳动者权益、钻政策漏洞的现象加强规范，主动接受主管部门、工会、媒体和社会公众的监督。

第六，通过监管执法和政策倾斜，积极引导人力资源服务业向专业化、规范化发展。各级人社部门应严格把关劳务派遣经营许可审批，加强年度核验工作和劳务公司诚信评级管理；取缔非法中介，严厉打击中介欺诈、跑路、克扣工资待遇、乱收费等行为；开展整治人力资源市场秩序专项行动，加强不同行政区域之间的劳动执法合作；多渠道受理劳动者的举报投诉；实行分账管理，企业将工资直接打到灵活用工人员账户，直接为其办理社保，劳动者的工资和社保费用不再由劳务公司经手，避免灵活用工人员工资被劳务公司或中介拖欠。各级地方政府通过建立公开的人力资源招标采购平台，避免当地国有人力资源服务机构在国有企事业单位业务中的关系垄断；相关部门可建立人力资源产业内各服务机构优势业务的说明指南，为在各细分领域有专业服务能力的头部人力资源服务企业提供信用背书；在就业服务方面，地方政府可与细分领域的头部人力资源服务企业合作。总之，在通过加强监管执法力度规范人力资源服务业发展的同时，通过政策倾斜引导专业化的人力资源服务业态的发展。

第七章
国内外灵活用工的规制经验

灵活用工作为人力资源调配的重要手段,在实现企业资源优化配置的同时,正深刻影响和改变着数亿人的工作与生活方式。因此,对待灵活用工,既要顺势而为,刺激劳动力市场各要素的合理流动,更要合理规制,保障民生福祉。为了更好地促进灵活用工的正向发展,本章将对国内外灵活用工的规制经验进行系统性的梳理。

一 欧美国家灵活用工的发展历程

工业革命以来,为缓解尖锐的人机矛盾和劳资冲突,欧美国家不断通过立法保障工人的基本劳动权益。合同法与劳动法理念的不断进步,使得以人为中心、强调劳动保护和劳动秩序规范的现代劳动关系[①]逐渐形成(谢增毅,2016)。第二次工业革命的完成又确立了大规模集中化的生产方式,为劳工运动的制度化、工会与集体谈判的发展提供了条件。第二次世界大战结束后的三十年间,大多数欧美国家的劳动关系表现出制度化、集体化的刚性特征。

20世纪80年代,全球化生产带来更为多样的分工模式和更富弹性的雇

[①] 在我国,劳动者与用人单位在劳动过程中所形成的特殊权利义务关系被称为"劳动关系",受劳动法调整。而在欧美国家,与"劳动关系"相对应的概念为"employment relations",通常被译为"雇佣关系"。欧美国家另一重要概念为"产业关系"(industrial relations),指以传统产业为基础的、以工会与集体谈判为主要内容的、涉及劳资政三方的社会劳动关系。传统国际劳动关系研究以产业关系为基本研究对象,但随着产业结构转型和生产全球化的发展,"雇佣关系"成为被更广泛应用的概念。

佣政策，动摇了传统劳动关系的组织根基，灵活用工兴起。20世纪90年代后的数字化浪潮，更是孕育出了新的经济形态和用工模式，使传统劳动关系调整机制面临挑战。

（一）全球化生产与灵活用工的兴起

20世纪80年代，全球市场竞争加剧。为寻求更低的生产成本，各企业试图区分核心员工（core worker）、边缘员工（peripheral worker）与外部员工（external worker），将非核心业务剥离至组织外部完成（Atkinson J.，1984）。欧美企业通过采购、业务外包或直接跨境开设分支机构，逐步将低技能生产装配环节转移至发展中国家，形成全球水平分工的新产业格局。

在这一资源灵活配置的过程中，欧美国家第二、三产业的中低技能就业岗位逐渐减少，工人面临失业危机；工会也因国际竞争的成本控制压力，更易受到冲击，传统的产业关系及其劳动保护急剧衰落（常凯等，2016）。各国政府开始放松对劳动力市场的管制，支持灵活用工发展。各企业则利用子公司协调、合同任务外包、延长价值链等方式实行弹性化用工政策，包括职能弹性（强调员工职能的多样性与丰富性）、数量弹性（强调随业务变动及时调整用工人数）、工时弹性（强调工作时间与生活时间的灵活性）、薪酬弹性（强调员工薪酬结构的变动性）等。总之，企业为保持组织弹性、及时响应市场变化、控制用工成本，大量采用派遣、外包、非全日制用工、兼职、实习等形式，灵活用工兴起。

（二）数字经济与互联网平台用工的兴起

20世纪90年代后兴起的数字经济深化了全球化的用工逻辑。全球化打破了劳动力资源配置的空间壁垒，数字化技术则打破了劳动力资源配置的信息壁垒。2010年，优步（Uber）在美国旧金山正式推出相关服务，凭借移动互联网技术，以任务化模式提供服务产品的"优步模式"出现并迅速蔓延。

对平台企业而言，承担有限的法律责任，剥离非必要的雇佣成本，有利于保持自身的灵活运营和成本优势，将这些优势以更低价格的形式传递给消费者，并由此获得金融资本市场的青睐（亚历克斯·莫塞德、尼古拉斯 L. 约翰逊，2018）。2016 年前，户户送（Deliveroo）等数家网约餐饮平台还维持送餐员的雇员身份，并与他们签订雇佣合同。但从 2016 年底到 2017 年初，这几家平台均改变了自己的经营模式，只愿意通过与自雇者合作的形式维持平台运营。

这意味着，互联网平台如虚拟引擎般带动社会经济发展的同时，也带来了全新的社会问题：互联网平台正试图以最有利可图的科技利用方式，突破在劳动关系领域持续近两百年的社会契约关系。

在这一过程中，自动化与信息化技术的进步促使劳动生产的组织形式由"手工作坊－大工厂－跨国公司－网络企业"发展为如今的互联网平台。互联网平台的介入使原本明晰的"劳动者－雇主"双方关系变得复杂，劳动主体身份模糊，劳动监管出现空白，进而影响到劳动标准、社会保险等各方面权益的落实，使原本以劳动关系为基础的调整机制面临挑战。

二 欧美国家互联网平台用工的规制经验

在传统劳动关系调整机制受限的局面下，政策制定者往往需要重新解释或制定规则，加强或扩展现有的劳动监管框架。为探讨和比较互联网平台用工规制的不同路径，本节特选取了两个判例法国家（美国、英国）和两个成文法国家（法国、西班牙），对其互联网平台用工的劳动者身份认定及其权利义务关系相关内容进行梳理和分析。

（一）美国

美国的劳动法将员工分为雇员（employee）和独立承包人（independent contractor）两类。雇员与非雇员在法律适用上存在非常大的区别，几乎所有法律保护都更倾向于雇员。按照《联邦保险交款法案》（*Federal Insurance Contributions Act*）、《联邦失业税法案》（*Federal Unemployment Tax Act*）和

《平价医疗法案》（*Affordable Care Act*）的相关规定，雇员填写 W - 2 表（Form W - 2）以缴纳收入税、社会保险医疗税和失业税，其中社会保险医疗税由雇员和雇主各承担一半。而独立承包人则使用 1099 表（Form 1099 - MISC），其社会保险医疗部分需完全自行承担。同样的，《平价医疗法案》仅要求雇有 50 人及以上的企业向其雇员提供医疗保险；《公平劳动标准法案》（*Fair Labor Standards Act*）仅准许雇员以正常费率的 1.5 倍获取联邦最低工资和加班费；《国家劳动关系法案》（*National Labor Relations Act*）仅赋予雇员组织工会与集体谈判的权利。由于众多劳动权益与雇员身份直接挂钩，故有关平台从业者身份的争议频起。

优步（Uber）、来福特（Lyft）等平台声称从业者为独立承包人，平台只承担有限的法律责任。平台员工则积极通过诉讼提请雇员身份认定，以期获取相应的劳动保护。但美国此前针对大工业时代传统、稳定、单一雇佣所发展出的雇员身份认定标准，如控制权标准（Right to Control Test）、经济现实标准（Economic Reality Test）和博雷罗标准（Borello Test），[①] 并不能很好地直接套用在互联网平台用工关系的判定上。各法院也因认定标准不一、法官主观认知不一等因素，对互联网平台员工的身份认定及其权利义务关系，做出了不同划分。

1. 不认定平台从业者为雇员

平台可以通过提供补偿金与提请集体诉讼的从业者达成和解，使其自愿被归类为独立承包人。奥康纳诉优步一案（O'Connor v. Uber Techs., Inc.）便是其中典型。

2013 年 8 月，优步司机在加利福尼亚州和马萨诸塞州提起集体诉讼，要求享有雇员的权利。案件历经 3 年，多次被法官以难以判决为由拒绝裁定。[②] 2016 年 4 月，优步提出了和解协议。该协议要求：（1）司机仍为独立承包

---

① Labor Commissioner's Office（2019）. Independent contractor versus employee. California Department of Industrial Relations. Retrieved November 6, 2021. From https：//www. dir. ca. gov/dlse/FAQ _ IndependentContractor. htm.

② O'Connor et al v. Uber Technologies, Inc. et al. Justia Dockts& Filings. Retrieved November 6, 2021. From https：//dockets. justia. com/docket/california/candce/4：2013cv03826/269290.

人；（2）优步将把总计 1 亿美元的补偿金分配给约 385000 名优步司机，先支付 8400 万美元，企业估值增加后再支付 1600 万美元；（3）优步将首次公开《优步司机禁止服务条例》（*Uber Driver Deactivation Policy*），解释在何种情形下平台司机会被禁止提供服务。（4）优步将在加利福尼亚州和马萨诸塞州创建并资助一个司机协会，每季度会面，以讨论与司机相关的重要议题。[①] 同年 8 月，联邦法官爱德华·陈（Edward Chen）认为该协议不利于网约车司机就各种其他就业问题提出索赔，而当前补偿金额"不公平、不充分、不合理"，将其驳回。[②]

事情在 2018 年出现有利于优步公司的转机。2018 年 9 月，美国第九巡回上诉法院推翻了该案件的集体认证（class certification），承认优步合同中约定排除集体仲裁条款的有效性。这意味着，当潜在司机与优步签约时，即被视为同意放弃集体起诉权，[③] 之后需单独参与仲裁。高昂的仲裁成本使低收入司机望而却步。同时，该裁决将所覆盖司机范围由原本的 385000 人缩减至 13600 人。最终，优步公司在 2019 年 4 月以 2000 万美元的代价与一万余名网约车司机达成和解。每名司机将根据累计服务里程，获得每英里约 37 美分的补偿。除此之外，优步无须负担司机的最低工资、加班津贴和社保福利等费用。[④]

法院也可能根据某一认定标准判定平台从业者不属于雇员。2018 年，加利福尼亚州北区法院和宾夕法尼亚州东区法院即以平台对从业者控制偏

---

① Campbell, H. (2016). Breaking News: Uber Settles Employee Misclassification Lawsuit in California. Ride Share Guy. Retrieved October 18, 2021. From https://therideshareguy.com/breaking-news-uber-settles-employee-misclassification-lawsuit-in-california/.

② Liedtke, M. (2016). Judge rejects $100M settlement in key case with Uber drivers. The Associated Press. The Associated Press. Retrieved November 1, 2021. From https://www.seattletimes.com/business/judge-rejects-100m-settlement-in-key-case-with-uber-drivers/.

③ Hawkins, A. J. (2018). Uber scores a big win in legal fight to keep drivers as independent contractors. The Verge. Retrieved November 1, 2021. From https://www.theverge.com/2018/9/25/17901284/uber-drivers-independent-contractors-vs-employees-legal-fight.

④ Wallace, A. (2019). UBER SETTLES DRIVER LAWSUIT FOR $20 MILLION. Lawyers and Settlements. Retrieved November 1, 2021. From https://www.lawyersandsettlements.com/legal-news/california_labor_law/uber-settles-driver-lawsuit-20-million-23074.html.

弱为由，分别裁定网约送餐员、网约车司机和平台不存在雇佣关系（Malos，S.，Lester，G. V.，& Virick，M.，2018）。

在加州罗森诉格鲁布一案（Lawson v. Grubhub, Inc.）[①] 中，法官应用博雷罗标准并结合观察到的情况，否定了送餐员罗森的雇员身份。法官强调，博雷罗标准分为最主要的控制权（Right-to-Control）因素和其他次要因素，各因素不能单独、机械应用，需要联系起来看待。所以，虽然存在一些有利于判定雇佣关系存在的因素，如罗森未从事与送餐业务不同的工作、送餐工作是格鲁布公司在洛杉矶常规业务的一部分、该工作不需要特殊技能、报酬由格鲁布公司而非顾客向罗森支付；但在更重要的控制权因素上，证据支持认定罗森为独立承包人。法院认为，在工作方式与手段（manner and means）的细节问题上，格鲁布公司几乎没有对罗森进行控制。在罗森提供服务的四个月中，格鲁布公司未曾指定送餐工具、规范标准着装、提供特定培训、确定工作时间和要求送餐员独立完成任务，罗森几乎能够完全自行决定工作的具体时间安排和完成方式。而且，在这种弱细节控制的背景下，即使格鲁布公司有权在提前14天通知后随意终止协议，但由于罗森未为完成此工作进行任何特殊设备或工具的投资，且可同时为其他送餐公司提供服务，格鲁布公司的随意终止权利指向中立。最终，在综合权衡所有考虑因素后，法院认定罗森为独立承包人。

同样，在宾州拉扎克诉优步一案（Razak v. Uber Techs.，Inc.）中，法官通过经济现实标准判定发现：（1）优步司机完全可以雇佣助手或分包商完成任务，其工作性质如同木匠或水管工人，未被平台实际控制；（2）由于司机能够自行决定开车时间和地点，因此也拥有了自行利用驾驶技能获得盈利机会的权利；（3）优步司机对车辆进行了大量资本投资，这些资产还可以支持他们为其他企业或个人提供服务；（4）驾驶虽然不需要什么特殊技能，但这一因素的影响较为轻微；（5）优步司机对工作时间安排享有很大自由，除非自己想要，否则与平台少有持久的工作关系；（6）虽然优

---

① United States District Court, N. D. California. Lawson v. Grubhub, Inc. （2018）. Casetext. Retrieved November 1, 2021. From https: //casetext. com/case/lawson-v-grubhub-inc-4.

步司机的运输服务是平台业务主要组成部分，但本案所涉及的 Uber BLACK 只是优步众多应用程序中的一项。法院最终综合以上因素，确定司机不属于优步雇员。[1] 而平台从业者被法院判定为非雇员后，则不能享受报销、医疗和退休福利、失业补偿、工伤补偿以及各种劳动法律所提供的劳动条件与社会保险福利保障。

平台还可以通过游说等形式推动通过利于将从业者认定为独立承包人的提案、法案。2020 年 11 月，优步、来福特、格鲁布、多达喜（Door Dash）等网约车平台公司花费 2 亿美元，成功游说加州公民投票通过第 22 号提案（Proposition 22），宣布平台与网约车司机（app-based drivers）不存在雇佣关系，[2] 并对双方的权利义务关系做出了新规定。

第一，网约车司机属于独立承包人而非雇员，因而不被涵盖在各州劳动雇佣法范围内，不享受最低工资、加班费、失业保险和工伤保险等雇员福利。第二，网约车司机将有权获得其他补偿，包括提案所约定的最低工资、休息权利、医疗补贴和机动车辆保险（vehicle insurance）。工资方面，平台将保证司机至少获得最低小时工资标准 1.2 倍的收入或每英里 30 美分的收入，并在司机收入未达到允诺水平时补足差额。工作时间方面，除非持续离线 6 小时以上，否则司机 24 小时内的工作时间累计不得超过 12 小时。医疗补贴方面，对于在一季度内周平均工作时间达 25 小时的司机，平台需提供相当于加州月平均保费 82% 的医疗补贴。保险方面，平台需提供职业事故险（occupational accident insurance），向在服务时段受伤的司机赔付医疗费用和收入损失，并在司机受伤的前四周为其提供相当于周平均收入 66% 的伤残补助；若司机在使用平台应用程序期间死亡，公司需为司机的配偶、子女或其他受抚养人提供意外死亡保险（accidental death insurance）。第三，平台还需加强对网约车司机的本地监管。例如，制定反歧

[1] Baylson, J. (2018). Razak v. Uber Techs., Inc. CASEMINE. Retrieved November 1, 2021. From https://www.casemine.com/judgement/us/5afbf32b2fb2e91a9feec413.

[2] Conger, K. (2020), Uber and Lyft Drivers in California Will Remain independent, New York Times. Retrieved November 1, 2021. From https://www.nytimes.com/2020/11/04/technology/california-uber-lyft-prop-22.html.

视和反性骚扰政策，为司机提供交通驾驶、识别性侵及其他不当行为的相关培训，对司机进行犯罪背景调查，打击"酒驾""毒驾"和冒名驾驶等行为①。

2. 认定平台从业者为雇员

与上述判决相反，部分地方判决对平台从业者的雇员身份予以支持。2015 年 6 月，加利福尼亚州劳工部引用博雷罗标准对贝里克诉优步案（Berwick v. Uber Technologies，Inc.）做出裁决。劳工部认为：优步负责招募司机、招揽顾客和确保服务过程，有全面控制权；该运输服务是平台常规业务的主要组成部分；平台还可通过 GPS、评价体系等掌握司机车辆的运行情况；而且平台直接向顾客收款，再以设定费率向司机付款；司机则无需特殊服务技能，也不会因其管理技能获利或亏损。故贝里克属于优步的雇员，有资格向优步报销其提供服务时所产生的费用②。2021 年 8 月，加州一县级法院还裁定第 22 号提案结果违反该州宪法，须重新调整平台从业者的身份认定方式③。

部分地方政府也通过颁布特别规定，保障平台从业者的雇员身份及其享有的权利。

2016 年，纽约州劳工部认为，优步单方面决定了司机的行驶路线、驾驶汽车类型和收费标准，能够借此控制司机的工作条件。故案件中的两名前优步司机自然应被视为优步雇员，在被解雇后拥有领取失业救济金的权利。但该裁决并没有为两名司机提供失业保险以外的其他保护，也没有将

---

① Ballot Pedia (2020). California Proposition 22, App – Based Drivers as Contractors and Labor Policies Initiative (2020). Retrieved November 2, 2021. From https://ballotpedia.org/California_Proposition_22, _App-Based_Drivers_as_Contractors_and_Labor_Policies_Initiative_(2020) # cite_note – Roesch – 1.

② Superior Court of California County of San Francisco (2015). Uber Technologies, Inc., A Delaware Corporation vs. Barbara Berwick. Retrieved November 2, 2021. From https://www.lexology.com/library/detail.aspx? g = 4c618045-df59-4214-8bb7-c18aedda902d.

③ Superior court of the state of California in and for the county of Alameda. CaseNo. RG21088725. Retrieved November 3, 2021. From https://www.documentcloud.org/documents/21046832-castellanos-order.

这种保护扩展到平台上的其他司机。[1] 直至 2017 年 6 月，纽约劳工部裁定所有网约车司机（ride-sharing drivers）均为雇员。[2] 次年在失业保险上诉委员会（the Unemployment Insurance Appeal Board）的推动下，因各种原因被解雇的网约车司机可以开始申请失业救济金，[3] 这同时也为 401（k）计划、医疗保险、加班工资等其他就业福利领取铺平了道路。[4] 2018 年 12 月，纽约出租车和豪华轿车委员会（Taxi & Limousine Commission）通过《司机收入和透明度规则》（*Driver Income Rules 04 - Dec - 2018*），明确优步等平台须为旗下司机提供最低 17.22 美元的净时薪。据委员会估计，96% 的纽约州网约车司机将因此获得每年 10000 美元的额外收入。[5]

2019 年 9 月，加州也通过《零工经济法案》（*Assembly Bill* No. 5，AB - 5），引入 ABC 标准（ABC Test）作为雇员身份认定的准绳（部分有特殊规定的行业除外）。[6] ABC 标准和博雷罗标准虽然都将证明工人非雇员身份的责任归于用工方，但不同于前者的多因素综合判断原则，ABC 标准更易操作和预测。若想否认正式雇佣关系，用工方则须同时证明：（1）从业者在工作时不受用工方的控制和指导；（2）从业者的劳动超出用工方的业务范围；（3）该工作与从业者常独立从事的职业、行业或业务在本质上相同。

---

① Whitford, E. (2016). Two Former Uber Drivers Granted Unemployment Eligibility In "Game-Changer" Ruling. Gothamist News. Retrieved November 2, 2021. From https://gothamist.com/news/two-former-uber-drivers-granted-unemployment-eligibility-in-game-changer-ruling.

② Rubinstein, D. (2017). State labor judge finds Uber an "employer". Politico New York. Retrieved November 2, 2021. From https://www.politico.com/states/new-york/city-hall/story/2017/06/13/state-labor-court-finds-uber-an-employer-112733.

③ Unemployment Insurance Appeal Board (2018). Uber AB Decision Redacted. Retrieved November 2, 2021. From https://www.documentcloud.org/documents/4613843-Uber-AB-Decision-Redacted.html.

④ Siu, D. N. (2018). Uber Drivers Can Get Unemployment Benefits, Rules New York State. Mashable. Retrieved November 2, 2021. From https://mashable.com/article/uber-unemployment-benefits-new-york.

⑤ NYC Taxi & Limousine Commission (2018). Driver Pay for Drivers. Retrieved November 2, 2021. From https://www1.nyc.gov/site/tlc/about/driver-pay-drivers.page.

⑥ Labor Commissioner's Office (2019). Independent Contractor Versus Employee. California Department of Industrial Relations. Retrieved November 2, 2021. From https://www.dir.ca.gov/dlse/FAQ_IndependentContractor.htm.

但此举引发极大争议，法院不得不列举多种豁免适用情形以平息纷争。

此外，工人及其团体也会组织一些自下而上的集体行动，以期获得雇员身份及其权利。2021 年 7 月，全美各地的网约车司机以第 22 号法案未能兑现承诺、实际收入下降为由，举行了大罢工，呼吁参议院通过《保护组织权利法案》(Protect the Rights to Organize Act，PRO)，赋予平台从业者组织工会与集体谈判的权利。[①]

表 7-1　美国判断雇员身份的不同标准

标准名称	考虑因素
控制标准	1. 用工方对工作细节控制的程度； 2. 职业或业务的特殊性； 3. 职业种类； 4. 职业的技能特殊性； 5. 劳动工具来源； 6. 工作时长； 7. 报酬支付方式； 8. 所提供服务为用工方常规业务组成部分的程度； 9. 当事人意愿； 10. 从业者与他人的合作程度。
经济现实标准	1. 用工方对工作细节控制的程度； 2. 从业者通过管理技能分享利润和承担损失的机会； 3. 双方对设备和材料的投资程度； 4. 工作所需的技术和自主性； 5. 关系持久性； 6. 所提供服务为用工方业务不可分割部分的程度。
博雷罗标准	1. 从业者是否从事与用工方不同的职业或业务； 2. 该工作是否属于用工方的常规业务； 3. 用工方是否为工作人员提供工具和场所； 4. 从业者在所需设备或材料上是否投入资金； 5. 提供的服务是否需要特殊技能； 6. 职业类型及工作通常是否在雇主指导下完成； 7. 从业者是否有根据管理技能获利或亏损的机会； 8. 提供服务所需时长如何；

① Roy, J. (2021). Uber and Lyft Drivers are on Strike Today. What riders need to know, Los Angeles Times. Retrieved November 2, 2021. From https://www.latimes.com/business/story/2021-07-21/uber-lyft-drivers-strike-wednesday-july-21-rider-information.

续表

标准名称	考虑因素
博雷罗标准	9. 工作关系持久程度如何； 10. 计薪按时长还是按工作量； 11. 从业者是否自己雇有员工； 12. 是否有权随意解雇或解雇是否引起违约诉讼； 13. 双方是否认为正建立雇主－雇员关系。
ABC 标准	若想否认正式雇佣关系，用工方须同时证明： 1. 从业者在工作时不受用工方的控制和指导； 2. 从业者的劳动超出用工方的业务范围； 3. 该工作与从业者常独立从事的职业、行业或业务本质上相同。

表 7 - 2　美国互联网平台用工的关系认定情况

	事件	主要标准	权利义务关系
不存在雇佣关系	奥康纳诉优步一案	2016 年和解协议	1. 经济补偿：优步提供 1 亿美元补偿金给约 385000 名司机。 2. 管理方式：优步公开并解释《优步司机禁止服务条例》，减少黑箱操作。 3. 集体权利：优步创建资助司机协会，并与其定期讨论重要的相关议题。
		2019 年和解协议	1. 经济补偿：优步提供 2000 万美元补偿，每名司机每英里可获约 37 美分。 2. 其他福利：优步不负担最低工资、加班津贴和社保福利等其他费用。
	罗森诉格鲁布案	博雷罗标准：控制因素弱	不适用雇佣关系的各项权利义务。
	拉扎克诉优步案	经济现实标准：司机未被实际控制	
	第 22 号提案	提案内容	1. 约定权利：网约车司机有权获得提案所约定的最低工资、休息权利、医疗补贴和机动车辆保险。 2. 管理方式：平台需加强对网约车司机的合法性监管与审查。 3. 劳动权利：网约车司机不被涵盖在劳动与雇佣法范围，不享受最低工资、加班费、失业保险和工伤保险等福利。

续表

	事件	主要标准	权利义务关系
存在雇佣关系	贝里克诉优步案	博雷罗标准：符合所有六项标准	贝里克有资格在优步报销其提供服务时所产生的费用。
	纽约州	优步能单方面控制司机的工作条件	1. 失业保险：网约车司机在被解雇后拥有领取失业救济金的权利。 2. 最低时薪：平台公司须为司机提供不低于17.22美元的净小时收入。
	加州	AB-5法案	在雇佣关系判定上，用工方负有举证责任。只有满足ABC标准的三大要件，雇佣关系才不成立。
	网约车司机罢工	呼吁通过PRO法案	新法案将赋予平台从业者组织工会和集体谈判的权利。

自平台经济兴起以来，法律的不确定性和从业者的不安全感在美国社会持续交织发酵。互联网平台企业积极通过和解、游说等方式维持"非雇佣关系"的用工模式；联邦和地方政府也以极为高昂的社会成本对平台用工规制进行了诸多探索；平台从业者正努力组织起来，希望自下而上推动一些利于自身的法律出台。但非此即彼的选项设置制造了两难困境，有关立法始终摇摆不定、裹足不前，平台经济的劳动治理问题仍然棘手，亟待解决。

（二）英国

英国劳动法在实际司法中逐渐发展出了多套雇员（employee）身份认定的标准。传统上，不包含在雇佣合同（contract of service）中的个人，自动被视为非雇员（self-employed workers），在不受劳动法保护的情境下根据服务合同（contract of service）提供劳务。而1992年的《工会与劳资关系（巩固）法案》〔*Trade Union and Labour Relations（Consolidation）Act*，TULRCA〕和1996年的《雇佣权利法案》（*The Employment Rights Act*，ERA）引入了"非雇员工人"（worker）的概念。

《工会与劳资关系（巩固）法案》第296条规定，非雇员工人指任何在非政府部门根据合同为非专业客户工作或提供服务的个人。[1]《雇佣权利法案》则提供了更为详细的分类指导。该法案第 230 条规定，雇员和非雇员工人根据雇佣合同或其他合同所建立的关系均属于雇佣关系，其合同的另一当事人被视为雇主。其中，签订或根据雇佣合同工作的个人为雇员；根据默示、书面或口头合同亲自完成工作或提供劳务的个人为非雇员工人。[2]根据 1996 年《雇佣权利法案》、1998 年《工作时间条例》（*The Working Time Regulations 1998*）[3] 和 2015 年《国家最低工资条例》（*The National Minimum Wage Regulations 2015*）[4]，非雇员工人可享受不受歧视、最低工资、最少休息时间、特定集体权利、与固定工同等待遇等基本权益。

表 7 – 3　英国的工人类型

类别	判定标准	适用法律	劳动权利
雇员	控制、组织从属、混合标准	所有劳动法律	适用劳动法律所有内容
非雇员工人	1. 有合同或协议； 2. 亲自提供服务； 3. 为非专业客户、非政府部门工作。	《工会与劳资关系（巩固）法案》《雇佣权利法案》《工作时间条例》《国家最低工资条例》	不受歧视、最低工资、最少休息时间、安全要求、特定集体权利、平等待遇
非雇员	可不亲自服务	不适用	不受歧视

相比之下，认定雇员身份的法律要件更强调雇佣的稳定和长期性。早期标准以雇主对工作的控制为核心因素，少数情况兼以考察组织从属性。后来随着现实情况越发复杂，更多的是依据混合标准，综合参考控制程度、风险分担、获利概率、设备提供、纳税方式、保险支付和当事人意图等多

---

[1] Trade Union and Labour Relations (Consolidation) Act 1992. legislation. gov. uk. Retrieved November 2, 2021. From https：//www. legislation. gov. uk/ukpga/1992/52/section/296.

[2] Employment Rights Act 1996. legislation. gov. uk. Retrieved November 2, 2021. From https：// www. legislation. gov. uk/ukpga/1996/18/section/230.

[3] The Working Time Regulations 1998. Retrieved November 2, 2021. From https：//www. legislation. gov. uk/uksi/1998/1833/contents/made.

[4] The National Minimum Wage Regulations 2015. Retrieved November 2, 2021. From https：//www. legislation. gov. uk/ukdsi/2015/9780111127964.

种因素，判断雇佣合同是否成立。但平台工作外部化趋势、碎片化组织的特征使得平台工作者的身份认定存在分歧。

1. 不认定平台从业者为雇员/非雇员工人

2016 年 11 月，英国独立工人工会（Independent Workers' Union of Great Britain，IWGB）向户户送提出正式承认其为集体谈判单位的请求。户户送拒绝了工会的请求。随后，英国独立工人工会向中央仲裁委员会（Central Arbitration Committee）提交申请，要求确定户户送为集体谈判单位。户户送辩称，它与骑手（Riders）签订的书面合同条款为"供应商协议"（supplier agreements）而非雇佣合同。而且 2017 年 5 月新发布的合同特别提出了替代条款（substitution clause），允许骑手随时指定他人利用自己的信息登录并完成订单，还告知骑手可以为竞争对手在内的其他公司工作、自由选择工作伙伴和穿着，可以自行决定接受或拒绝任何订单。

2017 年 11 月，委员会发现接单骑手可以选择让他人替代完成任务，甚至可以在中途致电骑手支持部（Rider Support）后直接放弃，均不会因本人未亲自完成劳务交付而被户户送惩罚。所以，委员会认为骑手不是《工会与劳资关系（巩固）法案》意义上的非雇员工人，从而无法获得与户户送公司就工资、工时和休息休假等谈判的权利。①

英国独立工人工会不服此结果，以《欧洲人权公约》（*The European Convention of Human Rights*）第 11 条赋予了任何个人组织加入工会和集体谈判的权利②为依据，对中央仲裁委员会的拒绝提出司法审查质疑，上诉至高等法院。在高等法院 2018 年 12 月公布的判决书中，法官首先否认了集体谈判权扩展到雇佣关系之外的可能，并再次确认就《工会与劳资关系（巩固）法案》第 296 条而言，存在"亲自履行"义务是确定个人为非雇员工人的

---

① Central Arbitration Committee Trade Union and Labour Relations（Consolidation）Act 1992 Schedule A1-Collective Bargaining Recognition Decision on Whether to Accept the Application. Retrieved November 2, 2021. From https://assets. publishing. service. gov. uk/government/uploads/system/uploads/attachment_ data/file/663126/Acceptance_ Decision. pdf.

② European Court of Human Rights. European Convention on Human Rights. Retrieved November 2, 2021. From https://www.echr. coe. int/Documents/Convention_ENG. pdf.

唯一标准。此司法审查请求被驳回。[①]

随后英国独立工人工会诉至上诉法院，2021 年 6 月，上诉法院进行了最终判决。上诉法院认为：第一，调查结果显示，户户送骑手在书面合同和工作实践中均不承担亲自提供服务的义务，拥有不受约束的、真正的替代权。即使替代权在实践应用的频次偏低，但这并不影响其存在的真实性。第二，根据世界劳工组织（ILO）第 198 号建议书《关于雇佣关系的建议》（*Employment Relationship Recommendation*）第 13 段内容，"必须亲自完成"是认定雇佣关系的重要指标之一。[②] 而且，骑手无连续的工作时间、自行购置所需工具（电话和自行车）等特点，也强化了雇佣关系不存在的结论。第三，虽然有将优步司机认定为非雇员工人的判例在先，但优步公司并没有设置过任何替代条款，与本案中"是否需亲自提供服务"的争议点无关，其结果不足以成为参考。所以综合来看，骑手在劳务交付过程中拥有替代与被替代的权利，与户户送公司不存在雇佣关系，属于自雇者，不享有《欧洲人权公约》第 11 条所规定的工会自由权。[③]

2. 认定平台从业者为雇员/非雇员工人

与户户送类似，优步也曾表示自己仅是为司机提供顾客定位信息的中介公司，并试图借助合同文件约定网约车司机的自雇者身份。但优步公司的这一主张在英国接连受挫。

2016 年 10 月，在英国第一起优步司机身份认定案中，就业法庭质疑了优步对自己与司机关系的描述。就业法庭表示，在优步以运输为主营业务

---

① The High Court of Justice. England and Wales High Court（Administrative Court）Decisions. The Independent Worker Union of Great Britain and Central Arbitration Committee and Roofoods Limited t/a Deliveroo［2018］EWHC 3342（Admin）. Retrieved November 2，2021. From https：//www. bailii. org/ew/cases/EWHC/Admin/2018/3342. html.

② International Labour Organization（2006）. R198 – Employment Relationship Recommendation，2006（No. 198）. Retrieved November 3，2021. From https：//ilo. org/dyn/normlex/en/f？p = NORMLEXPUB：12100：0：：NO：：P12100_INSTRUMENT_ID：312535.

③ The Court of Appeal（2021）. The Independent Worker Union of Great Britain and the Central Arbitration Committee and Roofoods Ltd t/a Deliveroo［2021］EWCA Civ 952. Retrieved November 3，2021. From https：//oldsquare. co. uk/wp-content/uploads/2021/06/Deliveroo-for-hand-down-approved-final-003. pdf.

的大背景下，承担实际运输的司机与最终客户没有合同关系，且对工作方式和收费标准缺乏决定权。所以，虽然优步司机不属于正式雇员，不享有裁员或不公平解雇权（redundancy or unfair dismissal rights）；但他们一定程度上从属于优步公司，符合《雇佣权利法案》对"非雇员工人"的定义，有权获得国家最低工资和带薪休假。①

优步认为就业法庭不应无视书面合同文件、做出错误裁决，遂诉至就业上诉法庭，要求确认其司机为自雇承包人（self-employed contractors）。但上诉法庭与就业法庭做出了相同判定。法院认为，虽然优步在与司机的合约文件中将后者描述为"合作伙伴"（partners）或"独立承包人"（independent contractors），并要求司机自行为私人租赁许可证出资。但事实上，司机融入了优步的主营业务，且不被允许与乘客建立业务关系（司机既无法获得乘客的联系方式，也不能提供自己的联系方式）。这些都与独立运营车辆的工作方式相反。优步的上诉被驳回，② 转而诉至上诉法院。

2018 年 12 月，上诉法院的三位法官就此案给出了不同意见。特伦斯·埃瑟顿爵士（Sir Terence Etherton MR）和比恩大法官（Lord Justice Bean）从法律和事实的角度肯定了前法庭的裁决。他们认为在涉嫌雇佣的背景下，先前的法庭正确地考虑到了双方相对议价能力的差异，书面文件可能无法反映现实关系，转而结合实际情况进行审查。而且，事实也如同先前法庭所查明的那样，优步与其司机间的合同措辞"并不真实"，优步以符合雇佣关系的方式对司机进行了高度控制。安德希尔大法官（Lord Justice Underhill）则将优步模式与传统的出租车（Taxis）模式和迷你出租车（Minicab）模式进行比较，做出了反对性判决。他认为，优步模式的确与出租车模式

① Employment Tribunals. Aslam & Others v Uber BV & Others（Case Nos：2202550/2015）. Retrieved November 2，2021. From https：//www. judiciary. uk/wp-content/uploads/2016/10/aslam-and-farrar-v-uber-reasons-20161028. pdf.

② United Kingdom Employment Appeal Tribunals.（2017）. Uber BV v Aslam & Ors（JURISDICTIONAL POINTS – Worker, employee or neither：WORKING TIME REGULATIONS）［2017］UKEAT 0056 _ 17 _ 1011（10 November 2017）. British and Irish Legal Information Institute. Retrieved November 3，2021. From https：//www. bailii. org/uk/cases/UKEAT/2017/0056 _ 17 _ 1011. html.

存在较大出入；但与迷你出租车模式相比，优步模式除了规模和技术更为复杂外，两者的基本业务结构存在一致性。而迷你出租车司机通常被视为自雇者，因此优步与司机也不存在雇佣关系。[1] 综合考虑，最终上诉法院驳回了优步的要求。但鉴于法官们意见不一，该决定不太可能作为界定平台用工关系的最后依据，优步获准向英国最高法院提出上诉。

2021 年 2 月，英国最高法依据"既尊重事实，又牢记保护弱势工人的立法目的"的原则对此案做出最终判决。

首先，法官们确定司机与优步之间不存在对等的、正式的书面合同，故应通过相关法律、事实和当事人行为推断其用工关系的性质。其次，用工方的控制程度，是判定双方从属关系和依赖程度的最佳标准——控制程度越高，个人被归为非雇员工人的可能性就越大。显然，优步通过应用程序从五个方面对司机进行了严格控制：优步决定了司机报酬、优步决定了服务条款内容、优步对司机的接单自由进行了限制、优步对司机提供服务的方式施加了控制、优步对司机和乘客之间的交流进行了限制。平台司机处于从属和被支配地位，对收费标准、工作条件、提供服务方式几乎没有话语权，除延长工作时间和不断达到优步的绩效衡量标准外，几乎没有能力通过专业技能改进自己的经济地位。而且，司机的标准化服务作为商品被优步向客户出售，优步从客户而非司机中受益。所以，司机是在为优步工作。

此外，最高法院认为，司机一旦登录优步的应用程序，即被视为已经进入"愿意并随时能够出发"的待工作状态。在此状态下多次拒绝订单请求，还将面临最严重后果为终止"优步－司机"关系的惩罚。虽然理论上司机可以同时通过其他应用提供服务，但现实情况看来，司机们缺乏可挑选的对象，无法在相关时间这样做。所以根据《工作时间条例》，司机自登

---

[1] England and Wales Court of Appeal（Civil Division）Decisions. Uber B. V. （"UBV"）& Ors v Aslam & Ors［2018］EWCA Civ 2748（19 December 2018）. British and Irish Legal Information Institute. Retrieved November 3, 2021. From https：∥www. bailii. org/ew/cases/EWCA/Civ/2018/2748. html.

录应用程序后可用于工作的时间,都应被计为工作时间。①

表7-4 英国互联网平台用工的关系认定情况

	事件	主要标准	权利义务关系
不存在雇佣关系	英国独立工人工会与户户送案	1. 书面合同的替代条款; 2. 《工会与劳资关系(巩固)法案》:无"亲自提供服务"的义务; 3. ILO第198号建议书:无"必须亲自完成"义务。	集体权利:无法获得与户户送公司就工资、工时和休息休假等谈判的权利。
存在雇佣关系	优步司机身份认定案	1. 鉴于议价能力差异,应以实际情况而非书面文件做判断依据; 2. 司机工作是优步主营业务的重要组成部分; 3. 优步能控制工作条件; 4. 《工作时间条例》。	1. 解雇保护:司机不属于雇员,不享有裁员或不公平解雇权; 2. 最低工资:有权获得国家最低工资; 3. 休息休假:有权获得带薪休假; 4. 工作时间:工作时间自登录应用程序后算起。

可见,英国在面对平台的新兴实践和新工作形式时保持了实用主义的态度。最高法的判例将网约车司机认定为非雇员工人,既暗含了对平台用工灵活性的肯定,又在事实层面确认了平台用工与标准就业的本质区别。同时,平台不能再以自雇者为抗辩理由而拒绝保障义务,更是有效确保了平台从业者的基础性权益保障。

(三)法国

对雇员(salarié/employee)和独立工人(independent worker)的区分在法国也至关重要。然而,法国没有一部法律同时区分了雇员和非雇员,其关于雇佣合同的定义也分布得比较零散。法国2005年《劳动法》(Code du travail)第L120-3条曾规定,在相关贸易商业登记册上登记的法人和管理

---

① United Kingdom Supreme Court(2021). Uber BV & Ors v Aslam & Ors[2021]UKSC 5(19 February 2021). British and Irish Legal Information Institute. Retrieved November 3, 2021. From https:∥www. bailii. org/uk/cases/UKSC/2021/5. html.

人员不在雇佣合同的覆盖范围。[①] 有关雇佣合同的标准多见于判例之中。1996 年 11 月，法国最高法院做出一项标志性判决，确定从属性因素为判断雇佣合同是否成立的最主要标准（伊莎贝尔·道格林等，2020）。而且，合同性质由工作的实际条件所决定，不因双方意愿或协议名称发生转移。[②] 当个人承诺以他人名义并在他人监督下工作（雇主有权发布命令、监督工作履行，并在下属犯错或违约时实施制裁）以换取劳动报酬时，从属关系随之产生，[③] 雇员身份也自然得以成立。

但随着平台经济在法国的迅猛发展，更新雇员认定标准的相关讨论再次出现。

1. 不认定平台从业者为雇员

为回应部分自主工作者希望获得与雇员同等的社会保护的希冀，法国政府 2014 年 7 月颁布有关社会与合作经济（Social and Solidarity Economy, SSE）的新法案。该法案将部分自雇者称为具有合伙人身份的"工薪企业家"（salaried entrepreneurs），适用于一种简化的税务和社会保障管理制度。工薪企业家可以通过在伞式公司（société de portage salarial）或就业和活动合作社（Coopératives d'activité et d'emploi, CAE）注册，自主对外寻找客户并提供服务。

与其他自由职业不同的是，工薪企业家能够享受许多特殊福利。第一，工薪企业家被允许纳入社会保障总制度（régime général de la Sécurité Sociale），享受强制性的健康计划；第二，工薪企业家被允许参与失业保险，能在符合条件的情况下领取失业补贴；第三，工薪企业家无须同其他自由职业

---

① Code du travail. Article L120 – 3（abrogé）. Retrieved November 5, 2021. From https://www. legifrance. gouv. fr/codes/article_lc/LEGIARTI000006645878/2005 – 01 – 01.

② Cour de Cassation, Chambre sociale（2005）. Cour de Cassation, Chambre sociale, du 12 juillet 2005, 03 – 45. 394, Publié au bulletin. Légifrance. Retrieved November 5, 2021. From https://www. legifrance. gouv. fr/juri/id/JURITEXT000007051021/.

③ Cour de cassation, Chambre sociale（2006）. Cassation sociale, 22 mars 2006, n° 05 – 42. 346. Retrieved November 5, 2021. Tissot éditions. From https://www. editions-tissot. fr/droit-travail/jurisprudence-sociale-cassation. aspx? jsID=202&occID=49.

者一样，缴纳公司财产税（Cotisation Foncière des Entreprises，CFE）；第四，工薪企业家可以将部分业务费用（如差旅费）转移到合作社，这有助于节省社会成本。[①] 但工薪企业家在就业中需要面临自由职业者的强有力竞争，法国针对工薪企业家的监管也并不稳定。众多平台从业者批评此法既无助于雇员身份的认定，也无助于收入状况的改善。

　　随即，法国在2016年8月出台了欧洲首部涉及平台经济相关法规的法律——《埃尔霍姆里法案》（El Khomri Law/Loi travail），以修订法国《劳动法》和减少失业。[②] 新法案将平台从业者视为自雇者，同时在第二章（L734201 – L7324206）确定平台对其从业者负有社会责任，并进行了详细的规定。[③] 第一，当工人自愿缴纳工伤保险时，平台应根据工人在合同中的贡献，在法令规定的上限内支付保费。第二，工人有接受职业培训的权利。第三，工人有权成立或加入工会组织，并通过工会维护自身的利益。2019年12月，法国政府还通过了新版《交通导向法案》（loi d'orientation des mobilités，LOM），作为对《埃尔霍姆里法案》的补充，进一步要求平台公开从业者酬劳的计算方式，赋予从业者提前知道订单距离与价格和自由决定是否接单（且拒单不受惩罚）的权利。[④]

　　可见，法国立法者通过一系列新法案，试图在保证平台延续自雇商业模式的同时，通过宣扬企业社会责任的理念，换取平台对从业者个人和集体权益的承认，减少因重新认定雇佣关系性质而产生的法律纠纷。

---

① WikiCrea（2020）. What Are Employment and Activity Cooperatives in France? Retrieved November 6，2021. From https：//www. my-business-plans. com/employment-and-activity-cooperatives-in-france/.

② WikiMill（2021）. El Khomri law. Retrieved November 6，2021. From https：//wikimili. com/en/El _Khomri_law#：~：text = It% 20is% 20commonly% 20known% 20as% 20the 20El% 20Khomri，by% 20a% 20gazette% 20notification% 20on% 209% 20August% 202016.

③ Code du travail Chapitre II：Responsabilité sociale des plateformes（Articles L7342 – 1 à L7342 – 6）. Légifrance. Retrieved November 6，2021. From https：//www. legifrance. gouv. fr/codes/id/ LEGISCTA000033013020/2016 – 08 – 10.

④ LOI n° 2019 – 1428 du 24 décembre 2019 d'orientation des mobilités（1）. Légifrance. Retrieved November 6，2021. From https：//www. legifrance. gouv. fr/jorf/id/JORFTEXT000039666574/.

2. 认定平台从业者为雇员

但在工会力量逐渐形成之后，平台从业者开始试图调整与平台间的权力关系，要求具有真实的雇佣身份。2017 年 3 月，法国 FO - CAPA VTC 工会在成立大会上表达了对"虚假自雇"身份的不满，要求逃离平台所创造的"灰色地带"。次年，VTC（Voiture de Transport avec Chauffeur）网约车司机针对平台规范的抗争取得了一次胜利，《格朗纪尧姆法》（Loi Grandguillaume）自 2018 年 1 月 1 日起在法国全境实施。该法虽未涉及网约车司机的法律身份认定，但设立了 VTC 网约车司机的职业门槛，并要求平台数据接受监管。[①] 在这之后，平台从业者多次向法院请求承认自己的雇员身份。

2018 年 11 月，法国最高法院社会法庭就网约餐饮配送员诉轻松吃（Take Eat Easy）平台一案，参考法国劳动法 L8221 - 61 条款做出支持存在雇佣关系的判决。这也是法国高等法院首次就平台工作者事宜做出判决。

该案从业者首先向产业法庭提出上诉，要求将其与平台的合同关系重新定性为雇佣关系，但被上诉法院以当事人"无排他性或非竞争关系，可自行决定工作安排"为由驳回。[②] 后逐渐诉至最高法院。最高法院法官指出，如果实际工作情况表明该项工作在雇主权威下执行，雇主有权命令和指导劳动者、有权监督工作执行并在必要时进行处罚，则应将其界定为从属性的雇佣关系。在轻松吃的业务中，公司能够通过配送员手机应用软件内的定位系统，追踪并记录配送员的行驶情况，同时还可以处罚配送过程中的不当行为，故应认定配送员为平台雇员。[③] 2020 年 3 月，法国最高法院再次就优步司机的法律身份做出判决，维持了之前巴黎上诉法院（Paris Court of Appeals, January 10, 2019, 6 - 2, No. 18/08357）对优步司机雇员身

---

① 黄可，2021，《法国早已判定优步司机为雇员，平台劳工处境为何依旧》，澎湃新闻。2021 年 11 月 1 日访问，网址：https://www.thepaper.cn/newsDetail_forward_11534061。

② Kermarec, G.（2018）. Take Eat Easy：la voie de la requalification est ouverte par la Cour de cassation. Retrieved November 7, 2021. From https://www.lepetitjuriste.fr/take-eat-easy-voie-de-requalification-ouverte-cour-de-cassation/.

③ Cour de cassation, civile, Chambre sociale, 28 novembre 2018, 17 - 20.079, Publié au bulletin. Légifrance. Retrieved November 7, 2021. From https://www.legifrance.gouv.fr/juri/id/JURI-TEXT000037787075/.

份的认定。最高法院认为，优步司机是在平台指令下进行工作，无法和乘客建立直接联系，更无法自行定价，因而平台与司机之间存在雇佣关系。[1]

但对于法国这样的成文法国家而言，判例并不等同于立法，平台从业者的法律身份问题仍然存疑。任何其他从业者想要认定身份，还需提起相同的诉讼并提供证据证明自己符合"提供服务、收取酬劳，并存在从属关系"三个要素，才可被认为是平台的正式雇员。

细看法国平台劳动者权益相关的立法可以发现，法国官方话语体系暂未完全承认劳动者的雇员身份，而是希望利用企业社会责任的观念对平台从业者提供一定的社会保护。但这也显露出某种矛盾：一方面赋予平台从业者类似于雇员的组建工会、参与集体行动的权利，另一方面又赋予平台从业者类似于自雇者的拒绝服务且免受惩罚的权利。这种矛盾的规制探索，再次彰显互联网平台用工的特殊性，并提供了一种融合式的劳动治理模式。

表7-5 法国互联网平台用工的关系认定情况

	事件	主要标准	权利义务关系
不存在雇佣关系	出台社会与合作经济新法案	该法案引入"工薪企业家"和简化的税务和社保制度	1. 社会保险：隶属社会保障总制度，可参加失业保险； 2. 税费征收：无须缴纳公司财产税； 3. 财务报销：可将部分业务费用转移至合作社。
	出台《埃尔霍姆里法案》	该法案确定平台对其从业者负有社会责任	1. 社会保险：平台应为自愿缴纳工伤保险的从业者支付相应保费； 2. 职业培训：平台工人有权接受职业培训； 3. 集体权利：平台从业者有权成立或加入工会组织。
	出台新版《交通导向法案》	该法案对出行平台进行规制	1. 报酬：平台须公开司机的报酬计算方式，并提前告知订单距离与价格； 2. 管理方式：司机可以自由决定是否接单，且拒单不受惩罚。

[1] Cour de cassation, civile, Chambre sociale, 4 mars 2020, 19-13. 316, Publié au bulletin. Légifrance. Retrieved November 7, 2021. From https://www. legifrance. gouv. fr/juri/id/JURITEXT0000 42025162.

续表

	事件	主要标准	权利义务关系
存在雇佣关系	骑手诉轻松吃案	从属性：在雇主权威下执行工作	1. 劳动条件：在工资、解雇限制等方面受《法国劳动法》保护； 2. 集体权利：有工会与集体谈判权； 3. 社会保险：参加特殊社会保障计划，由雇主和员工共同缴款； 4. 其他福利：可参与雇主提供的强制或可选福利，如股票期权、利润分享、带薪假期等。
	优步司机身份认定案	从属性：平台指挥控制工作	

（四）西班牙

传统的西班牙劳动法将工作分为"从属工作"和"非从属工作"两类。劳动者只要在自然人或法人组织的管理范围内，作为另一方自愿提供代表雇主的有偿服务，即被视为被雇佣者，适用于《工人法》（Workers' Statute）。[1] 2007 年，西班牙通过《自雇者法规》（Ley 20/2007），对自雇者的定义、类型和权利等进行了专门规定。所谓自雇者，即在没有签订劳动合同的情况下自行从事经济活动的个人，通常自行参有社会保障项目。[2] 同时，为保护在经济上处于弱势地位的自营从业者，该法还创设了新自雇者类型，即"经济依赖型自雇者"（rabajador autónomo económicamente dependiente，TRADEs）——在未向下分包工作的情况下，持续性地直接或主要向一个客户提供工作并至少 75% 的收入源于此工作，则被视为从事"辅助工作"的经济依赖型自雇者。而经济依赖型自雇者享有一定程度的结社自由，

---

[1] ILO (2021), Platform Work in Spain. Recent Developments：Case Law, Agreement between Social Partners and Legal Reform. Retrieved November 7, 2021. From https：//www. ilo. org/wcmsp5/groups/public/ --- asia/ --- ro - bangkok/ --- ilo-beijing/documents/presentation/wcms_794432. pdf.

[2] 根据西班牙法律规定，其境内居住或履行公职的所有企业家、员工、自由职业者、生产合作社成员、家政雇员、军人、公务员都必须向西班牙社会保险系统缴纳保险金。西班牙社保分为两个体系：（1）一般社保体系，包括所有雇员以及特殊人群（如艺术家、职业足球运动员、销售代表、铁路工人及斗牛士）；（2）特殊社保体系，包括农民、海员、自由职业者、公务员（军人）、家政雇员、煤矿工人、学生。社保金由雇主和员工共同缴纳，雇主缴纳份额取决于员工职级和工作岗位的危险程度。非正规自雇者和收入达不到从属工人最低工资线的自雇者，可免除社保缴费。

其集体组织可在符合规定的前提下：（1）建立联合会，与工会组织和商业协会建立联系；（2）代表经济依赖型自雇者进行规范工作条件的谈判，并达成"职业利益协议"（professional interest agreement）；（3）为经济依赖型自雇者的职业利益进行辩护；（4）通过非司法机制解决因职业利益协议规定事项所发生的集体争议（班小辉，2020）。

表 7 - 6　西班牙的劳动者类型

类型	特征	适用法律	法定权利
劳动者	1. 自愿亲自完成； 2. 带薪工作； 3. 代表雇主工作； 4. 从属性工作。	《工人法》	享所有法定劳动权利，如休息休假、最低工资、劳动安全、社会保险、集体谈判等。
一般自雇者	1. 未签订劳动合同； 2. 自行从事经济活动； 3. 通常自行参有社保。	《自雇者法规》	享有社会保障权。
经济依赖型自雇者	1. 收入具依赖性； 2. 未向下分包工作； 3. 主要为一个客户工作； 4. 关系具有一定的持续性。	《自雇者法规》	享有一定的结社自由与集体谈判权。

平台公司一度提议，将从业者身份从完全自雇者改为经济依赖型自雇者，并以此为基础为工人提供一些福利。欧盟委员会（European Commission）也讨论过该法的可行性，但最终认为平台零工经济没那么特殊，不需要为此创造一种新的关系。中庸的立场只会使部分劳动者的权益得到有限保护，而处在弱势的自雇佣者则没有任何保护。

1. 不认定平台从业者为雇员

在有关立法尚未产生之前，平台从业者被默认为自雇佣者，引发众多有关虚假自雇（Falsos Automoos）的争议，西班牙法院对其身份进行了多次裁决。但在 2020 年之前，这类判决的影响有限。一方面，哪怕是对在同一公司工作的骑手，不同地方法院可能做出不同裁决，司法部门尚未达成统一意见。另一方面，由于庭外和解的赔偿更为丰厚，很多骑手都与平台和解后撤诉，以至于一些工会决定自己提起诉讼而非支持会员的个人诉讼，以确保法院能做出真正的判决。

在平台从业者未明确被归为雇员身份的背景下，各劳工团体自下而上提请众多倡议，以维护从业者基本权益。

2017 年 7 月，骑手们为捍卫自己作为劳动者的身份和利益，创立了 Riders X Derechos（Riders For Rights）平台，并尝试与平台进行集体谈判。但户户送平台拒绝了这一要求并解雇了主要参与活动的 13 名骑手。很快这场活动蔓延至其他平台和城市，[①] 巴塞罗那、瓦伦西亚和马德里的骑手每晚 8～11 点进行罢工，要求户户送正视劳动者权利，提高外卖收费，保证每小时最低两单、每周末 20 小时的工作任务量，并停止制裁加入集体组织的工人。[②] 此后，Riders X Derechos 更是成功推动了多次针对"灵活化"（flexibilización）和"优步化"（uberización）的监察和审判。[③]

西班牙最具典型的全国性工会——工人委员会（Comisiones Obreras，CCOO）和劳动者总工会（Unión General de Trabajadores，UGT）也利用自身资源改善平台工作者的劳动与生存条件。除了通过游说影响政党和公众支持平台工作者以外，各大工会还利用新兴手段，拓宽与工人的交流渠道。例如，2017 年 9 月，劳动者总工会开展了"你的工会正在响应"（Your U-nion Response Now）项目，通过网站 TurespuestasindicalYa. com 以数字工会的身份，为骑手和其他家政、物流、运输等低技能的平台工人解答关于虚假自雇的问题，帮助他们向平台索赔。[④] 同时，工会还支持并协助平台工人

---

① Eurofound（2021）. Riders x Derechos（Riders for Rights）. Retrieved November 7, 2021. From https：//www. eurofound. europa. eu/data/platform-economy/initiatives/riders-x-derechos-riders-for-rights.

② Cant，C.（2017）. Precarious couriers are leading the struggle against platform capitalism. Political Critique. Retrieved November 7, 2021. From http：//politicalcritique. org/world/2017/precarious-couriers-are-leading-the-struggle-against-platform-capitalism/.

③ Riders X Derechos（2021）. Retrieved November 7, 2021. From https：//www. ridersxderec-hos. org.

④ Oscar Molina O. & Godino A.（2020）. The Case Of Spain Break Back Project, Retrieved November 7, 2021. From https：//www. breakback. cisl. it/images/ProjectResults/Presentations/BreakBack _Second_ Meeting_ Case_ Studies_ Spain. pdf.

向劳工与社会保障监察局提交投诉，在劳动法院对平台提起个人诉讼，并努力推动有利于平台工人的法院裁决。

2018 年 5 月，西班牙政府通过新的《劳工与社会保障监察局战略计划》（Strategic Plan）。该计划作为"优质就业议程"（Agenda for quality employment）的一部分，虽未明确平台从业者身份，但将数字平台的用工关系列为重要监管目标之一。①

2. 认定平台从业者为雇员

西班牙各地方的劳工与社会保障监察局在处理劳工权益相关事件时也都表现得非常尽职，激进主义倾向较为明显。

2015 年，"人民优步"（Uber Pop）服务被巴塞罗那某出租车司机职业协会和平台司机投诉。出租车协会投诉优步自称信息中介公司，实则提供客运服务，构成"不正当竞争"；平台司机则表示自己无法同出租车司机一样注册为自雇者、参加社会保险和履行纳税义务。巴塞罗那劳工与社会保障监察局认为，优步为司机提供了工作用的智能手机，设定了基于生产率的奖励制度，并告知司机平台将协助处理他们与法院或警方的任何纠纷，因而优步司机应被视为具有从属性的劳动者（伊莎贝尔·道格林等，2020）。优步不服判决，向西班牙法院和欧盟委员会提出申诉，此案一路打到了欧洲法院（European Court of Justice）。2017 年 12 月，欧洲法院做出终裁，认定优步须被归为客运公司，与传统出租车公司接受同等监管。② 之后西班牙巴伦西亚、马德里各地的劳工与社会保障监察局也对户户送和轻松吃等外卖平台进行了制约。

2018 年 6 月，社工党党魁佩德罗·桑切斯·佩雷斯－卡斯特洪（Pedro Sánchez Pérez-Castejón）上台，新政府在左翼势力的推动下，迅速提出《体面劳动国家计划 2018－2020》（National Plan For Decent Work 2018－

---

① Osborne Clarke（2018）. New Strategic Plan for Labour and Social Security Inspection. Retrieved November 7, 2021. From https://www.osborneclarke.com/insights/new-strategic-plan-for-labour-and-social-security-inspection.

② 德永健，2017，《欧盟定性优步为"客运公司"将更严格监管》，中国新闻网，访问于 2021 年 11 月 8 日，网址：http://www.chinanews.com/gj/2017/12－21/8405556.shtml。

2020)，① 该计划第 3 章第 6 节明确指出："一些公司利用虚拟基础设施回避传统的工作场所概念，通过呼吁从业人员正式注册为自雇者（无论是一般性的还是经济依赖型的自雇者）来获得所需工人。然而在现实中，这种情况符合雇主 – 雇员关系的特点，并在法律上被视为如此。"

在司法界，法官们也越来越倾向于认定平台从业者为雇员。在前格洛沃骑手艾萨克·昆德（Isaac Cuende）一案中，下级法院几次都做出了有利于骑手的裁决，却被更高的地区法院推翻了。最终案件被交全最高法院，由劳工处的 17 名法官判决。2020 年 9 月，最高法院判定骑手为劳动者而非自雇者。法官们认为，首先骑手是格洛沃业务的重要完成主体；而且格洛沃拥有开展服务所必需的资产，如手机应用（该应用是骑手工作的必需工具），因而格洛沃是一家固定提供服务条件的企业，而非餐厅和骑手之间的中介。② 此案作为西班牙最高法院就骑手与平台之间的用工关系所做出的首次裁决，产生了深远的社会影响，也直接影响了西班牙后续的立法。

2021 年 3 月 4 日，西班牙送餐员团体在全国各地举行抗议活动，敦促政府批准一项承诺的法律，给予他们选择成为受雇工人或自雇人员的权利。在此背景下，西班牙加速了立法进程。西班牙劳工部 3 月 11 日宣布，西班牙政府已经与工会、各外卖平台就"认定送餐员为劳方"一事达成一致。最终，在劳工部与劳工团体的推动下，西班牙最高法院通过了首部骑手法案——《骑手法》（Rider Law），首次以立法形式承认了骑手的劳动者地位，规定骑手与平台存在劳动关系，平台须承担劳动法上的全部义务，包括缴纳保险、设立最低工资和最长工作时间等。同时，该法要求平台主动公开算法，告知工会可能影响工作条件的算法和人工智能系统。

但该法出台后引发了更大的社会争议。同年 7 月，户户送宣布决定退出西班牙市场，直接导致 2500 名骑手面临失业。遂部分骑手发起抗议，要求

---

① Labour and social security inspectorate（2018）. National plan for decent work 2018 – 2020. Retrieved November 7, 2021. From https：//www. mites. gob. es/ficheros/ministerio/plandirector/National_ Plan_ for_ Decent_ work. pdf.

② 《西班牙最高法院周三裁定送餐骑手是雇员而不是自雇工人》，cnBeta 网，于 2021 年 11 月 5 日访问，网址：https：//www. cnbeta. com/articles/tech/1034007. htm。

政府修改法律，给予工作者自主选择身份的权利。但曾是巴塞罗那骑手一员的 Riders X Derechos 发言人费利佩·科雷多尔·阿尔瓦雷斯（Felipe Corredor Álvarez）表示，"重要的不仅仅是法律本身，更重要的是维护工人的尊严……我们不仅为送货工人的权利而战，我们还致力于为整个工人阶级的权利而战。……如果你付不出超过一欧元的送货费，不要让别人送货。现在在西班牙，整个工人阶级都岌岌可危。我们不会对优步化的推进感到满意，对任何工人都不会。"[①]

西班牙约有 70 万人在从事平台工作，是欧洲平台工作人数第二多的国家。与其他国家的工作者将此作为次要或补充收入源不同，西班牙近来就业形势严峻，国内大部分平台工作者都将此作为唯一或最主要的收入来源。虽然西班牙平台经济的兴起正值国内经济低迷的时期，平台更有理由以其对

表 7-7 西班牙互联网平台用工的关系认定情况

	事件	主要标准	权利义务关系
不存在雇佣关系	通过《劳工与社会保障监察局战略计划》	/	将数字平台的用工关系列为重要监管目标。
存在雇佣关系	优步司机案	劳动从属性	优步被归为客运公司，与传统出租车公司接受同等监管。
	《体面劳动国家计划》	提出平台用工符合雇佣关系。	/
	格洛沃骑手案	骑手服务和平台业务的匹配程度与资产投资情况	格洛沃是提供服务的企业，而非中介。
	《骑手法》	立法确定骑手为平台企业的正式雇员。	1. 平台须担承劳动法上的全部义务，包括缴纳保险、设立最低工资和最长工作时间等。 2. 平台须主动公开算法和告知工会可能影响工作条件的算法和人工智能系统。

① Wray, B. (2020). A 'Riders Law' for Spain? Interview with Felipe Corredor Álvarez of RidersXDerechos. Brave New Europe. Retrieved November 7, 2021. From https://bravenewveurope.com/ben-wray-a-riders-law-for-spain-interview-with-felipe-corredor-alvarez-of-ridersxderechos).

就业的贡献来减少所受监管，但西班牙注重保护劳动者权利的历史传统和制度惯性使平台的期望落空。西班牙激进的劳动部门与劳工群体强调，人们所需要的不仅仅是一份工作，而且是一份好工作。可现状却是，与当前社会经济不相宜的过度保护不仅没能为人们带来好工作，还在使更多人丢掉唯一的工作。

（五）启发思考

美、英、法、西四国对平台用工规制的不同框架和不同路径，对我国如何在当前劳动法框架下完善国家劳动治理体系提供了一定启发和思考。

第一，美国对平台规制的演进过程呈现了一个直观的事实，即互联网平台用工与先前的标准雇佣和灵活用工均存在差异，固守现有立法或许已无法解决问题。对于互联网平台用工，如果全盘否定雇佣关系，从业者的权益完全得不到保障；如果全盘确立雇佣关系，由此产生的巨大用工成本则可能会直接扼杀平台经济的发展。美国劳动立法的摇摆不定恰恰体现出了这一两难困境。

第二，英国对此采取了更为务实的做法，于市场与社会间取中，以期在劳动者权益、社会经济效益和市场自由度之间达成平衡。最高法院将网约车司机认定为非雇员工人，为其提供了基本的劳动与社会保障，践行了劳动法的立法目的。而非雇员工人较正式雇员的次级待遇，又区分开了互联网平台用工与标准雇佣，保留了部分用工灵活性。

第三，法国作为成文法国家，在立法上表现出一定的谨慎态度。政府避开对雇佣关系的认定，陆续通过系列法案对互联网平台用工进行补充解释，再借由企业社会责任的理念要求平台承担一定责任。这种矛盾统一的新治理路径，为用工形态及其规范的多元化预留了制度空间，能够较好地作为适应用工灵活化趋势的过渡方法。

第四，西班牙的立场鲜明而激进，在经济衰退的背景下仍强硬地推行了高标准的权益保护。但这一路径很明显不能与国家当前的经济发展水平和整体制度相匹配，最终影响了社会整体的经济效益，实际上反倒损害了劳动者参加就业与获取报酬的机会和权利。

三　中国灵活用工的发展历程

2021 年 7 月 16 日人社部等八部委共同印发《关于维护新就业形态劳动者劳动保障权益的指导意见》(人社部发〔2021〕56 号),提出"符合确立劳动关系情形 – 不完全符合确立劳动关系情形但企业对劳动者进行劳动管理 – 不符合确立劳动关系情形"三种劳动形态,我国针对灵活用工的规制由此进入新阶段。为更好地理解当前的劳动政策,健全完善针对灵活用工的劳动治理体系,下文对灵活用工在中国的发展及其规制进行了梳理和分析。

(一)1980 ~ 2007 年 传统零工的发展与规制

改革开放到 21 世纪初为"劳动关系市场化"阶段。政府陆续颁布多部行政文件和劳动法律,从立法上由点及面、步步深入地去除国有企业劳动关系的"单位化"和非国有企业劳动关系的"无序化",初步建立了灵活的劳动力市场,出现了非全日制用工、劳务派遣等灵活用工形式。1980 年,全国劳动就业工作会议提出实行劳动部门介绍就业、自愿组织起来和自谋职业相结合的"三结合"方针,突破了政府统包统配、单渠道安置劳动力的就业制度,迈出了用工制度改革第一步(杨燕绥、赵建国,2006)。1986年《国营企业招用工人暂行规定》提出招工的招聘考核和签订合同原则,允许企业在国家劳动工资计划指标内实施招工,将用工自主权放给企业,并鼓励其在新招收工人中实行劳动合同制。1993 年《中共中央关于建立社会主义市场经济体制若干问题的决定》则第一次明确提出要培育和发展劳动力市场,要求把开发利用和合理配置人力资源作为发展劳动力市场的出发点。1999 年《中共中央关于国企改革和发展若干重大问题的决定》提出"下岗分流、减员增效和再就业"的改革方向,力求积极发展和规范劳动力市场,形成市场导向的就业机制。

21世纪后，我国劳动力市场初步建立，劳动政策开始向"劳工权益保护"的方向探索，在保障就业的情况下对非正规就业与灵活就业予以支持，并针对突出的劳动权益缺失问题进行特别规制。一是通过鼓励发展灵活多样的就业形式，推动居民的就业与再就业。2002年《中共中央国务院关于进一步做好下岗失业人员再就业工作的通知》提出通过大力发展服务业、非正规就业和各种灵活就业，安置下岗待就业人员。2003年《中共中央关于完善社会主义市场经济体制若干问题的决定》强调就业形式要灵活多样。二是对灵活用工中出现的突出劳动问题进行特别规制，如非全日制用工的权益保障问题、灵活就业人员的社会保险问题和劳动关系界定问题等。2003年劳动和社会保障部发布《关于非全日制用工若干问题的意见》，特地对非全日制用工的界定标准、用工关系、劳动保护和社会保障待遇做出明确规定。同年发布的《关于城镇灵活就业人员参加基本医疗保险的指导意见》则提出"积极将灵活就业人员纳入基本医疗保险制度范围"，并对具体实施办法给出指导意见。2005年《关于进一步加强就业再就业工作的通知》进一步鼓励劳动者通过多种形式实现就业，并建议地方加快完善和实施与灵活就业相适应的劳动关系、工资支付和社会保险等政策，为灵活用工营造良好有序的政策和市场环境。针对灵活用工关系界定的问题，2005年《关于确立劳动关系有关事项的通知》则明确了劳动关系的"三性"判定标准和主要参考凭证。

总之，劳动关系市场化的过程逐步打破传统"统包统配"和"固定用工"的刚性制度，将用工自主权交还企业，在形成制度化劳动合同用工的同时，也鼓励了非全日制用工、劳务派遣用工等灵活用工形式的兴起，形成以市场为导向的弹性用工制度。而后期劳工权益保护相关的政策规制，则探索性地在持续推进就业灵活多样性的同时，对非全日制用工问题、灵活就业人员的社会保险问题和劳动关系界定问题等较为突出的劳动权益问题进行特别规制，形成稳定有序的劳动力用工市场环境。

（二）2008~2014年 劳务派遣的发展与规制

2008年作为劳动关系发展的重要节点，对灵活用工的发展及其规制都具有重要意义。《中华人民共和国就业促进法》《中华人民共和国劳动争议调解仲裁法》《中华人民共和国劳动合同法》等多部旨在保护劳工权益的劳动法律接连颁布。相关法律法规也间接推动了劳务派遣用工的发展。

首先，《劳动合同法》率先确立了"劳务派遣"的法学概念，并专设一章对它进行界定和规范，从立法层面承认劳务派遣用工的合法性地位。其次，《劳动合同法》从合同期限、解除限制、补偿赔偿等方面对劳动关系的订立、运行和解除进行了详细规定，被部分雇主认为是过度的单方保护，限制了企业的经营与用工自主权。劳务派遣转而成为取代选择。最后，虽然相关法律法规对劳务派遣进行了规制，如《劳动合同法》明确了劳务派遣单位的定义、设立条件和法律责任，《劳动争议调解仲裁法》将劳务派遣单位视为劳动争议的共同当事人，《中华人民共和国劳动合同法实施条例》规定劳务派遣单位不得以非全日制用工形式招用被派遣劳动者；但总体来看，劳务派遣的准入门槛设置过低，限制性规定较为模糊。因此，2008年后，劳务派遣规模急剧扩张，呈现各式行业乱象。

针对劳务派遣用工中出现的问题，2012年《劳动合同法》修订时，特意增设了对经营劳务派遣业务的前置行政许可，明确界定劳务派遣用工的"临时性、代替性和辅助性"要求和同工同酬原则。2013年人社部发布的《劳务派遣行政许可实施办法》，进一步对劳务派遣行政许可的申请受理、审查批准以及相关的监督检查等做出规定。2014年的《劳务派遣暂行规定》将劳务派遣用工比例限制在10%以内，以严格的立法规范对劳务派遣用工关系进行调整。

随着劳动法律对劳务派遣管控的加强，劳务外包作为劳务派遣的替代用工形式悄然兴起。用人单位为了节约用工成本和逃避法律责任，以劳务外包之名，掩劳务派遣之实。《劳务派遣暂行规定》第二十七条对"真派遣、假外包"做出回应，判定用人单位以承揽、外包等名义，按劳务派遣用工形式使用劳动者的，视为劳务派遣用工。

（三）2014年至今 互联网平台用工的发展与规制

2014年3月，优步宣布正式进入中国大陆市场，开启了中国的平台经济时代。随着移动互联网通信技术的进步和普及，平台经济从网约车逐渐延伸到即时配送、同城货运、网约送餐等多个行业，推动了新用工形态的出现——平台企业依托数字化技术对劳动者的劳动过程和劳动结果进行不同程度的管理和控制。但互联网平台用工作为"零工 + 数字平台"的模式，事实上混合了劳务派遣、业务外包、人才外包、兼职、依附性自雇等多种用工形式。可以说，互联网平台多元的主体关系和模糊的法律适用范畴，使其成为当前最为复杂、最受关注也最具争议的用工关系。故后文将对其政策规范过程做进一步梳理。

表 7 – 8　中国灵活用工的发展历程

阶段	事件或政策	重要内容
1980～2007 年，传统零工的发展与规制	1980 年全国劳动就业工作会议	提出实行"三结合"方针，开启用工制度改革。
	1986 年《国营企业招用工人暂行规定》	允许企业在国家劳动工资计划指标内招工，鼓励在新招工人中实行劳动合同制。
	1993 年《中共中央关于建立社会主义市场经济体制若干问题的决定》	首次提出以开发利用和合理配置人力资源为出发点，培育和发展劳动力市场。
	1999 年《中共中央关于国企改革和发展若干重大问题的决定》	提出"下岗分流、减员增效和再就业"的改革方向，形成市场导向的就业机制。
	2002 年《中共中央国务院关于进一步做好下岗失业人员再就业工作的通知》	提出通过大力发展服务业、非正规就业和各种灵活就业，安置下岗待业人员。
	2003 年《中共中央关于完善社会主义市场经济体制若干问题的决定》	强调就业形式要灵活多样。
	2003 年《关于非全日制用工若干问题的意见》	规定非全日制用工的界定标准、用工关系、劳动保护和社会保障待遇。
	2003 年《关于城镇灵活就业人员参加基本医疗保险的指导意见》	将灵活就业人员纳入基本医疗保险制度范围。
	2005 年《关于进一步加强就业再就业工作的通知》	鼓励劳动者多种形式就业，建议地方加快灵活就业相关政策配套。
	2005 年《关于确立劳动关系有关事项的通知》	明确劳动关系的"三性"判定标准和主要参考凭证。

阶段	事件或政策	重要内容
2008～2014 年，劳务派遣的发展与规制	2008 年《中华人民共和国劳动合同法》	确立"劳务派遣"概念，明确劳务派遣单位的定义、设立条件和法律责任。
	2008 年《中华人民共和国劳动争议调解仲裁法》	将劳务派遣单位视为劳动争议的共同当事人。
	2008 年《中华人民共和国劳动合同法实施条例》	规定劳务派遣单位不得以非全日制用工形式招用被派遣劳动者。
	2012 年《劳动合同法》修订	增设经营劳务派遣业务的前置行政许可，提出"三性"要求和同工同酬原则。
	2013 年《劳务派遣行政许可实施办法》	规定劳务派遣行政许可的申请受理、审查批准以及相关的监督检查等程序。
	2014 年《劳务派遣暂行规定》	提出 10% 的劳务派遣用工限制；明确以承揽、外包等名义采用劳务派遣用工的，视为劳务派遣用工。
2014 年至今，互联网平台用工的发展与规制	2014 年 3 月，优步宣布正式进入中国大陆市场。	开启中国的平台经济时代。

四　中国互联网平台用工的规制历程

（一）2014～2017 年 支持鼓励创新 发展新兴经济

2014～2017 年可被视为我国平台用工政策规范历程的第一阶段。在这一阶段，互联网平台用工作为新兴就业形态，被认为是共享经济的重要组成部分。在经济下行的压力下，政策层面基本对共享经济与平台用工持"支持鼓励创新"态度。

2015 年 5 月，《国务院关于大力发展电子商务加快培育经济新动力的意见》首次公开提出"新就业形态"这一概念，提出加强对灵活就业、新就业形态的支持。2015 年 7 月，国务院《关于积极推进"互联网＋"行动的指导意见》提倡"发展共享经济，规范发展网络约租车，积极推广在线租房等新业态，着力破除准入门槛高、服务规范难、个人征信缺失等瓶颈制约"。《中共中央关于制定国民经济和社会发展第十三个五年规划的建议》和2016年《政府工作报告》也继续强调对灵活就业、新就业形态的扶持和支持，为平台经济的发展扫除制度障碍。这种宏观的鼓励支持倾向体现在劳动关系治理上，则表现为给予平台企业充分的用工自由。就网约车行业而言，2016年7月，交通部等七部委发布《网络预约出租汽车经营服务管理暂行办法》，允许网约车平台与驾驶员基于意思自治原则，根据工作时长、服务频次等特点签订多种形式的劳动合同或者协议。

表7-9　平台用工规制的中央政策（2014~2017年）

政策	重要内容
2015年5月《国务院关于大力发展电子商务加快培育经济新动力的意见》	首次公开提出"新就业形态"这一概念，加强支持灵活就业、新就业形态。
2015年7月国务院《关于积极推进"互联网+"行动的指导意见》	提出"发展共享经济，规范发展网络约租车，积极推广在线租房等新业态，着力破除准入门槛高、服务规范难、个人征信缺失等瓶颈制约"。
2015年《中共中央关于制定国民经济和社会发展第十三个五年规划的建议》	提出"加强对灵活就业、新就业形态的支持，促进劳动者自主就业"。
2016年《政府工作报告》	提出"加强对灵活就业、新就业形态的扶持，促进劳动者自主就业"。
2016年7月《网络预约出租汽车经营服务管理暂行办法》	赋予网约车平台与驾驶员意思自治的权利，双方可根据工作时长、服务频次等特点签订多种形式的劳动合同或者协议。

（二）2018~2020年4月 包容审慎监管 地方积极探索

随着互联网平台企业的扩张，有关劳动者身份界定的争议愈发突出，在司法上开始显现出一定程度的分歧。

1. 劳动者身份界定

有学者分析，在此阶段，若争议中不存在从业者因伤需要救济的情况，法院通常不会判定双方间存在劳动关系；若争议焦点在于从业者的伤后救济或对第三人的损害赔偿责任，部分法院可能会出于经济因素考虑，最终判定双方间存在劳动关系（王天玉，2016）。"闪送案"中的劳动关系认定亦能体现这一倾向。2018年6月，海淀法院认定闪送员与平台公司间存在劳动关系①。在法院的判旨中，除常见的从属性、管理控制性因素外，还强调了对该案闪送员提供救济的必要性。同时需要注意的是，此认定仅适用于个案，不能视作对平台用工模式的最终宣判。首先，互联网平台用工模式混合了多种用工类型，具体属于哪种用工形式需在具体场景中进行辨识；其次，法官在判决时也尤为慎重，特别注明"并不代表所有注册的闪送员与同城必应科技有限公司之间均具有劳动关系"。这意味着法院关注到了平台用工的特殊运营模式和经济地位，在维护劳动者权益的同时，也担心判例影响扩大化，给新业态经济造成重击。

在劳动关系尚未明确的背景下，如何对新业态从业者的权益进行保障，成为互联网用工的突出问题。为积极回应这一问题，少数地方政府就社会保险和职业伤害保障展开了积极务实的规制探索。

2. 社会保险

2019年7月，四川成都率先将平台从业人员纳入新经济新业态从业人员范围，并对新经济新业态从业人员的社会保险参保制度做出探索性安排，制定了《成都市促进新经济新业态从业人员参加社会保险的实施意见》。该《实施意见》从五个方面进行了创新突破。

一是规范了新经济从业人员的劳动关系。成都市政府结合劳动法规定和新经济组织用工特点，梳理出全日制、非全日制、劳务派遣、劳务外包和民事协议五种用工形态。前四种形态的用工单位根据劳动法律与从业人员订立书面劳动合同、劳务派遣协议或用工协议。后一种形态的新经济组织依据《合同法》与从业人员签订民事协议，约定双方的责、权、利。

二是建立了新经济从业人员的参保促进机制。全日制、劳务派遣和劳

---

① 海淀法院判决理由如下：（1）劳动法的性质决定当事人双方不能以协议约定的方式排除劳动法的适用；（2）闪送平台通过提供货物运输服务获取利润，实际组织了货物运送过程并制定相关服务和收费标准；（3）闪送员与平台公司之间存在从属性；（4）平台用工关系的灵活性特征，并不能阻却对双方劳动关系的判定；（5）有必要性对本案闪送员提供救济。

务外包用工，企业按企业参保办法参加社会保险；非全日制用工和民事协议用工，从业人员按灵活就业人员参保办法参加城镇职工基本养老保险和基本医疗保险。同时，新经济组织应为非全日制人员参加工伤保险。使用多种用工形态的组织，可合理选择组合参保方式。

三是完善了新经济从业人员参保工作推进机制。新政策在现行社保政策框架下，打破了五项社会保险捆绑征收模式，允许新经济企业根据不同用工形态及从业人员特点，灵活选择、优化组合参保方式。

四是建立新经济从业人员参保部门协同机制。成都成立了由人社部门牵头，税务、新经济委、市场监管等相关职能部门密切配合的专项工作小组，联动参与，齐抓共管，统筹推进新经济从业人员参保工作。

五是分阶段推进社保全覆盖。《实施意见》计划，到2020年实现与新经济组织建立规范劳动关系的从业人员基本实现社会保险参保全覆盖，到2022年与新经济组织存在其他劳动关系、劳务关系或合作关系的从业人员基本实现社会保险参保全覆盖。

总之，该《实施意见》试图在少增加或不增加企业负担的前提下，理顺新经济领域的劳动关系，推动从业人员"应保尽保"，构建劳动者、企业、政府三方共赢的局面，初步实现了为国家顶层设计探路的愿景。

3. 职业伤害保障

在职业伤害救济方面，人社部于2019年2月首次表示将适时启动《工伤保险条例》的再次修订工作，把外卖员、网约车司机、快递员等新业态从业者纳入工伤保障当中。2019年8月，国务院发布《国务院办公厅关于促进平台经济规范健康发展的指导意见》，明确提出"落实和完善包容审慎监管要求，推动建立健全适应平台经济发展特点的新型监管机制"，"开展职业伤害保障试点，积极推进全民参保计划，引导更多平台从业人员参保"。2020年2月，中央一号文件《中共中央国务院关于抓好"三农"领域重点工作确保如期实现全面小康的意见》也从顶层设计要求"开展新业态从业人员职业伤害保障试点"。

2018年3月，江苏吴江区印发《吴江区灵活就业人员职业伤害保险办法》和《灵活就业人员职业伤害保险实施细则》，允许未建立劳动关系的灵活就业人员参加职业伤害保险。2020年3月，浙江省湖州市《人力资源和社会保障局等5部门关于试行快递企业等新业态从业人员职业伤害保障办法的通知》规定，本市邮政速递、快递业务或外卖配送服务（餐饮）等新业态企业遵循自愿原则，根据自身实际需求，为其从业人员参加单险种工伤保险，鼓励新业态企业参加补充商业保险，实现工伤保险、商业保险与新业态企业三方共担机制。2020年7月，浙江省衢州市人社局通过《衢州市新业态从业人员职业伤害保障试行办法》，允许市内快递物流、网络送餐、网络约车的新业态企业（含向该三类行业派遣从业人员的劳务派遣机构），根据自愿原则为其企业内符合参保条件的从业人员单独缴纳工伤保险，通过建立单险种工伤保险和补充商业保险"1+1"相结合的模式，保障新业态从业人员的合法权益，降低新业态企业的用工风险。

综合来看，上述三地的职业伤害保障政策均做出了较大突破，能够作为工伤保险制度的并行政策，有效保障平台从业者的劳动权益。一是在参保主体范围上，各地基本实现了参保资格与劳动关系和户籍"双脱钩"。三市均允许未建立劳动关系的人员参投职业伤害保险，并未对参投人员的户籍做出任何要求。二是在经办模式上，各地不同程度地引入了商业保险机制。江苏吴江的职业伤害保险明确由政府主导、商业保险公司承办，浙江两地则鼓励企业参加补充商业保险以构成三方共担机制。三是在工伤认定上，浙江两地以《工伤保险条例》为参照，坚持"三工"（工作时间、工作地点、工作原因）原则；吴江则减少了对"工作时间、工作地点"的要求，认定范围略有缩减。而在缴费和待遇上，各地基本对标工伤保险制度，采取低缴费金额和企业承担保险责任的方式。

表7-10 平台用工规制的中央政策与地方实践（2018~2020年4月）

政策与事件	重要内容
2018年3月江苏吴江《灵活就业人员职业伤害保险办法》和《灵活就业人员职业伤害保险实施细则》	允许未建立劳动关系的灵活就业人员参加职业伤害保险。
2018年6月北京"闪送"案	海淀法院认定闪送员与平台间存在劳动关系。

续表

政策与事件	重要内容
2019 年 7 月《成都市促进新经济新业态从业人员参加社会保险的实施意见》	率先对平台从业人员在内的新经济新业态从业人员的社会保险参保制度做出探索性安排。
2019 年 8 月《国务院办公厅关于促进平台经济规范健康发展的指导意见》	提出落实和完善包容审慎监管要求，开展职业伤害保障试点，积极推进全民参保计划。
2020 年 2 月《中共中央国务院关于抓好"三农"领域重点工作确保如期实现全面小康的意见》	提出开展新业态从业人员职业伤害保障试点。
2020 年 3 月浙江湖州《人力资源和社会保障局等 5 部门关于试行快递企业等新业态从业人员职业伤害保障办法的通知》	允许本市邮政速递、快递业务或外卖配送服务（餐饮）等新业态企业为从业人员参加单险种工伤保险。

但是，上述试点依然存在一些问题。第一，没有放开对参保人员年龄的限制，无法为超龄从业者提供保障。第二，该保障与大型平台企业的商业性保险或互助保障机制相冲突，会降低从业人员的参保积极性。第三，从业者劳动关系不明确的困境未被改变，在涉及责任主体时，很多问题仍需追溯到劳动关系认定上。所以，对互联网平台用工的规制，还需在一个综合性的顶层设计方案下进行。

（三）2020年5月至今 补齐法律短板 全面规范管理

2020 年 5 月，习近平总书记在全国政协经济界联组会上指出，对于新就业形态，既要顺势而为，更要及时跟上研究、补齐法律短板，在变化中不断完善。① 新就业形态劳动者的法律保障问题便是当前最突出的短板。自此之后，政策制定者更为关注劳动者的权益保障问题，对互联网平台用工进行更为严格的规制。

1. 中央新方向

2020 年 7 月，发改委等多部门印发《关于支持新业态新模式健康发展

---

① 可参考新华网，《习近平谈"新就业形态"：顺势而为、补齐短板》，2020 年 5 月 23 日，ht-tp：//www. xinhuanet. com/politics/leaders/2020 – 05/23/c_1126023919. htm，最后访问日期：2021 年 11 月 5 日。

激活消费市场带动扩大就业的意见》，呼吁"强化灵活就业劳动权益保障，探索多点执业。探索适应跨平台、多雇主间灵活就业的权益保障、社会保障等政策。完善灵活就业人员劳动权益保护、保费缴纳、薪酬等政策制度，明确平台企业在劳动者权益保障方面的相应责任，保障劳动者的基本报酬权、休息权和职业安全，明确参与各方的权利义务关系"。2020 年 11 月的《中共中央关于制定国民经济和社会发展第十四个五年规划和二〇三五年远景目标的建议》也提出支持和规范发展新就业形态。2021 年 4 月，《国务院办公厅关于服务"六稳""六保"进一步做好"放管服"改革有关工作的意见》支持和规范新就业形态发展，着力推动消除制约新产业新业态发展的隐性壁垒，不断拓宽就业领域和渠道；加强对平台企业的监管和引导，促进公平有序竞争；推动平台企业依法依规完善服务协议和交易规则，合理确定收费标准，改进管理服务，支持新就业形态健康发展。

2. 地方再探索

为回应中央新方向，部分地方也面向问题较为突出的领域和行业，组织了新一轮的思考探索。

2021 年 2 月，《四川省就业和失业登记办法》和《四川省就业创业证管理办法》将"互联网＋"等新就业形态首次纳入登记范围，同时将社保、市场监管以及劳动用工备案数据进行比对，对符合条件的全部纳入登记范围。这有利于推进城乡一体化发展、实现基本公共就业服务均等化。

2021 年 4 月，江苏南京《关于规范新就业形态下餐饮网约配送员劳动用工的指导意见（试行）》对外卖骑手的用工类别做出界定。根据用工性质和用工特征，骑手可分为专送骑手（包括全日制骑手、劳务派遣骑手和非全日制骑手）和众包骑手。其中，专送骑手须与用人单位或劳动派遣单位签订劳动合同，众包骑手与平台或劳务外包企业签订网约配送员协议，建立劳务、承揽等法律关系。

3. 中央新意见

2021 年 7 月 7 日，国务院常务会议明确提出"适应新就业形态，推动建立多种形式、有利于保障劳动者权益的劳动关系"，确定了以多种形式的劳动关系适应新时代劳动方式变革，构建新业态灵活就业人员劳动权益保障制度。据此，人社部等八部委在 7 月 16 日共同印发了《关于维护新就业形态劳动者劳动保障权益的指导意见》。该《意见》提出"不完全符合确立劳动关系情形但企业对劳动者进行劳动管理"的新劳动形态，并从明确劳动者权益保障责任、健全劳动者权益保障制度、优化劳动者权益保障服务、完善劳动者权益保障工作机制四方面对新就业形态进行全面规范管理。

表 7–11　互联网平台用工规制的中央政策（2020 年 5 月至今）

事件或政策	重要内容
2020 年 7 月《关于支持新业态新模式健康发展激活消费市场带动扩大就业的意见》	提出"强化灵活就业劳动权益保障，探索多点执业。探索适应跨平台、多雇主间灵活就业的权益保障、社会保障等政策。完善灵活就业人员劳动权益保护、保费缴纳、薪酬等政策制度，明确平台企业在劳动者权益保障方面的相应责任，保障劳动者的基本报酬权、休息权和职业安全，明确参与各方的权利义务关系"。
2020 年 11 月《中共中央关于制定国民经济和社会发展第十四个五年规划和二〇三五年远景目标的建议》	提出支持和规范发展新就业形态。
2021 年 4 月《国务院办公厅关于服务"六稳""六保"进一步做好"放管服"改革有关工作的意见》	提出"着力推动消除制约新产业新业态发展的隐性壁垒，不断拓宽就业领域和渠道。加强对平台企业的监管和引导，促进公平有序竞争，推动平台企业依法依规完善服务协议和交易规则，合理确定收费标准，改进管理服务，支持新就业形态健康发展"。
2021 年 7 月，人社部等八部委《关于维护新就业形态劳动者劳动保障权益的指导意见》	从明确劳动者权益保障责任、健全劳动者权益保障制度、优化劳动者权益保障服务、完善劳动者权益保障工作机制四方面对新就业形态进行全面规范管理。

4. 地方再落实

各地方政府也紧跟中央，结合地方实践，对有关法律依据和治理方式进行了深入的探索完善。据课题组统计，截至 2021 年 11 月 1 日，22 个省（自治区、直辖市）根据《意见》出台了相关的配套措施（含征求意见稿）。各地方从以下四方面制定了配套政策。

（1）明确劳动者权益保障责任，重点在于划分平台用工的不同方式及其对应的用工责任。部分地方（如吉林①、福建②、河北③）首先对"新就业形态劳动者"和"新就业形态企业"进行了定义。新就业形态劳动者指网约配送员、网约驾驶员、代驾司机、互联网营销师等依托互联网平台实现就业，其就业方式有别于传统的稳定就业和灵活就业的劳动者。新就业形态企业则指平台企业和平台企业的用工合作企业（为平台企业派遣劳动者的劳务派遣单位，以及负责组织、管理劳动者完成平台发布工作任务的平台企业加盟商、代理商、外包公司等）。在划分上，所有地方政府都遵循了中央指导意见中的用工关系"三分"，但在具体称谓上略有不同。大多数地方政府延续了"符合确立劳动关系情形 – 不完全符合确立劳动关系情形但企业对劳动者进行管理 – 不符合确立劳动关系情形"的名称。北京④则将上述三种对应类型分别称为"平台单位就业员工""平台网约劳动者"和"平台个人灵活就业人员"。在用工责任上，前者严格遵循劳动法律要求，后者接受民事法律调整，中间类型的劳动者则通过涵盖基本劳动权益必要条款的书面协议来确定双方的权利义务。此外，河北还特地强调，企业不得为规避用工责任，强迫、诱导劳动者注册为个体工商户。

（2）健全劳动者权益保障制度，重点在于保障不完全确立劳动关系情形的劳动者公平就业、劳动报酬、休息、劳动安全、社会保险等方面的权利，完善相应职业伤害保障和诉求表达机制。

在公平就业方面，各地要求企业招聘时不得违设歧视性条件，不得向劳动者收取财物，不得违法限制劳动者在多平台就业。

在劳动报酬方面，各地待遇基本参照劳动法。一是将其纳入最低工资

---

① 吉林的具体规制内容，见吉林省人力资源和社会保障厅劳动关系处 2021 年 9 月发布的《关于公开征求〈吉林省维护新就业形态劳动者劳动保障权益实施办法（试行）（征求意见稿）〉意见建议的公告》。后同。

② 福建省的具体规制内容，见福建省人力资源和社会保障厅 2021 年 10 月发布的《贯彻落实〈人力资源社会保障部等八部委关于维护新就业形态劳动者劳动保障权益指导意见的十五条措施〉的政策解读》。后同。

③ 河北省的具体规制内容，见河北省人力资源和社会保障厅等八部门 2021 年 10 月 29 日联合印发的《关于维护新就业形态劳动者劳动保障权益的实施办法》。下同。

④ 北京市的具体规制内容，见北京市就业工作领导小组 2021 年 9 月 5 日印发的《关于促进新就业形态健康发展的若干措施》。后同。

制度保障范围，按时足额发放报酬。天津①要求企业优先采用实时结算和直接支付方式，支付周期最长不超过 1 个月。二是要求企业合理确定劳动定额标准。在程序上，福建要求行业主管（监管）部门和协调劳动关系三方四部门指导企业完善考核机制；在具体内容上，浙江②提出"需确保本企业同岗位 90% 以上的劳动者在法定工作时间内能够完成"。三是提供加班工资或特殊津贴。多省市规定，在法定节假日或极端恶劣天气下工作的，企业应当支付高于正常工作时间标准的劳动报酬或额外补偿。具体支付标准一般由双方约定或协商。没有约定或协商的，重庆③提出参照劳动法，浙江提出适用集体合同规定（无集体合同或集体合同未规定的，实行同工同酬）。四是建立劳动报酬合理增长机制，逐步提高劳动报酬水平。

在社会保险方面，各地分层分级、应保尽保。首先是引导和支持劳动者根据自身情况参加相应的社会保险；其次是加强社会保险公共服务平台建设，提供更加便捷优质的参保缴费、权益查询、待遇领取和结算、社会保险关系转移接续等服务。浙江省还特别提出，要放开灵活就业人员在就业地参加基本养老、基本医疗保险的户籍限制，建立健全新就业形态劳动者单险种工伤保险制度。

在劳动安全卫生保护方面，企业应严格遵守安全生产相关法律法规，配备必要的劳动安全卫生设施和劳动防护用品，进行安全生产教育和培训。交通运输、公安等部门和行业主管部门也应当参与监管，有效消除道路安全隐患。吉林还特别提出，"企业应当发挥数据技术优势，健全完善订单分派机制，优化劳动者往返路线，降低劳动强度。科学确定订单饱和度，向劳动者分派发单量时，充分考虑安全因素。合理管控劳动者在线工作时长，

---

① 天津市的具体规制内容，见天津市人力资源和社会保障局 2021 年 9 月 30 日发布的《市人社局关于对〈天津市关于维护新就业形态劳动者劳动保障权益的实施意见〉公开征求意见建议的公告》。后同。

② 浙江省的具体规制内容，见浙江省人力资源和社会保障局等 8 个部门 2021 年 10 月 12 日联合印发的《浙江省维护新就业形态劳动者劳动保障权益实施办法》。后同。

③ 重庆市具体规制内容，见重庆市人力资源和社会保障局等 11 个部门 2021 年 10 月 29 日联合印发的《重庆市人力资源和社会保障局等 11 个部门关于维护新就业形态劳动者劳动保障权益的实施意见》。后同。

对连续送单超过 4 小时的，20 分钟内不得再行派单"。

在休息休假方面，企业要合理安排工作时间。山东①允许企业在保障劳动者人身健康权的前提下，适当延长工作时间，但不应超出法定加班时限；业务清淡时，可以采取集中放假、轮岗轮休、待岗培训等方式，尽量做到少裁员或者不裁员，促进就业稳定。浙江同样允许符合条件的企业依法实行不定时工作制等特殊工时制度，并特别规定"平台企业要发挥数据技术优势，合理管控在线工作时间，对连续工作超过 4 小时的要安排工间休息"。

在职业伤害保障方面，各地以出行、外卖、即时配送、同城货运等行业的平台企业为重点，采取政府主导、信息化引领和社会力量承办相结合的方式建立职业伤害保障制度。同时鼓励平台企业购买人身意外、雇主责任等商业保险，引导商业保险公司开发适合的产品，提升保障水平。

在劳动者诉求表达机制方面，充分发挥民主协商机制作用，建立完善新就业形态集体协商机制。平台企业制定修订直接涉及劳动者权益的制度规则和平台算法时，要充分听取工会或劳动者代表意见建议，将结果公示或者告知劳动者，并接受人力社保和行业主管部门监督。福建和浙江特别要求平台企业完善绩效考核制度，反对"以罚代管"。企业应将易引发争议的扣款规定调整为体现优绩优酬的正向激励措施，并加强对恶意投诉的甄别处置，畅通评价申诉救济渠道，及时回应和客观公正处理劳动者申诉。

（3）优化劳动者权益保障服务，重点在于优化就业服务、社会保险经办、职业技能培训、工作和生活服务保障。

在优化就业服务方面，各地将新就业形态劳动者纳入社会公共服务体系，通过提供专项补贴、政策咨询、职业指导、就业援助，增强就业创业扶持和服务。按照北京的新规定，"平台个人灵活就业人员个人销售自产农副产品、家庭手工业产品，利用自己的技能从事依法无须取得许可的便民劳务活动和零星小额交易活动，以及依照法律法规不需要进行登记的，无须办理市场主体登记；仅通过网络开展经营活动的，申请登记个体工商户，

---

① 山东省的具体规制内容，见山东省人力资源和社会保障厅等八部门于 2021 年 9 月 26 日印发的《关于维护新就业形态劳动者劳动保障权益的实施意见》。

可以将网络经营场所登记为经营场所"。

在社会保险经办方面，各地推进线上与线下相结合的方式，提升经办业务便利化水平，做好社会保险关系转移接续工作。

在职业技能培训方面，各地结合实际建立适合新就业形态劳动者的职业技能培训模式。其中，人社部将湖北①武汉、襄阳、宜昌、黄石 4 个城市确定为试点地区，并将美团（网约配送员）、滴滴（网约出租车司机）、京东（快递员）、阿里巴巴本地生活（网约配送员）、到家集团（家政服务员）、顺丰（网约配送员）6 家企业作为试点企业，开展新就业形态技能提升和就业促进项目。试点企业依托线上培训平台或培训机构，对通过企业平台提供服务获取收入的城镇登记失业人员、农村转移就业劳动者（其中包括失地农民、退捕渔民）、城乡未继续升学应届初高中毕业生、贫困家庭（包括低保家庭）子女、脱贫人口、离校两年未就业高校毕业生（含技工院校）、退役军人、残疾人等各类就业重点群体开展技能培训。具体培训内容由试点企业根据技能需求和企业生产经营特点自主确定。政府以技能培训20 课时、500 元/人的标准提供补贴。

在工作和生活服务保障方面，一是完善基层服务网点，设置临时休息场所，充分利用工会服务职工阵地，解决劳动者停车、充电、饮水、如厕等难题；二是统筹文教公共服务，丰富公共文化产品和服务供给，保障符合条件的新就业形态劳动者子女在常住地接受义务教育；三是纳入工会保障范围，福建就提出将符合条件的新就业形态劳动者纳入一般性慰问、金秋助学、职工医疗互助等常态化送温暖工作范围。

（4）完善劳动者权益保障工作机制，重点在于拓宽工会维权和服务范围，加强矛盾纠纷调处，加大监管力度。

在拓宽工会维权和服务范围方面，开展新就业形态劳动者入会集中行动。一是畅通入会渠道，推进"互联网＋工会"建设。二是探索适应新就业形态的建会入会方式。重庆提出通过单独建会、联合建会、行业建会、

---

① 湖北省的具体政策见湖北省人力资源和社会保障厅 2021 年 8 月 27 日发布的《湖北省人力资源和社会保障厅关于开展新就业形态技能提升和就业促进项目扩大试点工作的通知》。

区域建会等多种方式扩大工会组织覆盖面。三是加强思想政治引领，引导劳动者理性合法维权。四是监督企业履行用工责任，维护好劳动者权益。五是积极组织开展集体协商，着重就行业计件工资单价、劳动定额标准、最低工资、劳动保护、休息休假等内容开展集体协商，签订行业集体合同或协议，推动制定行业用工规范和劳动标准。六是关心关注新就业形态劳动者。天津要求工会及时为符合困难职工建档标准的新就业形态劳动者会员建立档案，分级分类开展常态化帮扶。

在加强矛盾纠纷调处方面，积极协调新就业形态劳动保障权益纠纷。各级劳动争议调解仲裁机构要合理把握劳动关系认定尺度。对于不完全符合确立劳动关系情形的，可引导劳动者或企业依法向人民法院提起诉讼。并与当地人民法院沟通协调，加强裁审衔接，统一办案标准，减少"同案不同裁（判）"的现象，提升案件处理质效。另外，各类调解组织、法律援助机构及其他专业化社会组织要完善协作机制，为新就业形态劳动者提供更加便捷、优质、高效的纠纷调解、法律咨询、法律援助等服务。

在加大监管力度方面，维护劳动者合法权益。一是劳动行政部门要强化劳动保障监察，适时开展平台企业劳动者权益维护专项检查，督促企业落实新就业形态劳动者权益保障责任。二是各级交通运输、应急、市场监管等职能部门和行业主管（监管）部门要规范企业经营行为，及时约谈、警示、查处侵害劳动者权益的企业。三是加强数字化监管服务，包括畅通线上投诉渠道（如全国欠薪线索反映平台）和主动推动政企数据对接融合，加强政务信息共享应用，建立新就业形态动态监测机制。

综合来看，各地方政府根据《意见》对健全权益保障制度机制进行了配套政策的设计。这些政策设计在相当程度上表现出一致性，从劳动者权益保障的责任、制度、服务和工作机制四方面对新就业形态劳动者就业方式进行了有效规制。但在细节规定方面，各地方政府又切合实际，做出了差异化的阐释，为统筹促进平台经济发展与维护新就业形态劳动者权益的规制路径提供了更多的可能性。

五　小结

20 世纪 80 年代，全球化生产冲击了传统的劳动关系，取而代之的是弹性多元的生产模式与雇佣政策。灵活用工形式开始兴起。随后的数字经济，更是孕育互联网平台用工的新模式。这一模式既是技术进步的产物，又意味着零工的回归——它似乎正在瓦解劳动关系领域持续近两百年的社会契约关系。但这一趋势是不可阻挡的，唯有从现实情况和历史经验抽丝剥茧出新的规制思路，才能与灵活用工"共舞"。

因此本章先从横向的角度，比较了美、英、法、西四国对互联网平台用工规制的不同路径。本章发现，美国摇摆不定的立法经验证实了互联网平台用工的特殊性，西班牙的激进主张反倒损害了劳动者的权益，对比起来，英、法的实用主义路径似乎更能适应多元的用工形态，较好地适配互联网平台用工的发展。

之后，本章再从纵向的角度，梳理了灵活用工在我国的发展历程。本章认为，灵活用工在我国的发展可分为三个阶段。在第一阶段（1980 ~ 2007 年），劳动关系的市场化改革打破了传统刚性制度，鼓励灵活用工形式兴起，引发对传统零工的特别规制。在第二阶段（2008 ~ 2014 年），劳动法律的接连颁布推动了新灵活用工形式的发展，劳务派遣开始盛行，并在后期逐渐受到规制。在第三阶段（2014 年至今），互联网平台用工随着移动互联网技术的广泛应用而问世，成为当前最为复杂、最受关注也最具争议的灵活用工类型。

在对互联网平台用工的进一步分析中，本章同样将其规制历程分为三个阶段：支持鼓励创新，发展新兴经济——包容审慎监管，地方积极探索——补齐法律短板，全面规范管理。在最后一阶段，中央和地方政府为统筹促进平台经济发展与维护新就业形态劳动者权益，积极进行制度探索，为互联网平台用工的规制提供了众多宝贵经验。

附录一
研究方法与样本

本书使用了质性研究和量化研究混合的方法。在收集定性资料和数据过程中，课题组以半结构化访谈、座谈会和问卷的方式，对用工企业管理者与员工、人力资源服务机构、行业协会以及地方人力资源和社会保障部门进行了调查；同时对国内外关于灵活用工的政策文件、学术文献和调查报告等进行了归纳与提炼。

最终课题组收集的资料包括：第一，访谈资料。具体访谈对象为37家用工企业、13家人力资源服务企业、4家行业协会、5个省市地方人力资源和社会保障部门。第二，数据资料。此次课题共回收1189份企业有效问卷，1095份员工有效问卷。第三，课题组同步收集了官方统计数据、政府政策、权威网站的公开信息、权威学术机构和市场机构的调研报告等二手资料，以佐证本课题相关分析结论。

一　访谈资料

此次课题的访谈共包含五个部分。第一部分是对用工企业的访谈。课题组共访谈了37家用工企业的灵活用工情况（具体企业信息见表1）。参与访谈的用工企业包括来自制造业、互联网、文化娱乐、医疗、教育、软件、地产、金融、物流等多种行业的企业，接受访谈的对象均为企业负责人、人力资源部门负责人或其他相关企业高管。37家企业分布在北京、上海、广东、浙江、江苏、湖北、四川、重庆等省份。

用工企业的访谈。课题组在这方面主要围绕三部分内容进行访谈。第一部分内容主要了解企业基本信息，具体包括：企业主营业务、历史沿革、发展战略、经营业务模块、公司组织架构与管理以及公司在行业中的地位与竞争优势。第二部分内容主要集中于灵活用工的情况进行访谈，内容包括：使用灵活用工的主要部门、岗位、用工类型对灵活用工的管理，以及影响灵活用工使用的关键因素。第三部分内容主要了解灵活用工人员的权益保障问题，具体包括：灵活用工人员权益保障方面存在的诉求和挑战，针对灵活用工人员相关法律法规政策的适用性等。通过对用工企业的调研，课题组获取了来自灵活用工市场需求方（甲方）的详实资料。

表1　用工企业访谈信息

访谈编号	参访者职位	企业类型	所属行业
LHYG01	副总裁	民企	文化旅行
LHYG02	人力负责人	民企	互联网
LHYG03	副总裁	民企	泛娱乐
LHYG04	人力负责人	民企	制造
LHYG05	执行总裁	民企	软件
LHYG06	人力负责人	民企	教育
LHYG07	总经理	民企	医疗服务
LHYG08	人力负责人	民企	教育
LHYG09	人力负责人	国企	服务
LHYG10	人力负责人	民企	制造
LHYG11	人力负责人	民企	平台/互联网
LHYG12	人力负责人	民企	平台/互联网
LHYG13	营销负责人	民企	地产
LHYG14	集团副总经理	国企	互联网电商
LHYG15	区域总经理	外企	互联网
LHYG16	人力负责人	民企	互联网
LHYG17	人力负责人	外企	服务
LHYG18	人力负责人	民企	教育
LHYG19	人力负责人	国企	零售
LHYG20	人力负责人	民企	零售

访谈编号	参访者职位	企业类型	所属行业
LHYG21	人力负责人	民企	零售
LHYG22	人力负责人	民企	平台/互联网
LHYG23	业务总经理	民企	软件
LHYG24	人力负责人	民企	平台/餐饮
LHYG25	人力负责人	民企	互联网/传媒
LHYG29	区域负责人	民企	物流
LHYG32	人力负责人	民企	制造
LHYG44	总裁	民企	互联网
LHYG45	人力负责人	民企	互联网
LHYG46	人力负责人	民企	互联网
LHYG47	总经理	国企	科技
LHYG48	业务总经理	民企	互联网
LHYG50	业务总经理	民企	平台/农产品流通
LHYG53	人力负责人	民企	互联网/宠品消费
LHYG54	人力负责人	民企	制造
LHYG60	人力负责人	民企	互联网
LHYG62	人力负责人	民企	互联网电商

人力资源服务企业的访谈。课题组共访谈了 13 家各自在不同细分市场表现突出的人力资源服务供应商。[①] 服务商主营业务范围覆盖劳务派遣、外包、猎头、招聘等，服务客户所在行业覆盖面广，从传统制造业到现代互联网行业均有涉及。从地区分布看，这 13 家人力资源服务企业分别来自沿海发达省份与中西部省份；在供应商的企业性质上，以民营企业为主，但也包含了国有、外资性质的人力资源服务供应商。通过这一轮调研，课题组获取了来自人力资源服务方（乙方）的丰富信息及对灵活用工议题的洞察。

---

① 访谈编号：LHYG28，LHYG30，LHYG31，LHYG33，LHYG34，LHYG35，LHYG37，LHYG49，LHYG55，LHYG56，LHYG57，LHYG61，LHYG63。

地方人力资源和社会保障部门工作人员的座谈会。课题组共组织了 5 个省市的人力资源和社会保障部门的座谈会，[1] 主要了解当地与灵活用工相关的劳动关系、劳动权益、人力资源服务市场、社会保障和就业等相关信息，并与政府工作人员就灵活用工规制的相关政策问题进行了探讨。通过这一轮调研，课题组获取了来自政府层面的一手资料及对灵活用工规制思路的思考。

行业协会的访谈。[2] 课题组共访谈了北京、上海、宁波、南京等地的人力资源服务行业协会的负责人，获得了中国人力资源服务市场的萌芽、发展历程与关键事件等相关资料。

企业管理层与员工的深度访谈。[3] 课题组共访谈了 11 家企业的员工、基层管理者与中高层管理者，获取的一手资料包括：灵活用工员工的从业经历与体验、基层管理者的日常管理经验、中高层管理者对公司业务发展的认识、灵活用工管理的经验及对灵活用工市场的洞察。

最终，课题组将上述一手资料与同步收集的二手资料整合之后用于整体分析；并以质性研究经验为基础，结合 2020 年的问卷调查经验，设计了 2021 年的企业问卷与员工问卷。

二　调查数据

（一）企业端问卷

企业端问卷的发放对象为用工企业，此次调查共回收 1620 份填写完整的问卷。剔除无效答卷或明显低回答质量问卷后，课题组从以下三个方面对问卷进行了第二轮质量检查：（1）依据填写者所在职位与部门做进一步筛选，仅保留企业高层管理者与人事部门负责人填写的问卷，剔除可能对

---

① 访谈编号为：LHYG42，LHYG43，LHYG51，LHYG52，LHYG59。
② 访谈编号为：LHYG26，LHYG27，LHYG33，LHYG58。
③ 访谈编号为：LHYG36（该访谈包含三名灵活用工员工），LHYG37，LHYG38，LHYG39，LHYG40（该访谈包含两名人力资源服务企业的驻场 HRBP），LHYG41，LHYG64，LHYG65。

企业内灵活员工使用情况无法有充分了解的人员（比如来自前业务岗位或技术岗位的填写者）填写的问卷；（2）依据填写者填写的公司员工总数和灵活用工员工人数计算公司灵活用工员工占比，并与填答者实际填答量进行比较，仅保留误差范围在［-20%，20%］之间的问卷；（3）剔除有明显回答逻辑问题的问卷，比如企业员工总数小于灵活用工员工数的问卷。

最终，共计1189份问卷被认为是相对可靠的企业问卷调查样本，成为课题组后续量化分析的数据基础。在1189个企业样本中，正在使用灵活用工的企业有727家，占比61.1%，剩余462家（占比38.9%）参与调研的企业表示当前并没有使用灵活用工。

参与调研的企业平均成立年限为15.25年，中位数为12年。从地理分布来看，74%的样本企业来自北京、上海、江苏、浙江、广东等沿海发达地区，26%的样本企业来自其余非沿海发达地区（图1）。

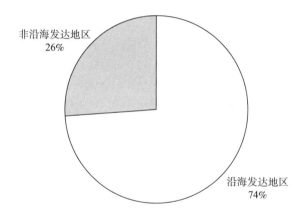

非沿海发达地区
26%

沿海发达地区
74%

图1　参与问卷的企业地理分布

从企业所有权来看，74%的样本企业来自民营企业，14%的样本企业来自国企，剩余则为外资与港澳台资等（图2）。

从企业规模①来看，45%的样本企业为小微企业，20%的样本企业为中型企业，35%为大型企业（图3）。

———————

① 本报告将规模在300人以下的企业定义为小微企业，300~1000人的企业定义为中型企业，1000人及以上的企业定义为大型企业。

图2　参与问卷的企业所有权分布

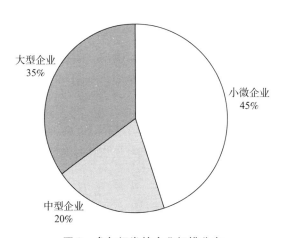

图3　参与问卷的企业规模分布

从行业来看，样本企业的行业包括制造业（20.7%），互联网、IT行业（19.9%），金融、房地产行业（13.8%），其他服务业（13.4%），餐饮、酒店、零售、批发行业（10.2%）。此外，8.2%的样本企业自我汇报为其他服务业。随后，课题组将行业分类进一步提炼，保留制造业这一分类不变，金融、房地产、互联网、IT、教育培训、文娱（不包括同时自我汇报为制造业的企业）等行业的企业合并，统称为"现代服务业"，而餐饮、酒店旅游、零售批发、交通运输仓储邮政业等行业的企业合并，统称为"传统服务业"，不能够归类在制造业、现代服务业与传统服务业里的企业则被归类为其他行业。最终，46%样本企业来自现代服务业，32%来自传统服务业

（图4）。

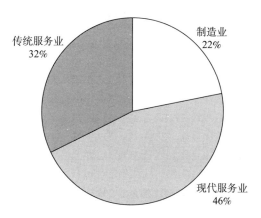

图4 参与问卷的企业行业分布

综上，结合答题者的身份、企业的成立年限、规模、地理分布、所在行业等信息来看，本轮调研的样本具有一定程度的可靠性与代表性。

其次，企业端问卷还测量了与企业经营现状及组织变革有关的变量，包括企业2020年的营业收入水平、2021年的预期营业收入水平、在所处行业内的相对竞争地位、企业所处发展阶段以及企业的主要用工地点分布情况。

课题组采集了两个指标来衡量企业的经营水平。第一个指标为营业收入，包括企业在2020年的营业收入水平和2021年的预期营业收入水平。针对企业2020年的营业收入水平，数据显示（图5），30.4%的样本企业在2020年的营业收入低于5000万元，36%的样本企业2020年营业收入处于5000万至10亿元之间，23%的样本企业在2020年营业收入超过10亿元。针对企业2021年的预期营业收入，数据显示（图6），26.7%的样本企业预计2021年的营业收入低于5000万元，36.3%的样本企业预计2021年的营业收入处于5000万至10亿元之间，25%的样本企业预计2021年的营业收入超过10亿元。

第二个指标则是企业在所处行业内的相对竞争地位，这是间接测量企业经营结果的一个常用指标。数据显示（图7），与同行业规模、资源、年龄相当的竞争对手相比，35.4%的样本企业表示其业绩比竞争对手更好，

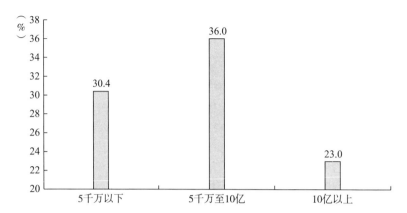

图5　参与问卷的企业 2020 年营业收入

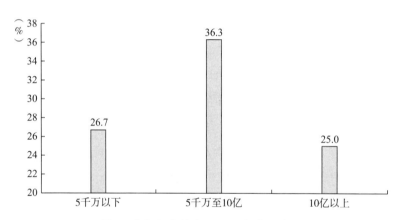

图6　参与问卷的企业 2021 年营业收入

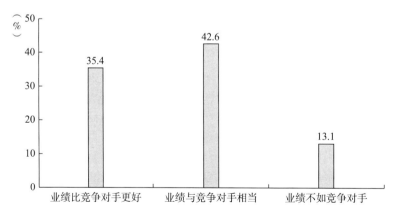

图7　参与问卷的企业在行业内相对竞争地位

42.6%的样本企业表示其业绩与竞争对手相当，13.1%的样本企业表示其业绩不如竞争对手。

此外，企业发展过程中往往会经历初创期、成长期、扩张期、稳定发展期以及转型期中的一个或多个阶段。在不同发展阶段，企业往往会采取不同的竞争策略，是否使用灵活用工、多大规模上使用灵活用工需要与相应阶段的发展策略相匹配。因此，我们也采集了样本企业所处的发展阶段。结果显示（图8），我们的样本整体分布较为均衡合理，自我汇报还处于初创期的企业占比13.5%（160家），成长期企业占比29.5%（351家），扩张期企业占比16.1%（192家），稳定发展期企业占比30.2%（359家），转型期企业占比10.7%（127家）。

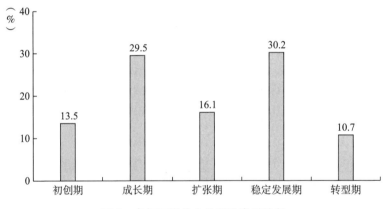

图8　参与问卷的企业所处发展阶段

从企业用工区域范围看，有29.9%的样本企业表示只在单个城市内用工，超半数企业表示在全国多个城市或数个城市内用工（51.5%），另有18.7%的样本企业表示在同一区域的数个或多个城市内用工（图9）。

最后，在企业基本信息与经营情况以外，本轮问卷还采集了一系列与企业灵活用工情况有关的数据作为后续深入分析的基础。具体包括：用工企业对灵活用工的了解程度、使用情况、使用灵活用工的形式和人数、灵活用工人数在整体员工中的人数占比、使用灵活用工的具体岗位类型、企业里自有员工与灵活用工员工在待遇上的差异、企业使用的灵活用工员工的基本特征（性别、受教育程度、年龄、婚育情况）、采取灵活用工的原因

221

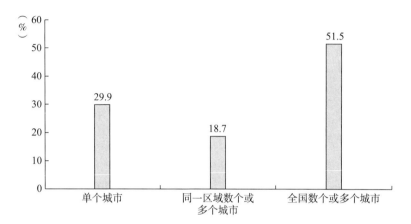

图9　参与问卷的企业用工区域范围

与产生的问题、采取灵活用工的实际优势等。

（二）员工端问卷

除企业端问卷外，课题组还发放了针对企业内员工的调查问卷。员工端问卷包含三个方面的内容。第一方面为参与者的人口学特征，即年龄、性别、户口所在地、工作所在地、学历、婚姻与生育状况、行业、收入、工作时间等问题。第二方面以灵活就业相关问题为主，具体包括参与者的主要就业形式、全职和兼职情况、是否通过第三方就业、对灵活就业的了解程度、对通过第三方就业的顾虑以及未来考虑灵活就业、第三方就业的可能性。其中，选择目前正通过第三方人力资源服务公司就业的问卷参与者还额外回答了如下问题：第三方人力资源服务公司提供了哪些服务、与用工单位同岗位正式员工在待遇上的差别等。第三方面为参与者选择灵活就业的原因、从事灵活就业的感受或对灵活就业的顾虑。

员工端通过问卷星共回收 2111 份填写完整的问卷。课题组基于问卷回答逻辑自相矛盾剔除无效问卷后剩余 1998 份问卷。考虑到个别渠道同类型员工问卷量较多，为避免对最终结果的影响，课题组在控制渠道的前提下对部分问卷进行了随机抽样，保留了 1095 份有效问卷用于后续分析。其中，有 467 名员工（42.6%）为企业的正式员工，即非灵活就业人员；有 628 名员工（57.4%）为灵活就业人员。

从人口学特征来看，参与本轮调研的员工平均年龄为 34.87 岁，51% 的研究参与者为女性（图 10）。受教育水平而言，43.3% 的参与者具有大专、高职文凭，78% 的参与者仅拥有本科以下的学历文凭（图 11）。

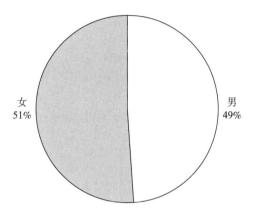

图 10　参与问卷的员工性别分布

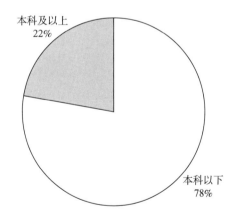

图 11　参与问卷的员工学历分布

在户口所在地与工作所在地方面，59% 的参与者的户口所在地位于中西部地区（图 12）；56% 的参与者的工作所在地位于沿海发达地区（图 13）。

就收入水平而言，参与者的月均收入均达到 3000 元，其中 41% 的问卷参与者月均收入超过 6000 元，59% 的问卷参与者月均收入水平介于 3000～6000 元（图 14）。

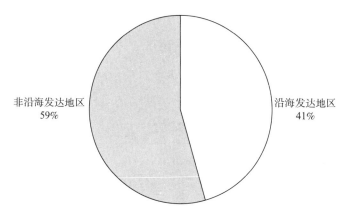

图 12　参与问卷的员工户口所在地分布

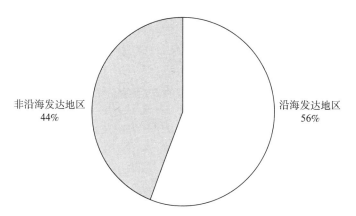

图 13　参与问卷的员工工作所在地分布

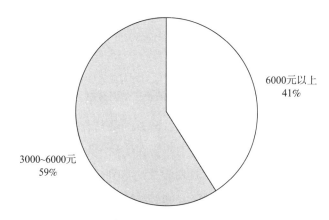

图 14　参与问卷的员工月均收入水平

在行业方面，68%的问卷参与者在传统服务业相关行业就业，19%在现代服务业，12%在制造业（图15）。

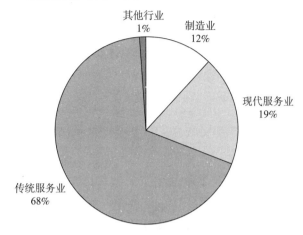

图15　参与问卷的员工所在行业分布情况

三　二手资料与文献

课题组对国内外与灵活用工发展相关的政策文件、调查报告和学术文献进行了梳理、归纳，有助于读者更全面深入地了解灵活用工发展的历史脉络与政策规制经验。

国内灵活用工方面，课题组对改革开放以来中国在国家和地方层面围绕劳动力市场、劳动者权益、灵活就业、劳务派遣和新形态就业等主题制定的法律、法规、政策进行了梳理。资料主要来源于中华人民共和国中央政府官网、全国人民代表大会官网（中国人大网）和中国共产党新闻网以及各级地方政府网等官方网站。对国内灵活用工相关领域政策的梳理，有助于厘清改革开放以来我国政府对灵活用工与就业的规制思路。

国外灵活用工方面，课题组主要结合国际组织、各国政府和第三方研究机构发布的报告、资料和政策文件及外文学术文献，对灵活用工实践经验较为丰富的美国、英国、法国、西班牙四个国家的灵活用工规制经验进行了重点梳理与总结。相关经验的梳理，有助于为我国灵活用工政策和治理体系的完善提供参考和借鉴。

附录二
全国灵活用工发展状况的估算

要估算全国灵活用工发展状况，需要搞清楚全国企事业单位的用工人数和灵活用工人数，然后以此为基础进一步推算出全国灵活用工人员占总用工数的比例。全国企事业单位的用工人数可以从官方统计数据中找到，但全国到底有多少劳动者处于灵活用工状态，并没有现成的统计数据，甚至连基本的概念界定都没有。课题组对灵活用工的概念进行了界定，并在企业卷中，对各样本企业灵活用工人员占总用工数的比例进行了调查。课题组以官方统计数据（各行业的企事业单位用工人数）和企业卷数据（各行业企业灵活用工人员占总用工数的平均比例）为基础对全国灵活用工情况进行估算。但企业卷的调研存在一些问题，比如：建筑业的企业可能并不会将其各类在建项目的建筑工纳入本企业用工人数和灵活用工人数的计算中；企业卷样本很难覆盖到大量用工的互联网平台，即使涉及部分平台企业，在估算灵活用工人员占比时这类企业也很少将平台劳动者纳入其员工体系中。因此，课题组在估算过程中，还将进一步结合相关学术文献、二手数据和网上公开信息，以弥补企业问卷调查之不足。

一 全国各行业企事业单位的用工人数

估算全国灵活用工情况，以行业用工人数和行业灵活用工人员占比为基础，因此，课题组的第一步工作就是从官方统计数据中寻找各行业企事业单位的用工人数。

有两份数据供课题组选择，第一份数据来自《中国统计年鉴2020》，该数据公布了2019年底各行业城镇非私营单位及私营企业和个体就业人数。

但统计年鉴的数据有两个很重要的问题：（1）各行业私营企业和个体就业人数没有分开，但我们在企事业单位用工人数时，需要将个体就业人数排除出去，这就使得后续工作很难进行；[①]（2）统计年鉴只公布了部分行业的私营单位及私营企业和个体就业人数方面的数据。

第二份数据来自《中国经济普查年鉴2018》，该数据来自第四次全国经济普查，标准时点为2018年12月31日。经济普查的数据相比统计年鉴的数据，具有以下两大优势：（1）经济普查数据可信度更高；（2）该数据公布了所有行业的从业人数，课题组可以在估算过程中直接使用。当然，2021年全国的经济状况和各行业的用工情况相比2018年可能会有一些变化。但任何数据，无论抽样调查数据还是二手统计数据，都存在一点瑕疵。相对而言，《中国经济普查年鉴2018》是课题组进行全国灵活用工情况推算的比较理想的基础性数据。

表1"从业人数"主要来自《中国经济普查年鉴2018》，当然也对其数据中的一点小问题进行了修正。《中国经济普查年鉴2018》中金融业从业人员数只有57.9万人，这个数据可能有误，既不符合常识，也远低于《中国统计年鉴2020》给出的数据。在《中国统计年鉴2020》中，2019年仅城镇非私营单位金融业从业人数就高达826.1万人，考虑到私营企业在金融业不占主导地位，我们推算金融业从业人数（不含个体工商户）为1000万人。相应地，报告最后计算出的全国各行业从业人员数（37181万）也比《中国经济普查年鉴2018》的数据（36239万）略高一些。

表1　不同行业的从业人数和灵活用工人员比例

单位：万，%

	从业[①]人数	企业灵活用工人员占总用工数比例	修正后的比例	灵活用工人数推算
制造业	10388.4	14.73	14.73	1530.2
建筑业	5808.9	10.71	76.60	4449.6

---

①　依附性自雇人员和部分被税优平台转换为个体工商户的劳动者也属于课题组界定的"灵活用工"人员范围，但这部分人数很难统计。具体如何处理这方面的问题，下文将会详细说明。

续表

	从业人数	企业灵活用工人员占总用工数比例	修正后的比例	灵活用工人数推算
餐饮酒店批发零售业	4715.0	15.32	22.15	1044.3
交通运输仓储邮政业	1243.0	9.75	46.39	576.6
金融、房地产业	2268.7[②]	13.33	13.33	302.4
互联网、IT 相关行业	1007.3	16.07	16.07	161.9
教育培训业	2230.5	16.57	16.57	369.6
其他行业	9519.2	11.27	15.05	1432.8
总体	37181	14.50	26.54	9867.4

注：①不含工商登记注册的个体就业人员。在排除个体就业人员数据后，各行业"从业人数"近似于"用工人数"。

②《中国经济普查年鉴2018》中金融业从业人员数只有57.9万人，这个数据可能有误，既不符合常识，也远低于《中国统计年鉴2020》给出的数据。在《中国统计年鉴2020》中，2019年仅城镇非私营单位金融业从业人员数就高达826.1万人，考虑到私营企业在金融业不占主导地位，我们推算金融业从业人数（不含个体工商户）为1000万人。相应地，报告最后计算出的全国各行业从业人员数也比《中国经济普查年鉴2018》的数据略高一些。

二　全国各行业灵活用工比例的估算

表1"企业灵活用工人员占总用工数比例"来自本次课题企业卷的统计结果。确切地说，这一列报告的是样本总体和各行业"企业灵活用工人员占总用工人数的平均比例"，平均比例与各行业"灵活用工人员占行业总用工数的比例"并不完全一致，但在没有其他更好数据的情况下，课题组只能尽量对相关数据进行修正并以之为基础进行估算。

课题组主要基于相关学术文献和调查数据重新估算了建筑业灵活用工人员占比，并结合平台用工的数据对"餐饮酒店批发零售业""交通运输仓储邮政业""其他行业"对灵活用工人员占比进行了修正。"互联网、IT 相关行业"与所有的互联网平台用工均有一定的相关性，但这些平台本身的业务大多并不能被归入到"互联网、IT 相关行业"。课题组主要基于不同平台的业务内容，将平台用工情况归入到相关行业。

（一）对建筑业灵活用工人员占比的重新估算

项目化、分包制是建筑业的典型特征，企业只与少部分工程、管理人员建立劳动关系，大部分工作通过项目分解的方式层层发包下去，最基础的生产工作多交由包工头组织，农民工大多搞不清其真正雇主是谁。应该说，建筑业的用工特点符合典型的业务外包方式，业务分包的最下一级用人单位应与劳动者建立劳动关系。当然，无论现实中劳动者与谁签订合同、签订何种类型的合同，可以肯定的是，建筑业的总承包商与大多数劳动者并未建立标准化的雇佣关系，建筑业是灵活用工比例最高的行业之一。但企业在调研过程中很少将那些项目分包下的劳动者纳入其自身员工体系，从企业卷数据结果看，建筑业灵活用工人员占企业总用工数的平均比例很低（只有10.71%）。

2005年，由国家建设部委托，清华大学社会学系和中国社会科学院社会学研究所在全国范围内联合开展建筑业农民工调查，共收回有效样本5000份，是关于建筑业劳动权益情况最权威的调研。数据结果显示，47%的建筑工签订了劳动合同；在签订劳动合同的工人中，与总承包单位签订合同的只有35.6%，其余建筑工与包工头、劳务分包单位或专业分包单位签订合同，因此只有16.7%的建筑业农民工与总承包单位建立了劳动关系，83.3%的建筑业农民工处于灵活用工状态。[①] 相关研究显示，农民工占建筑业从业人数的91.9%（赵炜，2011），假定建筑业中农民工之外的劳动者都与总承包单位建立了劳动关系，根据相关数据推断，建筑业有76.6%的劳动者处于灵活用工状态。由于建筑业的用工方式常年没有什么变化，课题组认为该比例也适用于当前的情况，并用其进一步估算建筑业的灵活用工人数。

（二）平台用工数与部分行业灵活用工人员占比的重新估算

如果没有将互联网平台的用工数量纳入估算过程中，那么最终推算出

---

① 沈原（2007）、亓昕（2013）的研究呈现了与此处调研相关的数据。建筑工签订劳动合同的相关数据来源于该课题内部的数据汇编。

的全国灵活用工人数及其占总用工数的比例都是有很大缺憾的。为了弥补企业卷调查的局限，课题组尽可能从一些比较可靠的二手数据和网络公开信息中估算出各大行业平台的用工数量，并将相关数据置入于"餐饮酒店批发零售业""交通运输仓储邮政业""其他行业"的灵活用工人员占比的重新估算过程中。具体计算方式为：行业灵活用工人数 =（行业从业人数 – 平台从业人数）× 企业灵活用工人员占总用工数比例 + 平台灵活用工人数；行业灵活用工人员占比 = 行业灵活用工人数 ÷ 行业从业人数。

"餐饮酒店批发零售业"涉及外卖平台用工。鉴于美团和饿了么在外卖平台中的绝对主导地位，课题组搜集了这两大平台的用工数据。美团研究院发布的《2019 年及 2020 年疫情期美团骑手就业报告》显示，2020 年上半年平台有单骑手为 295.2 万人。饿了么在访谈过程中向课题组提供的调研数据显示，饿了么 2021 年月活跃骑手（每月跑够一单以上）数量为 85 万。外卖平台只与极少数骑手签订劳动合同。结合企业卷调研数据和外卖平台用工数据，课题组估算，"餐饮酒店批发零售业"的灵活用工人数超过 1000 万，灵活用工人员占比约为 22%。

"交通运输仓储邮政业"涉及网约车和快递两类平台。根据中国人民大学劳动人事学院课题组 2019 年发布的《滴滴平台就业体系与就业数量测算》，符合国家统计局"就业人口"[①]的网约车司机人数为 234.5 万。根据网络媒体报道，2020 年滴滴出行的市场占有率高达 90%。[②] 由此可推断网约车司机的"就业人口"规模应该在 260 万左右，绝大多数为灵活用工人员。

就快递平台而言，国家邮政局发布的《2019 年快递市场监管报告》现实，快递行业从业人员超过 300 万。有一部分劳动者之间与快递企业或平台建立劳动关系，如：截至 2020 年底，中国邮政速递物流企业自有员

[①] 按照国家统计局"就业人口"的定义，即是指 16 周岁及以上，在调查参考期内（通常指调查时点前一周），为了取得劳动报酬或经营收入而工作了至少 1 小时的人即为就业。

[②] 可参考：中研网，《60 家网约车平台成立"免佣联盟"挑战市场占有率达 90% 的滴滴出行》，https://www.chinairn.com/hyzx/20210303/175719707.shtml，最后访问日期：2021 – 11 – 01。

工近 16 万；[1] 京东物流 2021 年一季度财报显示，其物流员工数量达到约 26 万，[2] 从网络媒体相关信息看，京东与大部分物流员工建立了劳动关系。当然，非典型雇佣关系在快递行业占主导地位。已有研究（左春玲、张方凤、郭贵军，2020）和人力资源服务机构的访谈均指出，多数快递平台企业并不倾向于直接与劳动者建立劳动关系，而是将关系转移到第三方机构。[3] 综上，课题组推断，快递业灵活用工人数应该在 250 万左右。综合上述数据，课题组推断，"交通运输仓储邮政业"的灵活用工人数约为 576 万，灵活用工人员占比约为 46%。

最后估算"其他行业"的灵活用工人员数量和占比。课题组首先收集了可归入"其他行业"的企业专业服务平台猪八戒网和网络直播平台相关数据。猪八戒网宣称超过 100 万人通过该平台实现灵活就业。[4] 直播平台包括游戏、电商、真人秀三大类，其用工数量推算过程相对复杂一些。

小葫芦发布的《2020 游戏直播行业数据报告》指出，2020 年游戏主播数量 1394.56 万，加入公会的游戏主播数量 58.63 万；加入公会的游戏主播礼物收入占比为 91.57%，非公会的礼物收入占比仅为 8.43%。可见绝大部分非公会游戏主播只是偶尔参与到游戏直播中，并不构成"就业人口"。由此推断游戏主播的"就业人口"应该在 60 万左右。这从 2020 年游戏总直播时长（57933 年）也可看出，若以 1394.56 万主播数量计算，人均直播时长仅为 36.39 小时，这个人均时长还够不上国家统计局"就业人口"的最低标准；若以 60 万主播数量计算，人均直播时长为 845.82 小时，这个数据比较符合"就业人口"的特征。

电商直播方面，有报告指出，2020 年入驻淘宝直播平台的广州主播 2.55 万人，占淘宝主播数量的 7.38%，可推断 2020 年淘宝主播数量应该在

---

① 可参考：中国邮政速递物流官网，https：//www.ems.com.cn/companyintroduction，最后访问时间：2021-11-01。
② 可参考：新浪网，《京东物流一季度营收增长 64.1%》，https：//finance.sina.com.cn/jjxw/2021-05-19/doc-ikmxzfmm3294013.shtml，最后访问时间：2021-11-01。
③ 访谈编号：LHYG30。
④ 可参考：猪八戒网，https：//www.zbj.com/about/index，最后访问时间：2021-11-01。

35 万人左右。广州主播共计 12. 34 万人，若按同比例推算，电商主播数量应该在 160 万人左右。[1]《第 48 次中国互联网络发展状况统计报告》显示，截至 2021 年 6 月，我国网络直播用户规模达 6. 38 亿，其中，电商直播用户规模为 3. 84 亿；游戏直播的用户规模为 2. 64 亿；真人秀直播的用户规模为 1. 77 亿。考虑到电商直播的市场效应和用户规模，其主播数量应该要明显高于游戏主播和真人秀主播，160 万人的规模估算是相对合理的。从用户规模看，真人秀主播数量可能低于游戏主播。综上，课题组估算，直播行业主播人数应该不低于 260 万。

结合从业人数、企业灵活用工人员占总用工数平均比例和两大平台的数据，课题组推算，"其他行业"灵活用工人员数在 1400 万左右，灵活用工人员占比约为 15%。

三 全国灵活用工人数及占比估算

在进一步推算全国灵活用工人数及占比前，需要回应另一个可能引发数据可靠性之一的问题：依附性自雇人员和部分被税优平台转换为个体工商户的劳动者也属于课题组界定的"灵活用工"人员，但在计算全国及各行业"从业人数"时，完全排除掉了个体工商户的数据。课题组认为，这样做的影响并不是很大。这是因为：（1）课题组以 2018 年经济普查数据为依托，税优平台也是自 2018 年以后才发展较快，因此该年份"被税优平台转换为个体工商户的劳动者"数量可能不会太多。（2）课题组无法确定依附性自雇人员和被转换身份劳动者的数量并将其纳入"从业人数"；同样也无法确定雇主的数量并将其排除出"从业人数"，两方面对冲，正好降低了估算的误差。

我们通过官方统计资料中各行业从业人数和企业卷中各行业灵活用工人员占总用工数比例，可以直接推算出"制造业""金融、房地产业""互

---

[1] 可参考：鞭牛士（BiaNews），《直播电商之城广州：直播总人数突破 12 万，淘宝直播数全国商家第一》，https://ishare.ifeng.com/c/s/7yLZ8kOC6Rc，最后访问时间：2021 - 11 - 01。

联网、IT 相关行业""教育培训业"的灵活用工人数。基于相关学术文献和调查数据重新估算的建筑业灵活用工人员占比，与行业从业人数相乘，便可得到"建筑业"的灵活用工人数。"餐饮酒店批发零售业""交通运输/物流仓储/邮政业""其他行业"的用工人数已经通过对行业从业人数、企业卷中各行业灵活用工人员占总用工数比例、平台从业人数、平台灵活用工人数综合计算得出，并在此基础上重估了这三个行业的灵活用工人员占比。

　　将各行业灵活用工人数加总，我们得出全国灵活用工人数（9867.4万）。将该数据与全国各行业的从业人数总和相除，便得出全国灵活用工人员占企事业单位用工数的比例（26.54%）。由于数据可及性的限制，课题组并未将其他互联网用工平台（如代驾、货运、即时配送等）的灵活用工数据估算在内。综合来看，我国的灵活用工人数规模应在 1 亿左右，灵活用工人员约是企事业单位用工数的 27%。

参考文献

班小辉，2020，《超越劳动关系：平台经济下集体劳动权的扩张及路径》，《法学》第 8 期。

彼得·A·霍尔、戴维·索斯凯斯等，2017，《资本主义的多样性：比较优势的制度基础》，北京：中国人民大学出版社。

常凯等，2016，《国际比较雇佣关系——国家规制与全球变革（第六版）》，朱飞等译，北京：中国劳动社会保障出版社。

陈慧玲，2018，《中国实习劳工》，《中国乡村研究》第 1 期。

戴维·哈维，2003，《后现代的状况——对文化变迁之缘起的探究》阎嘉译，北京：商务印书馆。

范璐璐，2017，《籍贯、技术水平和性别对工人自组织的影响——以嘉兴服装业为例》，《社会发展研究》第 2 期。

冯喜良、张建国、詹婧、谢丽霞，2018，《灵活用工——人才为我所有到为我所用》，北京：中国人民大学出版社。

国家统计局（编），2020，《中国统计年鉴 2020》，中国统计出版社。

国务院第四次全国经济普查领导小组办公室，2020，《中国经济普查年鉴 2018》，北京：中国统计出版社。

何江、闫淑敏、关娇，2020，《共享员工到底是什么？——源起、内涵、框架与趋势》，《商业研究》第 6 期。

黄岩，2012，《工厂外的赶工游戏——以珠三角地区的赶货生产为例》，《社会学研究》第 4 期。

林嘉，2021，《新就业形态劳动法律调整研究》，载冯喜良主编《中国劳动研究（第一辑）》，中国工人出版社。

林嘉、范围，2011，《我国劳务派遣的法律规制分析》，《中国人民大学学报》第 6 期。

罗婷婷、李敏，2006，《我国灵活就业雇佣冲突管理对策研究》，《中国人力资源开发》第 2 期。

亓昕，2013，《农民工城市融合的现状与困境——一项对建筑业群体的考察》，《南方人口》第 5 期。

全总劳务派遣问题课题组，2012，《当前我国劳务派遣用工现状调查》，《中国劳动》第 5 期。

沈原，2007，《市场、阶级与社会》，北京：社会科学文献出版社。

王天玉，2016，《基于互联网平台提供劳务的劳动关系认定——以"e 代驾"在京、沪、穗三地法院的判决为切入点》，《法学》第 6 期。

王天玉，2020，《互联网平台用工的"类雇员"解释路径及其规范体系》，《环球法律评论》第 3 期。

王天玉，2021，《56 号文开启"劳动三分法"时代》，《法治日报》7 月 28 日。

王星，2021，《走向技能社会：国家技能形成体系与产业工人技能形成》，中国工人出版社。

闻效仪，2020，《去技能化陷阱：警惕零工经济对制造业的结构性风险》，《探索与争鸣》第 11 期。

吴清军、杨伟国，2018，《共享经济与平台人力资源管理体系——对劳动力资源与平台工作的再认识》，《中国人力资源开发》第 6 期。

吴清军、张艺园、周广肃，2019，《互联网平台用工与劳动政策未来发展趋势——以劳动者身份判定为基础的分析》，《中国行政管理》第 4 期。

刘大卫，2014，《"假外包，真派遣"的成因、运行模式及其规制策略》，兰州学刊第 2 期。

刘子曦、朱江华峰，2019，《经营"灵活性"：制造业劳动力市场的组织生态与制度环境——基于 W 市劳动力招聘的调查》，《社会学研究》第 4 期。

商务部（2020），《中国服务外包发展报告 2019》（未出版报告）。

萧鸣政主编，2020，《中国人力资源服务业蓝皮书 2019》，北京：人民出版社。

谢增毅，2016，《民法典编纂与雇佣（劳动）合同规则》，《中国法学》第
　　4 期。

杨伟国、吴清军、张建国等，2020，《中国灵活用工发展报告（2021）：组
　　织变革与用工模式创新》，北京：社会科学文献出版社。

亚历克斯·莫塞德、尼古拉斯 L. 约翰逊，2018，《平台垄断：主导 21 世纪
　　经济的力量》，北京：机械工业出版社。

姚建华，2020，《在线众包平台的运作机制和劳动控制研究——以亚马逊土
　　耳其机器人为例》，《新闻大学》第 7 期。

伊莎贝尔·道格林等，2020，《平台经济与劳动立法国际趋势》，涂伟译，
　　北京：中国工人出版社。

杨燕绥、赵建国，2006，《灵活用工与弹性就业机制》，北京：中国劳动社
　　会保障出版社。

赵磊、韩玥，2021，《跨越边界的科层控制——网约车平台的劳动力组织与
　　控制研究》，《社会学研究》第 5 期。

赵炜，2011，《"灵活化"生产方式下建筑业的劳动关系和工会组织》，《中
　　国人力资源开发》第 11 期。

左春玲、张方凤、郭贵军，2020，《用工灵活化策略的背后：中国上市快递
　　企业非典型雇佣效率研究》，《中国人力资源开发》第 1 期。

Atkinson J. （1984） Manpower Strategies for Flexible Organization. *Personnel
　　Management.*

Becker, G. S. （1964）. ***Human Capital***. New York：Columbia University Press.

Bergs, J. & Furrers, M. & Harmon, E. & Ranis, U. & Silberman, M. S. （2018）.
　　Digital Labour Platforms and the Future of Work：Towards Decent Work in
　　the Online World. International Labour Organization. Retrieved October 3，
　　2021，from https：∥www. ilo. org/wcmsp5/groups/public/－－－dgreports/－
　　－－dcomm/－－－publ/documents/publication/wcms_645337. pdf.

Coase，R. H. （1937）. The Nature of the Firm. ***Economica***. 4：386 – 405.

Davis，G. F. , & Cobb，J. A. （2010）. Corporations and Economic Inequality around the World: The Paradox of Hierarchy. *Research in Organizational Behavior*, 30 (C), 35 – 53.

Grimshaw, D., & Rubery, J. (2005). Inter-capital Relations and the Network Organisation: Redefining the Work and Employment Nexus. ***Cambridge Journal of Economics***, 29 (6), 1027 – 1051.

Lam, A. (2007). Knowledge Networks and Careers: Academic Scientists in Industry-university Links. ***Journal of Management Studies***, 44 (6), 993 – 1016.

Lei, Ya-Wen. 2020. "Delivering Solidarity: Platform Architecture and Collective Contention in China's Platform Economy." *American Sociological Review*, 86 (2).

Lepak, D. P., & Snell, S. A. (1999). The Human Resource Architecture: Toward a Theory of Human Capital Allocation and Development. ***The Academy of Management Review***, 24 (1), 31 – 48.

Lepak, D. P., & Snell, S. A. (2002). Examining the Human Resource Architecture: The Relationships among Human Capital, Employment, and Human Resource Configurations. ***Journal of Management***, 28 (4), 517 – 543.

Malos, S., Lester, G. V., & Virick, M. (2018). Uber Drivers and Employment Status in the Gig Economy: Should Corporate Social Responsibility Tip the Scales? Employee Responsibilities & Rights Journal, 30 (4), 239 – 251.

Miles, R., & Snow, C. C. (1984). Designing Strategic Human Resource Systems. ***Organizational Dynamics***, 13: 36 – 52.

Powell, W. (1990). Neither Market nor Hierarchy: Network Forms of Organizations. In L. L. Cummings & B. M. Staw (Eds.), Research in Organizational Behavior, vol. 12: 295 – 336. Greenwich, CT: JAI Press.

Purcell, J., Purcell, K., & Tailby, S. (2004). Temporary work Agencies: Here Today, Gone Tomorrow? ***British Journal of Industrial Relations***, 42 (4), 705 – 725.

Roca-Puig, etc. (2008). External and Internal Labour Flexibility in Spain: A

Substitute or Complementary Effect on Firm Performance? *The International Journal of Human Resource Management*, 19 （6）, 1131 – 1151.

Rousseau, D. M. （1995）. *Psychological Contracts in Organizations: Understanding Ivritten and Unwritten Agreements*. Thousand Oaks, CA: Sage.

Rubery, J., Cooke, F. L., Earnshaw, J., & Marchington, M. （2003）. Inter-organizational Relations and Employment in a Multi-employer Environment. *British Journal of Industrial Relations*, 41 （2）, 265 – 289.

Schultz, T. W. （1961）. Investment in Human Capital. *American Economic Review*, 51: 1 – 17.

Stirpe, L., Bonache, J., & Revilla, A. （2014）. Differentiating the Workforce: The Performance Effects of Using Contingent Labor in a Context of High-performance Work Systems. *Journal of Business Research*, 67 （7）, 1334 – 1341.

Tsai, C. -H., Chen, S. -J., & Fang, S. -C. （2009）. Employment Modes, High-performance Work Practices, and Organizational Performance in the Hospitality Industry. *Cornell Hospitality Quarterly*, 50 （4）, 413 – 431.

Williamson, O. E. （1975）. *Markets and Hierarchies: Analysis and Antitrust Implications*. New York: Free Press.

图书在版编目（CIP）数据

中国灵活用工发展报告. 2022：多元化用工的效率
、灵活性与合规/杨伟国等著. -- 北京：社会科学文
献出版社，2021.12
（新经济·新业态·新工作）
ISBN 978 - 7 - 5201 - 9471 - 6

Ⅰ.①中⋯ Ⅱ.①杨⋯ Ⅲ.①用工制度 - 研究报告 -
中国 - 2022 Ⅳ.①F241.32

中国版本图书馆 CIP 数据核字（2021）第 250646 号

新经济·新业态·新工作
中国灵活用工发展报告（2022）
——多元化用工的效率、灵活性与合规

著 者／杨伟国 吴清军 张建国 等

出 版 人／王利民
组稿编辑／谢蕊芬
责任编辑／孙 瑜 刘德顺
责任印制／王京美

出 版／社会科学文献出版社·群学出版分社（010）59366453
地址：北京市北三环中路甲 29 号院华龙大厦 邮编：100029
网址：www. ssap. com. cn
发 行／市场营销中心（010）59367081 59367083
印 装／三河市龙林印务有限公司

规 格／开 本：787mm×1092mm 1/16
印 张：15.75 字 数：232 千字
版 次／2021 年 12 月第 1 版 2021 年 12 月第 1 次印刷
书 号／ISBN 978 - 7 - 5201 - 9471 - 6
定 价／89.00 元

本书如有印装质量问题，请与读者服务中心（010 - 59367028）联系